SOBRE A TOLERÂNCIA

JOHN LOCKE (1632-1704) foi um filósofo inglês, um dos representantes do empirismo. Considerado por muitos como o "pai do liberalismo", era defensor da liberdade e da tolerância religiosa. Estudou medicina em Oxford e teve que se refugiar durante um período na Holanda por ser acusado de traição a seu mentor, lorde Shaftesbury. Escreveu, entre outros, *Carta sobre a tolerância* e *Ensaio sobre o entendimento humano*. Faleceu em Essex, na Inglaterra.

FRANÇOIS-MARIE AROUET (1694-1778), que assumiu posteriormente o nome de VOLTAIRE, foi filho de notário e estudou em uma escola jesuíta de Paris. Numa carreira que alternou sucesso e escândalo, escreveu, entre outros, *Cartas filosóficas*, *Zadig*, *Ensaio sobre os costumes e o espírito das nações*, *Dicionário filosófico*. Morreu aos 84 anos, após uma visita triunfal a Paris, de onde estivera exilado por tanto tempo.

JULIANA F. MARTONE é doutora em filosofia pela Universidade de São Paulo e pela Università degli Studi di Parma. Sua especialidade é filosofia clássica alemã e seus trabalhos se concentram, em especial, no autor F. H. Jacobi. Traduziu textos do inglês e alemão, com destaque à publicação recente *Sobre a doutrina de Espinosa em cartas ao senhor Moses Mendelssohn* (Unicamp, 2021).

MÁRCIO SUZUKI é professor de estética do Departamento de Filosofia da Universidade de São Paulo. Autor de *O gênio romântico* (Iluminuras, 1998) e *A forma e o sentimento do mundo* (Ed. 34, 2014), é ainda tradutor de outros autores importantes do período, como Friedrich Schiller, Schelling e Heinrich Heine.

MARK GOLDIE é professor emérito de história intelectual no Churchill College em Cambridge, Reino Unido. Dedicou sua pesquisa sobretudo ao tema da tolerância religiosa em Hobbes e Locke e à teoria política. Editou e redigiu a introdução da *Carta sobre a tolerância* de John Locke publicada pela Liberty Fund em 2010.

DESMOND M. CLARKE foi professor de filosofia na Universidade de Cork, Irlanda. Nascido em 1942, escreveu diversos livros e artigos, entre eles, *French Philosophy, 1572-1675* e *Descartes's Theory of Mind*. Faleceu em 2016.

LOCKE
e VOLTAIRE

Sobre a tolerância

Tradução de
JULIANA F. MARTONE
MÁRCIO SUZUKI

Textos introdutórios de
MARK GOLDIE
DESMOND M. CLARKE

COMPANHIA DAS LETRAS

Copyright © 2022 by Penguin-Companhia das Letras

Grafia atualizada segundo o Acordo Ortográfico da Língua Portuguesa de 1990, que entrou em vigor no Brasil em 2009.

Penguin and the associated logo and trade dress are registered and/or unregistered trademarks of Penguin Books Limited and/or Penguin Group (USA) Inc. Used with permission.

Published by Companhia das Letras in association with Penguin Group (USA) Inc.

TÍTULOS ORIGINAIS
A Letter Concerning Toleration
Traité sur la tolérance

PREPARAÇÃO
Laura Chagas

REVISÃO
Clara Diament
Gabriele Fernandes

Dados Internacionais de Catalogação na Publicação (CIP)
(Câmara Brasileira do Livro, SP, Brasil)

Locke, John, 1632-1704
  Sobre a tolerância / Locke e Voltaire ; tradução Juliana F. Martone, Márcio Suzuki ; textos introdutórios de Mark Goldie ; Desmond M. Clarke. — 1ª ed. — São Paulo : Penguin-Companhia das Letras, 2022.

  Títulos originais: A Letter Concerning Toleration ; Traité sur la tolérance.
  ISBN 978-85-8285-235-4

  1. Filosofia 2. Tolerância 1. Voltaire (1694-1778) II. Gold, Mark. III. Clarke, Desmond M. IV. Título.

22-109296   CDD-179.9

Índice para catálogo sistemático:
1. Tolerância : Ética : Filosofia 179.9
Eliete Marques da Silva – Bibliotecária – CRB-8/9380

[2022]
Todos os direitos desta edição reservados à
EDITORA SCHWARCZ S.A.
Rua Bandeira Paulista, 702, cj. 32
04532-002 — São Paulo — SP
Telefone: (11) 3707-3500
www.penguincompanhia.com.br
www.companhiadasletras.com.br
www.blogdacompanhia.com.br

Sumário

Nota da edição — 7

Introdução à *Carta sobre a tolerância* — Mark Goldie — 9

CARTA SOBRE A TOLERÂNCIA — John Locke — 29

Introdução ao *Tratado sobre a tolerância* — Desmond M. Clarke — 103

TRATADO SOBRE A TOLERÂNCIA — Voltaire — 127

Nota da edição

A *Carta sobre a tolerância* foi publicada pela primeira vez em latim com o título *Epistola de Tolerantia*, em abril de 1689, na Holanda. William Popple (1638-1708), um comerciante de vinho, escritor e tradutor, próximo de Locke, fez a primeira tradução em língua inglesa, publicada em novembro de 1689 e utilizada pelo próprio autor.

Esta tradução foi feita a partir do texto em inglês de Popple, mas se indica em notas quando a divergência do original latino é relevante. Para isso, seguem-se sobretudo a edição e as notas de Mark Goldie, *John Locke: A Letter Concerning Toleration and Other Writings* (Indianapolis: Liberty Fund, 2010).

Além dessa, as edições consultadas foram: *Locke on Toleration*, editada por Richard Vernon e traduzida por Michael Silverthorne (Cambridge University Press, 2010). As traduções da Bíblia são da edição Almeida, revista e atualizada.

Para o *Tratado da tolerância*, de Voltaire, foram utilizadas a edição de René Pomeau (Paris: Flammarion, 1989) e a edição publicada no site Tout Voltaire, da Voltaire Foundation (Universidade de Oxford). Foram consultadas as traduções de Palmiro Togliatti para o italiano (Editori Riuniti, 2005, com introdução de Giacomo Marramao) e a de Desmond M. Clarke para o inglês (Penguin Classics, 2016). A maioria das notas à tradução vem desta edição de Clarke, que se baseia por sua vez em grande parte nas notas do volume 56 C das *Œuvres complètes* de Voltaire, editado por Haydn Mason (Oxford: Voltaire Foundation, 2000).

Introdução à *Carta sobre a tolerância*

MARK GOLDIE

O CONTEXTO DA INTOLERÂNCIA

A Europa protestante herdou uma crença fundamental da Igreja católica medieval: a adesão à igreja seria coextensiva à adesão à república, e o dever de um "príncipe devoto" seria o de promover e sustentar a verdadeira religião. Protestantes concordavam com católicos que "cisma" e "heresia" eram intoleráveis, embora o que contasse como ortodoxia agora dependesse de qual lado dos Alpes se estava. Não havia, portanto, nenhuma conexão intrínseca entre liberdade religiosa e o advento do protestantismo. Lutero era cruel com os anabatistas e incitava a ira dos príncipes alemães contra eles. Em Genebra, Calvino queimou Serveto[1] por heresia. Na Inglaterra, o regime de Elizabeth e dos primeiros Stuarts fez com que os não conformistas fugissem para a Holanda e a América; na Holanda, os calvinistas intimidavam aqueles que se desviassem para o arminianismo; em Massachusetts, os separatistas eram punidos. Durante as Guerras Civis inglesas, os presbiterianos, que sofreram sob o domínio da Igreja episcopal da Inglaterra, vociferavam exigindo a supressão das seitas puritanas radicais. Reforma e Contrarreforma testemunharam extraordinária selvageria em eventos como o massacre do dia de São Bartolomeu na França e o aniquilamento dos "papistas" irlandeses por parte de Cromwell. Tampouco houve trégua depois de meados do século XVII. Em 1685, Luís XIV revogou o Édito de Nantes, sob o qual os protestantes huguenotes haviam obtido certa dose de tolerância, o que causou a fuga de milhares deles e introduziu uma nova palavra na língua inglesa: *refugee*;[2] os milhares que ficaram para trás enfrentaram tortura, escravidão e morte. Na Inglaterra, a era tardia dos Stuart testemunhou a última tentativa na história do país de coagir todos os cidadãos a fazerem parte de uma só igreja: a Igreja anglicana, restaurada depois das Guerras Civis. Centenas de quacres morreram em prisões, o batista John Bunyan foi encarcerado numa prisão em Bedford, e William Penn decidiu criar um refúgio seguro, que denominou Pensilvânia.

É um equívoco supor que a prática da intolerância indicasse mero fanatismo impensado. Pelo contrário, uma ideologia completamente desenvolvida de intolerância foi articulada em incontáveis tratados e sermões e sustentada igualmente por católicos e protestantes. As minorias religiosas eram castigadas com base em três motivos. Em primeiro lugar, dissidentes eram perigos sediciosos para o Estado, e sua alegação de "consciência" era mera máscara para esconder a rebelião e a anarquia. Em segundo lugar, eram infratores cismáticos da unidade e catolicidade da igreja de Deus, já que os credos cristãos ensinavam que a igreja é "uma só". Em terceiro lugar, sustentavam crenças equivocadas que punham em risco suas almas e poluíam as de seus vizinhos, de modo que deveriam ser obrigados a escutar a verdade. A essas objeções políticas, eclesiásticas e teológicas poderiam ser acrescentadas suspeitas éticas de que dissidentes fossem libertinos disfarçados, que escondiam sua depravação sob a piedade externa. Em relação à Escritura, alegava-se que o próprio Cristo havia autorizado a coerção religiosa dos rebeldes, pois, como explicara Santo Agostinho, o ditame de Jesus no Evangelho de São Lucas — "obriga a todos a entrar" — deveria ser entendida em relação à igreja (Lucas 14,23). *Compelle intrare* se tornou o texto cardinal da brutalidade cristã e continuou sendo o elemento fundamental do púlpito. O magistrado cristão, guiado pelo pastor cristão, era compelido por dever a suprimir o erro, "porque não é sem motivo que ela traz a espada; pois é ministro de Deus, vingador, para castigar o que pratica o mal" (Romanos 13,4).[3]

A *CARTA* DE LOCKE E A TOLERÂNCIA EVANGÉLICA

A *Carta sobre a tolerância* foi um dos mais eloquentes apelos do século XVII para que cristãos renunciassem à perseguição religiosa. Foi também oportuna. Ela foi escrita em latim na Holanda em 1658, logo depois da revogação do Édito de Nantes, e publicada em latim e inglês em 1689, logo depois de o parlamento inglês conceder uma tolerância estatutária aos dissidentes protestantes. Locke certamente não foi o primeiro autor a argumentar a favor da tolerância. A questão foi tratada desde autores como Sebastian Castellio e Jacopo Acontius, no final do século XVI, até puritanos radicais da Inglaterra da Guerra Civil, como William Walwyn e Roger Williams, e contemporâneos de Locke, como Penn e, na Holanda, o judeu Baruch Espinosa, o arminiano Philip van Limborch e o huguenote Pierre Bayle, cujos *Comentários filosóficos sobre as palavras de Jesus Cristo "obrigai-os a entrar"* (1686) são exatamente contemporâneos à *Carta* de Locke.

Atualmente, Locke é considerado o filósofo canônico do liberalismo. Teóricos continuam a evocá-lo quando tratam de questões religiosas: da relação entre religião e sociedade civil e dos limites da tolerância pública em relação ao pluralismo cultural, especialmente num Ocidente cada vez menos convicto de que o secularismo é uma característica inelutável da modernidade. O liberalismo de Locke não é, contudo, igual ao liberalismo secular moderno. Sua *Carta* pode surpreender e desconcertar em razão da base e extensão aparentemente limitadas de sua tolerância. Locke não apenas exclui os católicos romanos e ateus da tolerância, mas suas próprias premissas estão enraizadas no evangelismo cristão. Seus argumentos não são tão radicais quanto os de Espinosa e Bayle, que eram mais inclusivos e mais céticos. Grosso modo, Locke não é John Stuart Mill, pois é ao *Da liberdade* (1859) que nos voltamos para encontrar uma celebração do pluralismo e argumentos a favor da diversidade moral. "Tolerância", afinal, denota indulgência, não aprovação, e Locke defende, mas não aplaude, a diversidade religiosa. Além disso, ele não oferece tolerância na esfera ética; muito pelo contrário, ele sustenta que viver com devoção é uma aspiração melhor para sociedades civis do que a disciplina da doutrina e do culto. A primeira coisa a ser enfatizada sobre a *Carta* de Locke é, portanto, que ela se limita ao argumento de tolerância da consciência religiosa em matéria de culto e teologia especulativa. Ademais, sua argumentação está fundamentada na pergunta: quais são os meios legítimos à disposição dos cristãos para levar os rebeldes à verdade? Embora Locke enfatize absolutamente que a coerção não é um meio legítimo, a *Carta* não deixa de ser um ensaio sobre tolerância *evangélica* escrito por um cristão devoto, ainda que alguns de seus contemporâneos o vissem como suspeito de heterodoxia religiosa e que, por isso, precisasse — ou, na visão de seus inimigos, não as merecesse — das benesses da tolerância.

SEPARANDO IGREJA E ESTADO

A *Carta* de Locke oferece três argumentos principais a favor da tolerância. Ele começa afirmando que meios pacíficos são parte da essência do cristianismo e que a Escritura não autoriza crueldade. Esse ponto, contudo, é pouco desenvolvido, e ele não discute explicitamente a exortação de Jesus para "obrigar". Ao contrário, o argumento predominante de Locke é a favor da separação entre Igreja e Estado. A religião não é competência do magistrado, e o Estado não é instrumento adequado para salvar as almas. Igreja e Estado são "perfeitamente distintos e infinitamente diferentes" (p. 49 deste volume). Uma igreja é uma associação voluntária dentro da sociedade civil; e não um departamento do governo. A esse respeito, igrejas não são diferentes de outras associações, tais como "mercadores do comércio" (p. 41). De modo geral, esse argumento é teológico: toda reunião de pessoas tem seus próprios fins ou propósitos e é delimitada por esses fins em sua esfera e seu governo. O Estado não é exceção, pois não pode fazer exigências totalizantes, ele também é limitado pelos seus propósitos temporais e seculares: proteção da vida, liberdade e propriedade. Locke dificilmente foi o primeiro a fazer tal afirmação, mas não é exagero alegar que ele rompeu com o conceito de "Estado confessional" que governou a Europa medieval e reformada. De maneira chocante para seus contemporâneos, ele declara que "não existe em absoluto uma tal república cristã" (p. 66). Os governantes temporais podem e devem ser cristãos, mas o argumento de Locke é que a confissão religiosa diz respeito às suas pessoas privadas e não ao seu cargo público.

Locke defende o argumento a favor da separação, mostrando que somos nós que designamos os propósitos das nossas diversas comunidades. O Estado tem origem no "acordo entre as pessoas". É para a "proteção dos direitos civis e bens mundanos" que as pessoas originalmente autorizaram o Estado. Pessoas têm, portanto, propósitos mundanos quando formam Estados e propósitos espirituais quando formam igrejas. "O cuidado com a alma de cada homem" (p. 51) não pode ser parte dos "pactos de mútua assistência" (p. 71) que criam a constituição política. Isso ocorre fundamentalmente porque seria irracional consentir com um governo que reivindicasse o direito de impor um caminho específico para o céu, já que o caminho pode se mostrar abominável para nossa consciência. Esse aspecto da argumentação de Locke sem dúvida conecta a *Carta* com seus *Dois tratados sobre o governo*, publicados também em 1689, e representa uma extrapolação crucial das premissas destes últimos. Embora possa parecer curioso que Locke não fundamente sua dedução nos próprios *Tratados*, os quais visivelmente silenciam sobre o problema da perseguição religiosa, sua insistência incessante nos propósitos puramente seculares do Estado é tão eloquente em seu silêncio, que a estratégia de Locke é certamente deliberada. Os *Tratados* não se ocupam de religião porque o Estado não se ocupa de religião.

Corolário significativo da posição de Locke é que a tolerância deve ser estendida a não cristãos. Já que a república não é cristã em sua natureza, seu âmbito é abrangente. Locke deixa muito claro que opiniões puramente religiosas de qualquer tipo não podem ser motivos de discriminação civil. "O pagão, o maometano e o judeu não podem ser excluídos dos direitos civis da república por causa de sua religião" (p. 81). E ainda "nem mesmo os [indígenas] americanos... podem ser punidos... por não abraçarem nossa fé e culto" (p. 64).

A separação entre Igreja e Estado de Locke é problemática em relação às circunstâncias da Inglaterra depois da promulgação do Ato de Tolerância de 1689. Embora a tolerância aos dissidentes protestantes fosse agora legal, a crença anglicana nos Trinta e Nove Artigos, os rituais do Livro de Oração Comum e o episcopado continuavam a ser a Igreja "estabelecida" da Inglaterra, que, por sua vez, detinha uma panóplia de jurisdições legais sobre a vida das pessoas e sobre um grande conjunto de riquezas territoriais e financeiras. Os cidadãos ainda eram obrigados a pagar impostos à Igreja, conhecidos como dízimo, e bispos eram designados pela Coroa para ter um assento na Câmara dos Lordes. Ademais, continuavam em vigor os Atos de Prova, pelos quais os cidadãos que não fossem membros comungantes da Igreja anglicana eram impossibilitados de obter cargos públicos. Embora na prática com frequência fosse possível esquivar-se dos Atos de Prova, eles foram revogados formalmente apenas em 1828. Separar a religião das instituições públicas se mostrou um processo longo, lento e incompleto, e nas escolas nacionais, por exemplo, ele nunca ocorreu de fato. Hoje, num momento em que as escolas religiosas já se diversificaram para além do anglicanismo, britânicos ainda permanecem ligados a "escolas confessionais" financiadas por impostos e aparentemente acreditam que a salvação das almas é propósito do Estado.

Não é claro se Locke era um separacionista categórico. A lógica de sua posição é a abolição da igreja estatal. Todavia, ele não o diz categoricamente na *Carta*, tampouco mostra alguma inclinação pessoal ao culto fora da igreja estabelecida. Algumas de suas observações indicam a "inclusão", que conteria a liberalização dos termos de adesão à Igreja nacional, de modo a aceitar os dissidentes moderados. Por outro lado, ainda que Locke favorecesse a inclusão, ele também defendia claramente o direito dos separatistas. Além disso, ele mostra um forte traço de anticlericalismo, quando critica a tendência das religiões estabelecidas de servir como motores da "avareza... e desejo insaciável de dominar" (p. 82) do clero. Nas *Constituições da Carolina* (1669), que ajudou a esboçar, a atitude para com as igrejas é radicalmente congregacionista: qualquer grupo pode se registrar como igreja. Se considerarmos que Locke foi um separacionista categórico, não é para o Reino Unido que devemos nos voltar em busca de um Estado moderno lockiano, mas para os Estados Unidos, onde o argumento da *Carta* de Locke encontrou sua realização no *Estatuto da Virginia a favor da liberdade religiosa* (1779), de Thomas Jefferson, ou para a França, com sua tradição republicana secular de *laïcité*.

A INEFICIÊNCIA DA INTOLERÂNCIA

O segundo argumento principal da *Carta* para que se impeça a coerção é a insistência de Locke no fato de que a perseguição é radicalmente ineficiente. Em princípio, a coerção não pode, argumenta ele, alcançar o objetivo pretendido de levar as pessoas à convicção de que uma crença particular é verdadeira. Essa alegação conduz Locke ao território filosófico, pois o argumento depende de uma visão epistemológica da etiologia da crença humana e da interioridade da mente. Crença é questão de convicção interna, originada na fé e persuasão, de modo que a consciência não pode ser forçada. Punir alguém por acreditar no "erro" é uma "conclusão falsa", já que a pressão física — multas, prisão, tortura ou morte — não pode conduzir à crença genuína, assim como a vara não pode persuadir um estudante da verdade de uma equação matemática. De fato, a coerção é capaz de modificar comportamentos, pois as pessoas podem ser forçadas a dar declarações, assinar documentos ou frequentar a igreja; mas elas o fazem enquanto hipócritas submissos, e não como almas recuperadas. Além disso, alguns resistirão à pressão e optarão pelo martírio, e estes também não mudaram de opinião. A compulsão religiosa é, portanto, baseada numa compreensão equivocada acerca da eficácia da coerção em função de um propósito evangélico aparente. Por consequência, Locke questiona se os homens da Igreja e os magistrados devotos não teriam um outro motivo para a perseguição e retorna à sua crítica da dominação clerical.

Esse aspecto do argumento de Locke está perigosamente próximo da *Segunda*, *Terceira* e *Quarta cartas* sobre a tolerância (1690, 1692 e, postumamente, 1706), que excedem muito o tamanho da *Carta* original. Elas foram redigidas depois que Locke fora energicamente criticado por um eclesiástico de Oxford, Jonas Proast, que se ressentiu do Ato de Tolerância de 1689 e fez eco às exortações agostinianas de "forçar a entrar", que tiveram forte ressonância na Inglaterra da Restauração. O argumento de Proast era sutil, e há intérpretes modernos que afirmam que Locke foi incapaz de sustentar sua posição de maneira convincente. Proast admitia que a coerção não pode convencer a mente diretamente, mas pode encorajar indiretamente as pessoas a reconsiderar. Como Proast acreditava que nossas crenças são em boa parte herdadas e mais habituais que racionais, ele alegava que a disciplina pode nos impelir à seriedade de pensamento. Proast tinha em mente mais as seitas dissidentes do que, como imaginaríamos, os cultos: pessoas que sofreram lavagem cerebral podem ser descontaminadas, mas têm de ser fisicamente removidas do culto. De modo mais geral, crentes de fato se referem frequentemente a algum trauma físico como o que ocasiona sua conversão; foi um abalo no caminho de Damasco que fez são Paulo aderir ao cristianismo. A desconexão entre crença interior e eu material exterior não é, portanto, incontornável. Como bom agostiniano, Proast insistia que o mecanismo de coerção tinha de ser acompanhado da atividade pastoral, o magistrado ao lado do pregador. A *Segunda* e a *Terceira cartas* de Locke oferecem refutações laboriosas de Proast e não são tão lidas hoje em dia; fornecem, contudo, elaborações valiosas de ideias delineadas na *Carta* original.

O argumento de Locke acerca da inutilidade da intolerância tinha ainda outro aspecto distinto. Ele poderia ser denominado "reciprocidade" ou "argumento alpino". A verdade, observa Locke, pode ser diferente em cada um dos lados do canal da Mancha, dos Alpes e do Bósforo. "A religião de cada príncipe é ortodoxa para ele mesmo" (p. 63). O protestantismo é a religião estatal da Inglaterra, o catolicismo, da França, e o islamismo, da Turquia. Ele contrasta o destino das religiões sob diferentes regimes: para a religião dominante é conveniente perseguir a minoria. O padrão da perseguição é, então, um indicador da distribuição de poder e não da procedência da verdade religiosa. A perseguição não tem nenhuma utilidade para promover a causa da autêntica verdade se o argumento a favor da coerção puder ser mobilizado facilmente por *qualquer* regime que acredite ter a verdade. É tolice, portanto, permitir que o Estado imponha a "verdade", porque o mesmo argumento será utilizado em outra parte contra nossos correligionários. Em um mundo de religiões divididas e estados confessionais, quem sofre não são os equivocados, mas os fracos. Protestantes sofrerão na França e cristãos na Turquia. Locke oferece ao legislador um cálculo de prudência: se queres promover a verdadeira crença, não armes magistrados por toda terra com a espada da retidão.

CETICISMO

Seguindo a premissa evangélica de Locke na *Carta*, há um espaço limitado para o ceticismo. Um descrente destacaria a dúvida a respeito da crença religiosa como principal argumento a favor da tolerância: como podemos ter tanta certeza da nossa "verdade" a ponto de impô-la violentamente aos outros? A argumentação de Locke a favor da tolerância não parte da ideia de que as pretensões do cristianismo são duvidosas, muito menos falsas. É possível, no entanto, que o fato de ele evitar a posição cética seja, em parte, tática. Se ele pretende persuadir o perseguidor devoto de que a força é inadequada, faria mais sentido discutir as razões pelas quais a força é inadequada do que as razões pelas quais a devoção é infundada. Podemos querer conduzir as pessoas à verdade do Evangelho, mas a coerção não é cristã, política ou eficiente.

Há, contudo, uma clara margem para o ceticismo na *Carta* em relação à esfera que os teólogos chamam de "coisas indiferentes", distintas das "coisas necessárias" à salvação. Locke estava entre aqueles latitudinários que consideravam uma vasta gama de "coisas indiferentes": detalhes que não eram prescritos pela Escritura e, portanto, estavam abertos à escolha humana e à convenção local. Deus exige ser cultuado, mas não é excessivamente prescritivo em relação ao tipo de culto. De acordo com isso, insistir que os devotos fiquem em pé ou ajoelhados ou que os ministros vistam uma roupa específica é impor preferências humanas e não preceitos divinos. Locke também enfatiza que o conteúdo do credo do cristianismo é limitado e, em seu texto *Razoabilidade do cristianismo* (1695), ele seria minimalista quando afirma que a única verdade necessária é a fé de que Cristo é o Messias. Ele acredita que boa parte daquilo que historicamente preocupou os teólogos e levou a inquisições e caça aos hereges é mera especulação; a simplicidade cristã tinha sido manchada pela vaidade espiritual e pelo pedantismo metafísico. Um tema constante da *Carta* é a insistência de Locke na liberdade de "especulação", uma ênfase misturada à preocupação com sua própria posição. Acusações de socianismo, que indicavam a rejeição à Trindade e à divindade de Cristo, teriam sido levantadas contra o *Ensaio sobre o entendimento humano* (1689) e contra a *Razoabilidade*.

Locke, todavia, estava ciente de que o argumento a favor da tolerância derivado do conceito de "coisas indiferentes" era problemático e tinha duas desvantagens. A primeira é que não se poderia alcançar um consenso a respeito dos limites entre "coisas necessárias" e "coisas indiferentes". Por exemplo, querelas acerca da sobrepeliz branca "papal" e da "toga genebrina" preta atormentaram o debate protestante desde a Reforma: a indumentária havia se transformado numa questão soteriológica. Um puritano poderia concordar que "coisas indiferentes" deveriam ser toleradas, mas negar que a sobrepeliz papal fosse uma coisa indiferente, o que a tornaria, então, completamente intolerável. A segunda desvantagem é que a noção de "coisas indiferentes" pode do mesmo modo levar a um argumento a favor da intolerância. Se algo é uma "coisa indiferente", ninguém tem razão de contestá-la com base na consciência. Comumente se acreditava que "coisas indiferentes" poderiam ser impostas pela autoridade, não porque Deus as exige, mas por causa da decência e da boa ordem. Práticas compartilhadas deveriam prevalecer por razões estéticas e comunitárias. Deus exige "beleza na santidade", ainda que seus pormenores estejam abertos à determinação humana. Os fanáticos não são, portanto, os legisladores da Igreja e do Estado, e sim, ao contrário, os não conformistas, que inutilmente apelam à "consciência" e à "indulgência" nas coisas indiferentes. Por essa razão, muitos latitudinários, cuja posição à primeira vista pareceria liberal, eram na verdade intolerantes, pois sua intenção era converter os não conformistas moderados, atenuando a rigidez da "boa ordem" da Igreja antes de penalizar as minorias recalcitrantes que se recusavam a aceitar essas novas condições. Neste ponto, Locke se afasta dos seus colegas latitudinários. Para ele, a afabilidade e o companheirismo do conformismo não podem superar o direito de livre expressão daqueles que têm uma convicção implacável, não importa quão equivocada, de que as condições do conformismo são pecaminosas.

Aqui, Locke ressalta o princípio elementar do respeito. Crenças conscientemente assumidas devem ser respeitadas, ou melhor, aqueles que creem devem ser respeitados, mesmo que consideremos suas crenças infundadas. Podemos aceitar que uma seita seja arruinada pela consciência errante, mas a liberdade de consciência deve ter prioridade sobre (nossa própria concepção da) a verdade. Locke não duvida de sua própria versão da verdade cristã, mas seu argumento é mais evidentemente cético quando reitera que devemos tolerar o erro. O mais importante é a busca sincera da verdade, não importa quão intrincados e tortuosos sejam os caminhos tomados. Ao conceder um lugar central para a sinceridade, Locke traz a marca do liberalismo moderno. Buscar a verdade com sinceridade, ainda que não se chegue a ela, é tido como algo mais valioso do que possuir a verdade apenas devido ao acaso ou à conformidade exterior. Locke tem consciência de que a maioria das pessoas lida com muitas confusões mentais decorrentes da criação, educação, circunstâncias, cultura. Elas dificilmente podem ser culpabilizadas por crenças equivocadas, embora possam ser culpadas de falta de esforço árduo para organizar seus pensamentos. O empenho sério deve comandar nosso respeito. Todavia, uma advertência crucial permanece. O dever da tolerância não deve diminuir nosso igual direito de argumentar contra o erro. "Todos têm o dever de admoestar, exortar, convencer o outro do erro e atraí-lo para a verdade por meio de argumentos" (p. 39). Locke, portanto, teria ficado decepcionado com uma sociedade como a nossa, na qual o ônus do "respeito" frequentemente provoca uma tímida relutância a questionar as crenças dos outros.

ANTINOMIANOS

Dada a natureza potente do argumento de Locke a favor da tolerância religiosa, é chocante que, perto do final da *Carta*, ele exclua ateus e católicos da tolerância. Não há como negar que ele rejeita a possibilidade de tolerar ateus, os quais diz não terem nenhum motivo para seguir as regras, porque não temem o castigo divino. "Promessas, contratos, juramentos, que são os laços da sociedade humana, não valem para o ateu" (p. 76). Espinosa e Bayle discordam. A posição de Locke sobre o catolicismo requer, contudo, astúcia, já que ele de fato não exclui a possibilidade teórica de tolerar católicos. Embora católicos sustentem crenças absurdas, tais como a transubstanciação, o absurdo da crença do outro não é, por si só, motivo para coerção. O que tornava os católicos intoleráveis era o fato de sustentarem posições políticas e morais que ameaçavam a sociedade civil. Estas tinham dois aspectos: o de que o papa poderia depor príncipes heréticos e autorizar seus seguidores a derrubar tais príncipes, e o de que "não se deve manter a promessa com os heréticos": em outras palavras, que as regras de honestidade e o cumprimento de promessas não precisavam ser aplicados pelos católicos quando estes tratavam com heréticos. Essa posição de Locke implica que, se os católicos abandonassem suas crenças desrespeitosas, então eles poderiam ser tolerados. Católicos do século XVIII se valiam desse argumento e se empenhavam em demonstrar que o catolicismo não estava comprometido com a política de dominação papal, nem em trair a confiança dos heréticos.

O que Locke estava descartando não era o catolicismo em si mesmo, mas o antinomianismo. Um *antinomiano* é alguém que sustenta que as leis morais ordinárias são sobrepujadas pela superioridade da "verdade" religiosa. Isso significa colocar a religião em colisão com a razão e a lei natural, que também são obras de Deus e não estão em conflito com a revelação. Os antinomianos pensam que são inspirados por Deus para governar (a forma derradeira de uma república divina) ou, ao contrário, que estão excetuados da lei (a forma derradeira de anarquia divina). Eram igualmente antinomianas as alegações dos católicos de que o papa havia sido incumbido por Cristo para impor regras a todas as nações e as alegações calvinistas de que os "eleitos" deveriam governar ("o governo dos santos"). Há algumas insinuações de que Locke tinha também os fanáticos puritanos como potencialmente intoleráveis. Há inúmeras variações do antinomianismo, então e agora, tal como a proposição de que um território particular pertence a um grupo particular porque "Deus o deu a ele", ou de que um Estado devesse lutar contra outro porque o considera o "anticristo".

Locke foi explícito em sua posição de que governos deveriam se preocupar com o comportamento religioso apenas na medida em que ele for perigoso para os interesses temporais da sociedade. Um comportamento excêntrico em locais de culto não é mais prejudicial para a sociedade civil que um comportamento excêntrico no mercado. No entanto, é legítimo submeter à vigilância um comportamento terrorista numa igreja assim como no mercado. Locke aceita prontamente que o Estado possa exercer a vigilância em relação a alguns grupos religiosos, embora deva ser explícito em relação aos motivos da suspeita. Por outro lado, cidadãos têm o dever paralelo de estar vigilantes para garantir que aqueles que estão no poder não estejam conformando a política segundo agendas "divinas". O antinomianismo pode se manifestar de cima para baixo e vice-versa.

A TRANSIÇÃO DE LOCKE

Embora estas considerações tenham até aqui tratado da *Carta*, Locke refletiu e escreveu sobre a tolerância ao longo de quatro décadas. Ele manifestamente não defendia em 1690 as mesmas posições que defendera em 1660. Quando a monarquia e a Igreja da Inglaterra foram restauradas depois das Guerras Civis e da república, Locke havia defendido por escrito a autoridade do magistrado civil de impor um culto público uniforme. Locke compôs três ensaios, hoje conhecidos como *Dois opúsculos sobre o governo*[4] (1660-2), quando era um jovem scholar e professor na Universidade de Oxford, embora só tenham sido publicados em 1967. Eles revelam um Locke que teme profundamente a anarquia civil causada pelo fanatismo religioso. Como a maioria de seus compatriotas, ele acreditava que as Guerras Civis haviam aberto uma caixa de Pandora de "entusiasmo" selvagem e fanatismo antinomiano mascarados sob a insígnia da consciência. Ele argumentava segundo a tradição teológica das "coisas indiferentes" e concluía que, uma vez que a maioria das questões de culto e de disciplina religiosa é indiferente, os não conformistas não tinham razões de consciência para objetar à imposição da ordem.

Um elemento surpreendente dos *Opúsculos* é o fato de condensarem a argumentação que mais tarde Locke viria a contestar. Por razões ainda não muito claras, por volta de 1667 ele havia mudado de ideia definitivamente. É provável que o mais importante tenha sido sua associação com Lorde Ashley, o futuro líder dos Whig e conde de Shaftesbury, e sua subsequente mudança de Oxford, o berço ideológico da *churchmanship* anglicana.[5] Locke se estabeleceu na cosmopolita Londres, próximo à corte de Charles II, que tinha suas próprias razões para buscar tolerância, dado que o rei não era indiferente à religião nem criptocatólico. A visita de Locke a Cleves, na Alemanha, em 1666 também abriu seus olhos, pois ficou atônico com o fato de que, naquela cidade tolerante, luteranos, calvinistas e mesmo católicos pudessem praticar seu culto publicamente e, ainda assim, viver em paz. A conversão de Locke é sinalizada no seu *Ensaio sobre a tolerância* (1667), outro texto publicado somente muito tempo depois de sua morte. O *Ensaio*, que contém argumentos recorrentes na *Carta*, pode ter tido origem num memorando para Ashley e, posteriormente, para a corte real.

Um vasto arquivo dos cadernos pessoais e memorandos de Locke sobreviveu até os dias de hoje. Nesses documentos, ele retornou constantemente aos argumentos a favor da tolerância. Os manuscritos de Locke exploram inúmeros temas que nem sempre têm relevo na *Carta*. Eles incluem críticas polêmicas a religiosos que ecoavam essencialmente os argumentos dos seus próprios *Opúsculos* precedentes e que ele agora havia abandonado. Vários de seus memorandos se referem ao catolicismo, ilustrando sua veemente hostilidade para com uma Igreja que insistia na sua própria infalibilidade. Ao mesmo tempo, Locke continuou a se incomodar com os perigos dos antinomianos protestantes, não apenas das seitas dissidentes, mas também com todos os tipos de "entusiastas", cuja espiritualidade mística ameaçava perigosamente extrapolar as fronteiras da razoabilidade cristã.

CLERICALISMO

Católicos, antinomianos e "entusiastas" não esgotam as categorias dos religiosos contra os quais Locke dirige sua animosidade. Há um estridente tom anticlerical na *Carta* de Locke e em outros escritos, que evidencia sua insistência em afirmar que boa parte do que se passa por doutrina cristã é mera fabricação do clero e deriva da simplicidade do Evangelho. Locke é constantemente hostil aos clérigos. Aqueles que perseguem o fazem "sob pretextos religiosos", são intolerantes que buscam poder pessoal e riqueza, e não a salvação dos outros (p. 34). Tal acusação já era o cerne dos ataques protestantes ao catolicismo medieval. Contudo, para Locke, e cada vez mais para seus contemporâneos, a usurpação sacerdotal não era monopólio católico. Há passagens em Locke que prefiguram a crítica iluminista ao "clericalismo", uma palavra que ficou em voga nos anos 1690 e que Locke utiliza na *Razoabilidade do cristianismo*. Ela denotava uma teoria geral sobre as propensões de todo sacerdócio de perverter a religião na busca pela dominação terrena. Credos religiosos e credos políticos inspirados pelo clero tendem a ser ideológicos no sentido estrito do termo: são doutrinas que servem ao poder e não à verdade. Locke pensava que a doutrina do direito divino dos reis era um caso exemplar: padres exaltam príncipes, de modo que príncipes retornam o favor concedendo às igrejas os arreios do poder temporal. No decorrer de um longo período histórico, é possível ver que a alegação de Locke de que religiões são projeções do poder temporal e das aspirações mundanas é um dos principais caminhos para o ateísmo. Locke forneceu uma indicação para esse caminho, mas ele próprio não seguiu esse trajeto. Afinal, a acusação de que a religião foi pervertida pela mundanidade se encontra enraizada na própria tradição cristã. Neste sentido, distinguir o Iluminismo da Reforma está longe de ser uma tarefa simples.

PRIMEIRA RECEPÇÃO

No final do século XVIII, a *Carta sobre a tolerância* de Locke havia sido publicada em 26 edições e incluída em nove edições de suas *Obras* e em *Obras diversas do senhor John Locke* (1710).[6] Foi publicada em latim, francês, alemão e holandês e chegou a sua primeira edição americana em Boston, em 1743. A edição de Voltaire de 1764 acompanhava o seu próprio *Traité sur la tolérance,* ensejado pelo caso Calas, no qual o *philosophe* buscou e obteve o perdão póstumo para um mercador protestante de Toulouse que havia sido erroneamente executado por assassinar seu filho. Na América do Norte, os argumentos de Locke foram apropriados no protesto de Elisha Williams contra uma lei de Connecticut que restringia pregadores itinerantes, intitulado *Direitos e liberdades essenciais dos protestantes* e que tinha o subtítulo *Um apelo oportuno a favor da liberdade de consciência e do direito de julgamento privado em assuntos de religião, sem que haja nenhum controle da autoridade humana* (1744). Outra ligação com a América do Norte é pelo "republicano" Thomas Hollis, que publicou uma edição completa de todas as *Cartas* de Locke e presenteou uma cópia a Harvard: "Thomas Hollis, inglês, cidadão do mundo, deseja a honra de presentear este livro à livraria do Colégio de Harvard, em Cambridge, Nova Inglaterra. Pall Mall, 1º de janeiro de 1765". O frontispício do livro contém a gravura de um retrato de Locke: ele está envolto em folhas de carvalho e, atrás de sua imagem, está o barrete da liberdade.

Notas

1. Miguel Serveto (1511-53) foi um teólogo e médico espanhol denunciado e condenado por Calvino à morte na fogueira. (N. T.)
2. Refugiado. (N. T.)
3. Tradução da Bíblia: Almeida Revista e Atualizada. (N. T.)
4. A obra intitulada *Two Tracts on Governement*, escrita em 1660-2 e publicada postumamente, não deve ser confundida com os conhecidos *Dois tratados sobre o governo* (*Two Treatises of Government*) de 1689. (N. T.)
5. *Churchmanship* deriva de *churchman*, palavra que significa "clérigo" ou "eclesiástico", mas que a partir do século XVII passou a designar os adeptos da Igreja da Inglaterra. Cf. Samuel Johnson. *A Dictionary of the English Language*. Dublin: W. G. Jones, 1755. (N. T.)
6. *Works* e *Œuvres diverses de Monsieur Jean Locke*, respectivamente. (N. T.)

Carta sobre a tolerância

JOHN LOCKE

Ao leitor[1]

A seguinte *Carta sobre a tolerância*, publicada primeiro em latim neste mesmo ano na Holanda, já foi traduzida em holandês e francês.[2] Uma aprovação tão geral e rápida sugere, portanto, sua recepção favorável na Inglaterra. Penso que em nenhuma nação do mundo se falou tanto sobre este assunto quanto na nossa. Contudo, certamente nenhum povo precisa mais dizer e fazer algo além a esse respeito do que o nosso.

Não apenas nosso governo foi parcial em questões religiosas; também os que sofreram com essa parcialidade, e tentaram por isso reivindicar seus próprios direitos e liberdades com seus escritos, em sua maioria o fizeram segundo princípios limitados, adequados apenas ao interesse de suas próprias seitas.

Essa limitação de espírito de todos os lados tem sido, sem dúvida, a principal causa de nossas mazelas e confusões. Mas qualquer que tenha sido a causa, já é hora de procurar uma cura definitiva. Precisamos de remédios mais generosos para nosso transtorno do que aqueles que até agora foram administrados. Nem as *Declarações de indulgência*,[3] nem os *Atos de compreensão*,[4] tais como têm sido praticados e esboçados entre nós, podem funcionar. Os primeiros são somente paliativos, os segundos aumentam nosso mal.

Liberdade absoluta, liberdade justa e verdadeira, liberdade igualitária e imparcial, é disso que precisamos. Embora de fato se tenha falado muito a respeito, duvido que tenha sido bem compreendido e tenho certeza de que não foi praticado de modo algum, nem por nossos governantes em relação ao povo em geral, nem pelos partidos dissidentes do povo uns em relação aos outros.

Não posso, portanto, senão esperar que este *Discurso*, que trata desse assunto, ainda que brevemente, mas com mais exatidão do que vimos até agora, demonstrando a equidade e viabilidade da questão, seja considerado altamente oportuno por todos os homens que têm grandeza de alma o bastante para preferir o interesse do público ao de um partido.

É para o uso daqueles que já possuem esse espírito ou para inspirar esse espírito naqueles que não o possuem, que o verti para nossa língua. Mas o assunto por si mesmo é tão breve, que não requer um prefácio mais longo. Deixo-o, então, para a consideração de meus concidadãos e desejo sinceramente que possam empregá-lo para o fim ao qual parece ter sido destinado.

Honorável Sir,

Já que o senhor gostaria de saber o que penso acerca da tolerância mútua dos cristãos nas suas diferentes confissões religiosas, devo lhe responder francamente que considero a tolerância a marca característica da verdadeira igreja.[5] Seja qual for a razão de algumas pessoas ostentarem a antiguidade dos lugares e nomes ou a pompa de sua liturgia exterior, de outras ostentarem a reforma de sua disciplina, e de todas ostentarem a ortodoxia de sua fé (pois todos são ortodoxos para si mesmos), estas e demais coisas dessa natureza são muito mais características de homens ávidos por poder e império sobre os outros do que da igreja de Cristo. Ainda que alguém tenha justa pretensão a tudo isso, se for desprovido de caridade, gentileza e boa vontade para com toda a humanidade, até mesmo para com aqueles que não são cristãos, com certeza estará longe de ser verdadeiro cristão. "Os reis dos gentios exercem o domínio sobre eles", disse nosso Salvador aos discípulos, "mas vós não sereis assim" (Lucas 22,25). A tarefa da verdadeira religião é algo bem diferente. Ela não é instituída a fim de erigir uma pompa exterior, de obter domínio eclesiástico ou de exercer força compulsória, mas de regular a vida dos homens segundo as regras de virtude e piedade. Todos os que se alistarem sob o estandarte de Cristo devem, em primeiro lugar e acima de tudo, fazer guerra às próprias cobiças e vícios.[6] É inútil apropriar-se do nome de Cristo sem santidade de vida, sem pureza de maneiras e sem bondade e gentileza de espírito.[7]

"E tu, quando te converteres, confirma teus irmãos", disse nosso Senhor a Pedro (Lucas 22,32). De fato, dificilmente alguém que parece descuidar da própria salvação me convencerá de que está extremamente preocupado com a minha. É impossível que aquele que não adotou a religião cristã no próprio coração se dedique sincera e cordialmente a transformar os outros em cristãos. Se acreditarmos no Evangelho e nos apóstolos, ninguém pode ser cristão sem *caridade* e sem *aquela fé que opera* não pela força, mas pelo *amor*.[8] Faço então um apelo à consciência daqueles que perseguem, atormentam, destroem ou matam outros homens sob pretextos religiosos, pergunto se o fazem por amizade e bondade em relação a eles ou não. Só acreditarei que sim, e não antes, quando vir esses zelotes exaltados corrigirem da mesma maneira seus amigos e conhecidos próximos pelos evidentes pecados que cometeram contra os preceitos do Evangelho; quando os vir perseguirem a ferro e fogo os membros de sua própria comunidade que estão manchados com graves vícios e que, sem correção, correm risco de cair em eterna perdição; quando os vir, portanto, expressarem seu amor e desejo de salvar as almas pela imposição de tormentos e pela prática de todo tipo de crueldade. Pois se, como afirmam, por causa do princípio de caridade e por amor às suas almas privam os homens de seus bens, os mutilam com castigos corporais, os deixam à mingua e os atormentam em fétidas prisões e, por fim, lhes tiram até mesmo a vida; digo se tudo isso for feito apenas para que os homens se tornem cristãos e busquem sua salvação, por que então permitem que prevaleçam entre seus rebanhos e sua gente tanta "prostituição, fraude, malícia e pecados semelhantes" (Romanos

1), que, de acordo com o apóstolo, cheiram manifestamente a depravação pagã? Essas coisas e outras semelhantes são certamente mais contrárias à glória de Deus, à pureza da igreja e à salvação das almas do que divergir deliberadamente[9] das questões eclesiásticas ou se afastar do culto público, desde que essas ações sejam associadas a uma vida pura. Por que esse zelo ardente por Deus, pela igreja e pela salvação das almas — digo ardente em sentido literal, com fogo e lenha — passa sem nenhum castigo ao longo dos vícios morais e maldades, os quais todos reconhecem como diametralmente opostos à confissão cristã; por que dedica toda a sua energia a introduzir cerimônias ou a estabelecer opiniões, que tratam majoritariamente de assuntos delicados[10] e intrincados e excedem a capacidade do entendimento vulgar? Quando a causa da sua separação for julgada, ficará por fim evidente qual dos partidos em disputa sobre esses assuntos tem razão, qual deles é culpado de cisma ou heresia, quais os que dominam ou os que padecem. Certamente aquele que segue Cristo, abraça sua doutrina e carrega seu jugo não será julgado como herege, mesmo que abandone pai e mãe, se afaste da assembleia pública e das cerimônias de seu país, não importa a quem ou a que renuncie.

Embora nunca se possa permitir que as divisões sectárias obstruam a salvação das almas, não se pode negar que "adultério, fornicação, mácula, lascívia, idolatria e coisas do gênero são obras da carne", em relação às quais o apóstolo declarou expressamente que "os que cometem tais coisas não herdarão o reino de Deus" (Gálatas 5). Portanto, aquele que se preocupa com o reino de Deus, e acredita ser seu dever tentar expandi-lo entre os homens, deve empenhar-se com igual zelo e diligência para extirpar essas ações imorais pela raiz e não para exterminar as seitas.[11] Mas se alguém faz o contrário e, sendo cruel e implacável em relação àqueles que discordam de sua opinião, é indulgente com as iniquidades e ações imorais indignas de um cristão, deixemos que fale da igreja o quanto quiser, pois demonstra claramente por suas ações que tem em vista um outro reino, e não o avanço do reino de Deus.

Parece-me muito estranho, confesso, e penso que o seria a todos, que alguém acredite ser adequado que outra pessoa, cuja salvação se deseja fortemente, sofra tormentos, mesmo que ela não seja convertida. Contudo, seguramente ninguém acreditará que tal atitude possa provir da caridade, do amor ou da boa vontade. Se alguém sustenta que o homem deve ser forçado pelo fogo e pela espada a proferir certas doutrinas e se conformar a este ou àquele culto exterior sem sequer considerar seus costumes; se tenta converter à fé os que estão errados, forçando-os a professar coisas em que não acreditam e permitindo que pratiquem o que o Evangelho proíbe, não há dúvida de que seu intuito é formar uma numerosa assembleia unida pela mesma crença que a sua, mas é completamente inverossímil que seu principal objetivo com tais meios seja a formação de uma igreja verdadeiramente cristã. Por isso, não é de admirar que aqueles que realmente não defendem o avanço da verdadeira religião e da igreja de Cristo empunhem armas que não condizem com a guerra cristã.[12] Se desejassem sinceramente o bem das almas como o Comandante de nossa salvação, eles seguiriam os passos e o exemplo perfeito do Príncipe da Paz, que enviou seus soldados para conquistar nações e reuni-las a sua igreja, não armados com a espada ou outros instrumentos de força, mas preparados com o Evangelho de paz e com a santidade exemplar de sua conversação. Esse era seu método. No entanto, se devêssemos converter os infiéis pela força e afastar os cegos ou obstinados do erro com soldados armados, sabemos muito bem que teria sido muito mais fácil para Ele fazê-lo com os exércitos das legiões celestes do que para qualquer filho da igreja, por mais poderoso que fosse, com todos os seus dragões.[13]

Tolerância para com aqueles que divergem dos outros

em matéria de religião é tão conforme ao Evangelho de Jesus Cristo e à genuína razão da humanidade, que parece monstruoso ser tão cego a ponto de não perceber, com enorme clareza, a necessidade e vantagem dela. Não censurarei aqui o orgulho e a ambição de alguns, as paixões e o zelo pouco caridoso de outros. Estas são faltas das quais os assuntos humanos talvez nunca se libertem completamente; contudo, elas são tais que ninguém suportará que lhe sejam imputadas sem tentar encobri-las com cores especiosas, e buscar aprovação, enquanto[14] é carregado por suas próprias paixões irregulares. Para que alguns não encubram seu espírito de perseguição e de crueldade não cristã com o pretexto de se ocupar do bem público e da observância das leis; e para que outros não procurem impunidade para sua libertinagem e devassidão usando a religião como pretexto; numa palavra, para que ninguém manipule a si mesmo ou aos demais com a desculpa de ser leal e obediente ao príncipe, ou afável e sincero no culto a Deus, considero necessário acima de tudo diferenciar com exatidão aquilo que compete ao governo civil e aquilo que compete à religião e demarcar as fronteiras apropriadas que se encontram entre um e outro. Se isso não for feito, nunca terão fim as controvérsias que sempre surgirão entre os que, de um lado, se preocupam ou ao menos fingem se preocupar com o interesse das almas e os que, de outro, se preocupam com a república.[15]

A *república* me parece ser uma sociedade de homens constituída apenas para a busca, conservação e avanço de suas próprias *vantagens civis*.[16]

Denomino *vantagens civis* a vida, a liberdade, a saúde, a indolência física[17] e a posse de bens exteriores, tais como dinheiro, terras, casas, mobiliário e coisas afins.

É dever do magistrado civil assegurar a todas as pessoas em geral e a todos os seus súditos em particular a posse justa dessas coisas pertencentes à vida por meio da execução imparcial de leis igualitárias. Se alguém pretende violar as leis da justiça e equidade públicas estabelecidas para a preservação de tais coisas,[18] sua pretensão deve ser limitada pelo medo da punição, que consiste na privação ou diminuição desses interesses ou bens civis dos quais ele, do contrário, poderia e deveria usufruir. Mas como ninguém se deixa privar voluntariamente de qualquer parte de seus bens e, menos ainda, de sua liberdade ou de sua vida, o magistrado é munido do poder e da força de todos os seus súditos para punir aqueles que violam os direitos de qualquer outro homem.

As considerações que se seguem parecem-me suficientes para demonstrar que a jurisdição do magistrado abrange apenas essas preocupações civis, e que todo o poder, direito e domínio civis são limitados e restritos apenas ao cuidado e fomento dessas coisas e não podem nem devem ser, de modo algum, estendidos à salvação das almas.

Em primeiro lugar, porque cuidar das almas não é atribuição do magistrado civil mais que de outros homens. Digo que não lhe é atribuído por Deus, pois não parece que Ele tenha dado mais autoridade a um homem que a outro para compelir alguém a aderir à sua religião. Esse tipo de poder tampouco pode ser conferido ao magistrado pelo *consenso do povo*,[19] pois ninguém pode abandonar o cuidado com a própria salvação e confiá-lo cegamente à escolha de um outro, príncipe ou súdito, que lhe prescreva qual fé e culto se deve adotar. Pois, mesmo que quisesse, ninguém pode conformar sua fé aos ditames alheios. Toda a vida e poder da verdadeira religião consistem na persuasão interior e completa da mente, e fé não é fé sem crença.[20] Seja qual for nossa confissão, seja qual for o culto exterior ao qual nos conformamos, se não estivermos plenamente satisfeitos em nossas mentes de que a primeira é verdadeira e o segundo agradável a Deus, tal confissão e tal prática, ao invés de a auxiliarem, serão de fato grandes obstáculos para nossa salvação. Porque, deste modo, em vez de expiarmos os pecados pelo exercício da religião, oferecemos a Deus Todo-Poderoso um culto que sabemos não ser de seu agrado e acrescentamos aos nossos outros pecados a hipocrisia e o desdém por sua majestade divina.

Em segundo lugar, o cuidado com as almas não pode convir ao magistrado civil, porque seu poder consiste apenas em força externa, enquanto a religião verdadeira e redentora consiste na persuasão interna da mente, sem a qual nada é aceitável para Deus. E a natureza do entendimento é tal, que ele não pode ser obrigado à crença em coisa alguma por força externa. Confiscar os bens, prender, torturar, nada dessa natureza pode ser eficiente a ponto de fazer os homens mudarem o juízo interno que formaram sobre as coisas.

Pode-se de fato alegar que é lícito ao magistrado valer-se de argumentos e, assim, atrair os heterodoxos para o caminho da verdade e para a busca de sua salvação. Concordo. Mas isso vale tanto para ele quanto para outros homens. Ensinando, instruindo e guiando os equivocados pela razão, ele certamente pode fazer o que compete a todo homem bom fazer. A magistratura não o obriga a deixar de lado nem a humanidade nem a cristandade. Contudo, uma coisa é persuadir, outra obrigar; uma coisa é insistir com argumentos, outra com punições. Somente o poder civil tem o direito de fazer esta última; a primeira depende apenas da boa vontade. Todos têm o dever de admoestar, exortar, convencer o outro do erro e atraí-lo para a verdade por meio de argumentos. Mas dar as leis, ser obedecido e coagir com a espada compete exclusivamente ao magistrado. E, baseado nisso, afirmo que o poder do magistrado não se estende ao estabelecimento de quaisquer artigo de fé ou formas de culto pela força de suas leis. Pois leis não têm força alguma sem penalidades, e, neste caso, penalidades são absolutamente impertinentes,[21] já que não são adequadas para convencer a mente. Nem a profissão de artigos de fé, nem a conformidade a algum tipo de culto exterior podem (como já foi dito) servir à salvação das almas, a menos que aqueles que o professam e praticam acreditem completamente na verdade das primeiras e o segundo seja aceito por Deus. Mas as penalidades não são absolutamente capazes de produzir tal crença. Apenas luz e evidência podem produzir mudança na opinião dos homens. E essa luz não pode proceder de modo algum de sofrimentos corporais ou de qualquer outro tipo de penalidades exteriores.[22]

Em terceiro lugar, o cuidado com a salvação das almas dos homens não pode caber ao magistrado, porque, embora o rigor das leis e a força das penas sejam capazes de convencer e mudar a opinião dos homens, ainda assim isso não serviria de modo algum para a salvação de suas almas. Já que há apenas uma verdade, um caminho para o céu, que esperança haveria de que mais homens sejam guiados até Ele se eles não tiverem nenhuma outra regra a seguir exceto a religião da corte; se forem obrigados a abandonar a luz da sua própria razão, a se opor aos ditames das suas próprias consciências e a se sujeitar cegamente à vontade de seus governantes e à religião acidentalmente instituída pela ignorância, ambição ou superstição nos países em que nasceram? Entre as várias e contraditórias opiniões religiosas, que dividem os príncipes do mundo tanto quanto seus interesses seculares, o caminho apertado ficaria ainda mais estreito.[23] Um único país teria razão, e o resto do mundo seria obrigado a seguir seus príncipes nos caminhos que levam à destruição.[24] E a felicidade ou miséria eternas dos homens dependeria dos lugares onde nasceram, o que aumentaria ainda mais o absurdo e prejudicaria muito a noção de divindade.

Tais considerações, embora sejam omitidas tantas outras que poderiam ser levantadas com o mesmo propósito, parecem-me suficientes para concluir que todo poder do governo civil se refere apenas aos interesses civis dos homens, se restringe ao cuidado das coisas do mundo e não tem relação alguma com o mundo vindouro.

Consideremos agora o que é a igreja. Considero que uma igreja é a sociedade voluntária de homens reunidos de livre acordo para o culto público de Deus segundo julgam aceitável a Ele e eficaz para a salvação de suas almas.

Digo que é uma sociedade livre e voluntária. Ninguém nasce membro de uma igreja. Caso contrário, a religião dos genitores seria transmitida aos filhos, pelo mesmo direito de herança que existe em relação aos bens temporais, e todos receberiam sua fé pelo mesmo direito pelo qual possuem suas terras; não se pode imaginar nada mais absurdo. O ponto, portanto, é este. Ninguém é determinado por natureza a pertencer a uma igreja ou seita particular, mas cada um se une por vontade própria a uma sociedade na qual acredite ter encontrado a confissão e o culto verdadeiramente apropriados a Deus. A esperança de salvação, do mesmo modo como pode ter sido a única causa de entrada numa congregação, pode ser a única razão para que nela se permaneça. Pois se posteriormente se descobre algo equivocado na doutrina ou incongruente no culto de uma tal sociedade à qual se juntou, por que não seria permitido dela sair tão livremente quanto como se havia entrado? Nenhum membro de uma sociedade religiosa pode lhe estar vinculado senão pelo elo que procede da expectativa segura da vida eterna. Uma igreja é, portanto, a sociedade de membros voluntariamente unidos com vistas a esse fim.

Nesta sequência temos de considerar agora qual é o poder dessa igreja e a quais leis está submetida.

Visto que nenhuma sociedade, não importa quão livre seja ou em que frágeis circunstâncias tenha sido instituída (seja ela uma sociedade de filósofos eruditos, de mercadores do comércio, ou de homens com ócio para conversar e discutir), nenhuma igreja ou companhia, digo, pode minimamente subsistir e se manter unida, mas logo se dissolveria e despedaçaria, se não for regulada por leis e se todos os seus membros não aceitarem observar certa ordem. Devem ser acordados lugar e horário das reuniões. Têm de ser estabelecidas regras para admissão e exclusão dos membros. Não podem ser omitidas distinções de cargos, a condução ordenada das coisas etc. Mas, como já foi demonstrado, uma vez que a reunião de vários membros na igreja ou sociedade é absolutamente livre e espontânea, segue-se necessariamente que o direito de fazer suas leis não pode caber a ninguém exceto à própria sociedade ou, o que é igual, ao menos àqueles que a sociedade autorizou a fazê-lo mediante o consentimento geral.

Alguns objetarão talvez que nenhuma sociedade dessa espécie pode ser chamada de verdadeira igreja a não ser que tenha um bispo ou presbítero[25] dotado de autoridade dirigente, derivada dos próprios apóstolos e transmitida até os dias de hoje numa sucessão ininterrupta.

A isso respondo: *em primeiro lugar*, mostrem-me o edito pelo qual Cristo impôs essa lei à sua igreja.[26] E que ninguém me julgue impertinente se, num assunto tão importante, eu exigir que os termos de tal edito sejam muito explícitos e indiscutíveis. Pois a promessa que ele nos fez de que "onde estiverem dois ou três reunidos em seu nome, ali está ele no meio deles" (Mateus 18,20) parece implicar o contrário.[27] Peço que reflitam se é necessário algo mais para que uma tal assembleia seja uma verdadeira igreja. Estou certo de que nada lhe pode faltar para a salvação das almas, e isso basta para o nosso propósito.

Em segundo lugar, peço que observem as enormes cisões inclusive entre aqueles que dão tanta importância à instituição divina e à sucessão contínua de certa ordem de governantes na igreja.[28] Esse mesmo dissenso inevitavelmente nos obriga a deliberar e, consequentemente, nos dá a liberdade de escolher a igreja que considerarmos preferível.

Por fim, reconheço que esses homens tenham em sua igreja dirigentes estabelecidos mediante uma longa cadeia de sucessão, conforme julguem necessário, sob a condição de que eu também tenha liberdade de me unir à sociedade em que acredito poder encontrar aquilo que é necessário para a salvação de minha alma. Desse modo, a liberdade eclesiástica será preservada em todos os seus aspectos, e a ninguém será imposto um legislador, exceto aquele que ele mesmo escolheu.

Mas já que os homens são tão solícitos em relação à verdadeira igreja, eu lhes perguntaria de passagem se não seria mais adequado à Igreja de Cristo fazer com que as condições da comunhão consistam única e exclusivamente naquilo que, com palavras explícitas, o Espírito Santo declarou necessário à salvação na Escritura Sagrada; pergunto se isso não seria mais adequado à Igreja de Cristo do que impor aos outros invenções e interpretações dos próprios homens, como se estes fossem uma autoridade divina, e estabelecer mediante leis eclesiais, como absolutamente necessário à confissão cristã, aquilo que a Escritura Sagrada não menciona nem ordena de maneira explícita. Quem quer que exija, para entrar na comunidade eclesiástica, o que Cristo não exige para a vida eterna pode talvez formar uma sociedade conforme sua própria opinião e vantagem; não sei, contudo, como poderia se chamar Igreja de Cristo a que é estabelecida segundo leis que não são as dele e que exclui de sua comunhão aquelas pessoas que ele um dia receberá no reino dos céus. Mas como este não é o lugar adequado para investigar as características da verdadeira igreja, apenas recordarei aos que defendem tão fervorosamente os decretos da sua própria sociedade e que gritam continuamente: "A igreja! A igreja!", com tanto estardalhaço e talvez pelos mesmos princípios que os ourives de Éfeso gritavam por Diana;[29] gostaria de lhes recordar que o Evangelho com frequência declara que os verdadeiros discípulos de Cristo devem suportar a perseguição, mas nunca encontrei em nenhum livro do Novo Testamento que a igreja de Cristo deva perseguir ou forçar os outros, com fogo e espada, a abraçar sua fé e doutrina.

A finalidade de uma sociedade religiosa, como já foi dito, é o culto público a Deus, mediante o qual se alcança a vida eterna. Toda disciplina, portanto, deve tender a esse fim e todas as leis eclesiásticas devem se restringir a ele. Nada deve nem pode ser realizado nessa sociedade que se refira à posse de bens civis e terrenos. Não se pode usar força aqui sob nenhuma circunstância. Pois a força cabe somente ao magistrado civil, e a posse de todos os bens exteriores está sob a sua jurisdição.

Mas talvez alguém se pergunte por que meios, então, as leis eclesiásticas devem ser estabelecidas, se são desprovidas de qualquer poder compulsório. Respondo que devem ser estabelecidas pelos meios adequados à natureza dessas coisas, tais como a confissão e a obediência externas, que são completamente inúteis e estéreis se não decorrerem de uma profunda convicção e aprovação do espírito. As armas que podem garantir que os membros dessa sociedade respeitem seus deveres são exortações, advertências e conselhos. Se os infratores não forem reformados e os equivocados não forem convencidos por esses meios, não há nada mais a fazer senão expulsar e separar da sociedade pessoas tão teimosas e obstinadas como estas que não dão motivo para esperar que se emendem.[30] Essa é a força última e máxima da autoridade eclesiástica. Portanto, nenhuma outra punição pode ser infligida, exceto a interrupção da ligação entre o corpo e o membro excluído, de modo que a pessoa condenada deixe de ser parte da igreja.

Estando as coisas assim determinadas, nosso próximo passo será investigar até onde vai o dever da tolerância e o que ele exige de cada um.

Primeiro, sustento que nenhuma igreja esteja sujeita pelo dever de tolerância a manter alguém em seu seio que, depois de advertência, continue obstinadamente a infringir as leis dessa sociedade. Já que essa é a condição da comunidade e o elo da sociedade, se a infração fosse permitida sem nenhuma censura, a sociedade se dissolveria imediatamente. Não obstante, em todos os casos, é preciso cuidado para que a sentença de excomunhão e sua execução não sejam realizadas com palavras e ações duras, pelas quais a pessoa excluída poderia ser de algum modo física ou materialmente lesada. Pois toda força (como já disse muitas vezes) cabe apenas ao magistrado; e pessoa privada alguma pode, em momento algum, usar a força, salvo em defesa própria contra alguma violência injusta. A excomunhão não deve nem pode privar o excomungado de nenhum dos bens civis que ele possuía anteriormente. Todas essas coisas cabem ao governo civil e estão sob proteção do magistrado. Toda força da excomunhão consiste apenas nisto, que, tendo sido declarada a resolução da sociedade a esse respeito, a união existente entre o corpo e algum de seus membros está dissolvida; e, cessando essa relação, cessa também a participação em certas coisas que a sociedade transmitiu a seus membros, sobre as quais ninguém tem qualquer direito civil. Pois o excomungado não sofre nenhum prejuízo civil quando os ministros da igreja lhe recusam pão e vinho na celebração da Ceia do Senhor, comprada com o dinheiro de outros homens, e não com o dele.

Em segundo lugar, nenhum homem privado tem, de nenhum modo, o direito de lesar os bens civis de outra pessoa por ser de outra igreja ou religião. Todos os direitos e liberdades que lhe cabem enquanto homem ou cidadão[31] devem ser inviolavelmente preservados. Isso não é assunto da religião. Nenhuma violência ou ofensa pode ameaçá-lo, seja ele cristão ou pagão. De fato, não devemos nos contentar com as medidas estreitas da mera justiça. Devemos acrescentar-lhe caridade, generosidade e liberalidade. A Escritura as recomenda, a razão as dirige e a comunidade natural em que nascemos as exige de nós. Se alguém se desgarra do caminho correto, a desgraça é dele e o dano não é teu, por isso, não cabe a ti puni-lo pelos assuntos desta vida, porque podes supor que ele será miserável na vida vindoura.

O que digo sobre a tolerância mútua entre pessoas privadas que diferem entre si quanto à religião vale também para as diferentes igrejas, que se relacionam entre si como se relacionam pessoas privadas; nenhuma delas tem qualquer tipo de jurisdição sobre as outras, nem mesmo quando o magistrado civil (como por vezes acontece) pertence a esta ou àquela comunidade. Pois o governo civil não pode dar nenhum novo direito à igreja, nem a igreja ao governo civil. Deste modo, se o magistrado se associa a alguma igreja ou dela se separa, a igreja permanece a mesma de antes, uma sociedade livre e voluntária. Ela não adquire o poder da espada com o ingresso do magistrado, nem perde o direito de instruir e excomungar quando ele a deixa. Tal é o direito fundamental e imutável de uma sociedade espontânea: de que ela tem o poder de excluir qualquer um de seus membros que transgredir as leis de sua instituição. Contudo, com a admissão de um novo membro, ela não adquire nenhum novo direito de jurisdição sobre aqueles que não pertencem a ela. E, portanto, paz, equidade e amizade devem ser sempre reciprocamente respeitadas pelas diferentes igrejas, do mesmo modo que pelas pessoas privadas, sem nenhuma pretensão de superioridade ou jurisdição sobre outrem.

Para que isso fique ainda mais claro mediante um exemplo, suponhamos duas igrejas sediadas na cidade de *Constantinopla*, a dos *arminianos* e a dos *calvinistas*;[32] alguém dirá que uma dessas igrejas tem o direito de despojar os membros da outra de suas propriedades e liberdade[33] (como vemos praticamente em toda parte) em razão da divergência de doutrinas e cerimônias, enquanto os *turcos* assistem em silêncio e riem ao ver a crueldade desumana com que cristãos se enfurecem contra cristãos? Mas se uma dessas igrejas tivesse o poder de maltratar a outra, pergunto: a qual delas pertenceria esse poder, e por qual direito? Com certeza se responderá que a igreja ortodoxa tem o direito à autoridade sobre as igrejas equivocadas e heréticas. Isso equivale a, com palavras imponentes e capciosas, não dizer absolutamente nada. Porque toda igreja é ortodoxa para si mesma; para as demais, equivocada e herética. Para cada igreja, todas as suas crenças são crenças verdadeiras, e seu contrário é considerado equivocado. Desta maneira, a controvérsia entre essas igrejas acerca das doutrinas e da pureza de seu culto é igual dos dois lados; e tampouco há algum juiz, seja em *Constantinopla* ou em outro rincão da terra, que possa pôr fim a ela com uma sentença. A solução dessa questão cabe apenas ao juiz supremo de todos os homens, assim como cabe apenas a ele punir o erro. Neste ínterim, aqueles que, somando a injustiça, se não a seus erros, certamente a seu orgulho, se acham no direito de abusar dos servos de outro Mestre, sobre os quais não têm autoridade, devem considerar quão abomináveis são os seus próprios pecados.

Além disso, mesmo que fosse manifesto qual dessas duas igrejas divergentes está no caminho certo, nem por isso caberia à igreja ortodoxa qualquer direito de destruir a outra. Porque as igrejas não têm jurisdição sobre questões temporais, tampouco o fogo e a espada são instrumentos adequados para convencer as mentes do erro e lhes comunicar a verdade. Suponhamos, todavia, que o magistrado civil esteja inclinado a favorecer uma das igrejas e a colocar sua espada na mão dela, de modo que, com o consentimento dele, ela possa punir os dissidentes como bem lhe aprouver. Alguém dirá que um direito concedido à igreja cristã sobre seus confrades pode provir de um imperador turco? Um infiel que, ele próprio, não tem autoridade para punir cristãos segundo os artigos de fé não pode conferir tal autoridade a nenhuma sociedade de cristãos, nem lhes dar o direito que ele próprio não possui. Este seria o caso de *Constantinopla*.[34] E a razão disso é igual em todo e qualquer reino cristão. O poder civil é o mesmo em toda parte, e esse poder não pode conferir maior autoridade à igreja, quer esteja nas mãos de um príncipe cristão, quer esteja nas mãos de um pagão, isto é, não pode conferir autoridade nenhuma.

Apesar disso, vale a pena observar, e lamentar, que os mais violentos defensores da verdade, os oponentes do erro, os opositores do cisma, dificilmente dão vazão a seu zelo por Deus, que tanto os inflama e insufla, a não ser quando o magistrado civil está do lado deles. Mas, assim que o favorecimento da corte lhes dá o melhor lado da espada e eles começam a se sentir mais fortes,[35] em pouco tempo deixam de lado a paz e a caridade; do contrário, as respeitam religiosamente. Eles desejam viver segundo termos justos e pregam a tolerância apenas quando não têm o poder de sustentar a perseguição e se tornarem senhores.[36] Quando não estão fortalecidos pelo poder civil, são capazes de tolerar paciente e impassivelmente a propagação da idolatria, superstição e heresia na sua vizinhança, o que, em outras ocasiões, os deixaria extremamente apreensivos quanto a seus interesses religiosos. Eles não atacam frontalmente os erros que estão em voga na corte, nem aqueles permitidos pelo governo. Nesse caso eles se contentam em poupar seus argumentos; este é, aliás, o único modo correto de difundir a verdade, que só prevalece quando argumentos fortes e boas razões estão unidos à brandura da civilidade e do bom costume.[37]

Para concluir, *ninguém*, nem os indivíduos, nem as igrejas, nem mesmo as repúblicas, tem permissão justificável para invadir os direitos civis e bens terrenos dos outros com pretextos religiosos. Aqueles que têm outra opinião deveriam refletir consigo mesmos sobre quão perniciosa é a semente da discórdia e da guerra, quão poderoso é o incitamento ao ódio, à pilhagem e aos massacres infinitos que forneceram à humanidade. Nem paz e a segurança, nem sequer a amizade, podem ser firmadas e conservadas entre homens se prevalecer a opinião de que a *dominação se funda na graça* e que a religião tem de se propagar pela força das armas.

Em terceiro lugar, vejamos o que *o dever de tolerância exige* daqueles que se distinguem do resto da humanidade (dos laicos, como gostam de nos denominar) pela *posição ou cargo eclesiástico*, sejam eles bispos, padres, presbíteros, ministros ou como quer que sejam designados ou distinguidos. Não se trata de investigar a origem do poder ou a dignidade do clero. Digo apenas que, de onde quer que venha sua autoridade, ela é eclesiástica, logo, tem de ser restrita aos limites da igreja e não pode, de maneira alguma, se estender a assuntos civis, porque a própria igreja está absolutamente dissociada e distinta da república. Os limites de ambos os lados são fixos e intransponíveis. Quem mistura essas sociedades perfeitamente distintas e infinitamente diferentes uma da outra em sua origem, finalidade, tarefa e todas as demais instâncias confunde o céu e a terra, coisas tão distantes e opostas. Portanto, ninguém, não importa com qual posto eclesiástico seja dignificado, pode privar aquele que não pertença à sua igreja ou fé de sua liberdade ou de qualquer parte de seus bens terrenos em razão da divergência religiosa entre eles. Pois o que não é legal para a igreja inteira não pode, através do direito eclesiástico, tornar-se legal para qualquer um de seus membros.

Mas isso não é tudo. Não basta que os clérigos se abstenham da violência, da pilhagem e de todo tipo de perseguição. Aquele que se pretende sucessor dos apóstolos e se encarrega da função de ensinar também é obrigado a exortar seus ouvintes aos deveres de paz e boa vontade para com todos os homens, tanto em relação aos equivocados quanto aos ortodoxos, em relação àqueles que divergem dele em matéria de fé e culto como aos que com ele concordam. E ele deve exortar ativamente todos, pessoas privadas ou magistrados (se tais houver em sua igreja), à caridade, à brandura e à tolerância; deve esforçar-se diligentemente para atenuar e moderar toda exaltação e animosidade insensata do espírito, que o zelo pela sua própria seita ou as habilidades[38] dos outros inflamaram contra os dissidentes. Para não correr o risco de descreditar com demasiada severidade aqueles cuja dignidade não desejo minimizar nem ver diminuída por eles mesmos ou por outros, dispenso-me de retratar quão felizes e grandiosos seriam os frutos para a igreja e para o Estado se os púlpitos entoassem em toda parte essa doutrina de paz e tolerância. Mas digo que deve ser assim. E se alguém que se declara ministro da palavra de Deus, pregador do Evangelho da paz, ensina o contrário, ou ele não compreende, ou negligencia o dever do seu chamado, e um dia terá de prestar contas diante do Príncipe da Paz. Se os cristãos devem ser orientados a se abster de todo tipo de vingança, mesmo após reiteradas provocações e múltiplas injúrias,[39] muito mais aqueles que nada padeceram e não sofreram nenhum mal devem evitar a violência e se abster de causar o mal a quem nada lhes fez. Certamente, devem empregar essa cautela e temperança para com aqueles que cuidam dos próprios assuntos e, não importa o que se pense deles, se preocupam apenas em adorar a Deus do modo como acreditam lhe ser aceitável e pelo qual têm mais fortes esperanças de alcançar a salvação eterna. Nos assuntos privados e domésticos, na disposição dos bens, na conservação da saúde do corpo, cada um deve considerar o que melhor se adequa à sua própria conveniência e seguir o curso que melhor lhe condiz. Ninguém reclama do modo equivocado com que seu vizinho conduz os negócios. Ninguém se enfurece com o outro em razão de um erro cometido ao semear a própria terra ou ao casar a filha. Ninguém corrige um perdulário por ter gastado sua fortuna em tavernas. Que cada um derrube, construa ou gaste como quiser; ninguém reclama dele, ninguém o controla; a liberdade é dele. Mas se alguém não frequenta a igreja, não adequa seu comportamento com exatidão às cerimônias habituais, ou se não leva seus filhos para serem iniciados nos mistérios sagrados desta ou daquela congregação, isso imediatamente causa um rebuliço, e a vizinhança se enche de ruído e clamor. Todo mundo está pronto para ser vingador de tamanho crime. E os fanáticos raramente têm paciência para refrear-se da violência e pilhagem até que a causa seja debatida, e o infeliz seja formalmente condenado a perder a liberdade, os bens ou a vida. Ah, se os oradores eclesiásticos de todas as seitas se dedicassem, com toda a força argumentativa de que dispõem, a confutar os erros humanos, mas poupassem as pessoas! Que não substituam a falta de razões pelos instrumentos da força, que pertencem a outra jurisdição e só causam o mal nas mãos do sacerdote. Que não apelem à autoridade do magistrado para auxiliar sua eloquência ou ensinamento, evitando talvez que esse zelo descomedido, que exala somente fogo e espada, traia suas ambições e mostre que desejam o domínio temporal enquanto dissimulam o amor pela verdade. Pois será muito difícil persuadir homens sensatos de que quem, com olhos enxutos e paz de espírito, é capaz de entregar o irmão para que o carrasco o queime vivo de fato se preocupa sincera e genuinamente em salvar aquele irmão do fogo do inferno no outro mundo.

Por fim, consideremos *qual é o dever do magistrado* em matéria de tolerância, dever que certamente é bem considerável.

Já provamos que o cuidado das almas não cabe ao magistrado. Não quero dizer o cuidado magistrático (se posso chamá-lo assim), pois este consiste em prescrever leis e compelir mediante castigos; mas o cuidado caritativo, que consiste em ensinar, advertir e persuadir, não pode ser negado a ninguém. Portanto, o cuidado com a alma de cada homem compete a ele próprio e tem de ser deixado a cargo dele. Mas e se ele negligenciar o cuidado de sua alma? Respondo: e se ele negligenciar o cuidado de sua saúde, de sua propriedade; coisas muito mais relacionadas ao governo do magistrado do que aquela? O magistrado determinará por lei expressa que ele não pode ficar pobre ou doente? As leis garantem tanto quanto possível que os bens e a saúde dos indivíduos não sejam violados pela fraude ou violência de outros, mas não os resguardam da negligência ou má conservação por parte deles mesmos. Ninguém pode ser forçado a ser rico ou são, queira ele ou não. De fato, nem o próprio Deus salvará os homens contra a vontade deles. Imaginemos, contudo, que um certo príncipe quisesse forçar seus súditos a acumular riquezas ou a preservar a saúde e força de seus corpos. Acaso deveria ser estipulado por lei que eles devessem consultar apenas médicos *romanos* e que todos fossem obrigados a viver de acordo com suas prescrições? Que não se poderia tomar nenhum remédio, infusão, exceto os preparados no *Vaticano* ou numa botica em *Genebra*?[40] Ou, para que seus súditos fossem ricos, seriam obrigados por lei a se tornarem comerciantes ou músicos?[41] Ou deveriam todos se tornar merceeiros ou ourives, porque alguns conseguem prover satisfatoriamente suas famílias e enriquecer nessas profissões? Pode-se dizer, no entanto, que há milhares de caminhos rumo à riqueza, mas apenas um rumo ao céu. Muito bem colocado, de fato, sobretudo por aqueles que pleiteiam compelir os homens a tomar este ou aquele caminho. Porque se houvesse diversos caminhos que levassem até lá não restaria sequer pretexto para compeli-los. Contudo, se estou marchando com máximo vigor pelo caminho que, segundo a geografia sagrada, leva diretamente a *Jerusalém*, por que sou agredido e explorado pelos outros; talvez porque não visto coturno, porque meu cabelo não tem o corte certo; talvez porque não fui batizado da maneira correta; porque como carne na estrada ou algum outro alimento que agrada a meu estômago; porque evito certas estradas secundárias que me parecem conduzir a espinheiros e precipícios; porque, dentre todos os vários caminhos de uma mesma estrada,[42] escolho aquele que me parece mais direto e limpo; porque evito a companhia de alguns viajantes menos sérios ou daqueles que são mais acerbos do que deveriam; ou, por fim, porque sigo um guia que está ou não está vestido de branco[43] e coroado com a mitra?[44] Certamente, se considerarmos bem, perceberemos que, em geral, coisas assim tão frívolas podem ser seguidas ou omitidas (sem nenhum prejuízo à religião ou à salvação das almas, exceto se acompanhadas de superstição ou hipocrisia); afirmo que são coisas como estas que geram inimizades implacáveis entre os irmãos cristãos, os quais concordam no aspecto mais essencial e fundamental da religião.

Concedamos, porém, a esses fanáticos, os quais condenam tudo o que não se encaixa em seu modelo, que dessas circunstâncias se originem finalidades diferentes. O que devemos concluir disso? Que apenas um desses é o verdadeiro caminho para a felicidade eterna. Mas nessa imensa multiplicidade de caminhos seguidos pelos homens, ainda se duvida de qual seria o correto. Contudo, o cuidado com a república e o direito de promulgar leis não revelam ao magistrado o caminho que leva ao céu com mais certeza do que a busca e o estudo de cada indivíduo são capazes de revelar para ele mesmo. Se tenho um corpo frágil, acometido de uma doença debilitante para a qual (suponho) há apenas um remédio, que é desconhecido; caberá, então, ao magistrado me prescrever um remédio porque há apenas um e porque é desconhecido? Porque só há um modo de escapar da morte, será para mim seguro fazer qualquer coisa que o magistrado ordene? Tais coisas, que cada um deve investigar por si mesmo com sinceridade e conhecer mediante reflexão, estudo, pesquisa e seus próprios empreendimentos, não podem ser consideradas posses particulares de homens de espécie alguma. Príncipes realmente nascem com poder superior aos demais homens, mas são iguais por natureza. O direito ou a arte de governar não necessariamente implicam o conhecimento certo de outras coisas e, menos ainda, da verdadeira religião. Pois, se fosse assim, por que aconteceria de os soberanos da terra divergirem tão profundamente em assuntos religiosos?

Mas admitamos a probabilidade de que o caminho para a vida eterna seja mais conhecido por um príncipe do que por seus súditos ou, ao menos, que em assuntos tão incertos o mais seguro e cômodo para as pessoas privadas seja seguir as ordens dele. Dirás, e agora? Se ele ordenasse que comercializes teus víveres, recusarias essa opção por medo de não dar certo? Respondo que me tornaria comerciante sob comando do príncipe, pois, caso não tivesse êxito nos negócios, ele teria todas as condições de compensar minha perda de outro modo. Se, como ele alega, for verdade que ele deseja minha prosperidade e meu enriquecimento, ele pode me reerguer quando eu falir em razão de aventuras malsucedidas.[45] Mas esse não é o caso em relação à vida futura. Quanto a ela, se eu tomar o curso errado, se me arruinar neste âmbito, o magistrado não tem poder para reparar minha perda, para aliviar meu sofrimento ou para me restituir em parte, que dirá inteiramente, a uma condição melhor. Que segurança se pode dar em relação ao reino dos céus?

Talvez alguns digam que não acreditam que o *julgamento infalível* que todos devem seguir em assuntos religiosos esteja no magistrado civil, mas *na igreja*. Aquilo que a igreja determinou deve ser obedecido por ordem do magistrado civil, cuja autoridade garante que, em assuntos religiosos, todos ajam ou acreditem apenas naquilo que a igreja ensina. Assim, o julgamento dessas coisas caberia à igreja. O próprio magistrado teria de obedecê-la e exigiria a mesma obediência dos outros. Respondo: quem não vê quão frequentemente o nome da igreja, tão venerável na época dos apóstolos, foi mais tarde usado para lançar poeira aos olhos dos outros? Mas, seja como for, isso não ajuda no presente caso. O magistrado não conhece melhor do que pessoas privadas o único e apertado caminho que nos conduz ao céu, e, portanto, não posso tomar como guia com segurança alguém que talvez desconheça esse caminho tanto quanto eu e que certamente está menos preocupado com minha salvação do que eu mesmo. Dentre os tantos reis dos *judeus*, quantos *israelitas* não os seguiram cegamente, caindo na idolatria e, portanto, em ruína? No entanto, tu me pedes que eu tenha coragem e dizes que tudo está são e salvo, porque agora o magistrado não impõe a obediência aos seus próprios decretos em matéria de religião, mas apenas aos decretos da igreja. Mas, pergunto, de qual igreja? Certamente daquela que mais lhe agrada. Como se aquele que me ordena com leis e punições a entrar nesta ou naquela igreja não impusesse seu próprio juízo nesse assunto. Que diferença faz se ele mesmo me conduz ou se me entrega para ser conduzido por outros? Dos dois modos, eu dependo de seu arbítrio, e nos dois casos é ele que decide sobre minha vida eterna. Estaria um *israelita* que cultuasse *Baal*[46] por ordem de seu rei em uma condição melhor se alguém lhe dissesse que o rei não ordenou nada por conta própria a respeito de religião, nem mandou que seus súditos fizessem nada em seu culto religioso a não ser aquilo que era aprovado pelo conselho de padres e considerado direito divino pelos doutores de sua igreja? Se a religião de alguma igreja for verdadeira e salvadora, apenas porque todos os chefes dessa seita, os prelados e padres e outros asseclas, a exaltam e elogiam com todas as suas forças, que religião será considerada equivocada, falsa e destrutiva? Tenho dúvidas acerca da doutrina dos *socinianos*,[47] suspeito do tipo de culto praticado pelos *papistas*[48] ou *luteranos*? Será um pouco mais seguro para mim entrar em uma dessas igrejas, sob as ordens do magistrado, porque ele nada comanda em matéria de religião que não provenha da autoridade e do conselho dos doutores dessa igreja?

Mas, para falar a verdade, temos de reconhecer que a igreja (se pudermos chamar assim uma convenção de clérigos que produz cânones)[49] é mais suscetível a sofrer influência da corte do que a corte a influência da igreja. É bem sabido como a igreja se portou diante da alternância dos imperadores ortodoxos e arianos.⁵⁰ Ou, se esses exemplos parecem muito remotos, a história *inglesa* nos fornece exemplos mais frescos, nos reinados de Henrique VIII, Eduardo VI, Maria e Elizabeth,⁵¹ do quão fácil e astutamente o clero mudou seus decretos, artigos de fé e forma de culto, tudo de acordo com as inclinações desses reis e rainhas. Embora esses reis e rainhas tivessem pontos de vista tão diferentes quanto à religião e prescrevessem coisas tão diferentes, ninguém em seu juízo (quase disse ninguém, exceto um ateu) ousaria dizer que um devoto de Deus sincero e correto poderia obedecer a seus vários decretos com a consciência tranquila. Para concluir, é indiferente se um rei finge prescrever leis à religião de outro homem com base em seu próprio juízo, na autoridade eclesiástica, ou no conselho de outros. As decisões dos clérigos, cujas divergências e disputas são bem conhecidas, não são mais aceitáveis ou seguras do que as de um rei. Tampouco os seus sufrágios tomados em conjunto podem adicionar nova força ao poder civil. Embora se deva salientar que príncipes raramente têm alguma consideração pelo sufrágio de eclesiásticos que não sejam partidários de sua própria fé e culto.

Mas, afinal, a *consideração principal* absolutamente determinante para essa controvérsia é a seguinte. Mesmo que a opinião religiosa dos magistrados seja aceitável e seu modo de exprimi-la seja realmente evangélico, ainda assim, se ela não me persuadir completamente em meu próprio espírito, não é seguro para mim que eu a siga. Nenhum caminho que eu percorrer contra os preceitos de minha própria consciência me levará à morada dos bem-aventurados.⁵² Posso enriquecer graças a uma arte que não me agrada; posso ser curado de alguma doença com remédios em que não acredito; mas não poderei ser salvo por uma religião de que desconfio e por um culto que abomino. Para um descrente, é inútil assumir o aspecto exterior da confissão de outra pessoa. Apenas a fé e a sinceridade interior encontram aceitação em Deus. Os remédios provavelmente mais eficazes e mais aprovados não terão efeito sobre o paciente se o estômago os rejeitar assim que ele os ingerir. E será inútil enfiar um medicamento goela abaixo em um homem doente cuja constituição particular certamente o transformará em veneno. Em suma, de tudo que é duvidoso em religião, uma coisa é certa: nenhuma religião que não creio que seja verdadeira pode ser verdadeira ou útil para mim. Portanto, é inútil que príncipes obriguem seus súditos a entrarem em uma comunidade religiosa sob o pretexto de salvar suas almas. Se acreditarem, virão por vontade própria; se não acreditarem, sua vinda não terá nenhuma utilidade para eles. Por fim, por maior que seja a suposta boa vontade e caridade e preocupação com a salvação das almas, as pessoas não podem ser forçadas a se salvarem, queiram elas ou não. E, portanto, no final das contas, deve-se deixar cada um com sua própria consciência.

Estando os homens assim completamente libertos da dominação de uns sobre os outros em assuntos de religião, consideremos agora *o que eles devem fazer*. Todos sabem e reconhecem que Deus deve ser cultuado publicamente. Por que outra razão se obrigam uns aos outros a participar das assembleias públicas? Homens dotados dessa liberdade devem, portanto, entrar em alguma sociedade religiosa e se reunir com outros não apenas para mútua edificação, mas para revelar ao mundo que cultuam Deus e para oferecer à sua majestade divina serviços dos quais não se envergonham e que pensam não serem indignos Dele, e, finalmente, para que atraiam outros ao amor pela verdadeira religião mediante a pureza da doutrina, da vida santa e da forma decente de culto, e façam, em religião, aquilo que não pode ser feito pelos indivíduos sozinhos.

Denomino essas sociedades religiosas igrejas e digo que o magistrado deve tolerá-las. Pois essas assembleias de pessoas se ocupam apenas daquilo que cada um deve zelar em particular, isto é, a salvação de suas almas. Neste caso, não há nenhuma diferença entre a Igreja Nacional[53] e as outras congregações independentes.

Mas em toda igreja há dois aspectos a serem considerados, a *forma exterior e os ritos do culto, e as doutrinas e artigos de fé*, cada uma dessas coisas deve ser tratada separadamente para que toda a questão da tolerância seja compreendida com maior clareza.

Em relação ao culto exterior, digo (em primeiro lugar) que o magistrado não tem poder de impor pela lei o uso de quaisquer ritos ou cerimônias no culto a Deus em sua igreja, e menos ainda em outra. E isso não apenas porque essas igrejas são sociedades livres, mas também porque o que quer que seja praticado no culto a Deus se justifica somente na medida em que os que o praticam acreditem ser aceito por Ele. Nada que for feito sem a garantia da fé é bom em si mesmo,[54] tampouco pode ser aceito por Deus. Portanto, impor tais coisas a um povo contra o juízo dele é, na verdade, ordenar que ofendam a Deus, o que parece ser um absurdo inominável, considerando que a finalidade de toda religião é agradar a Ele e que, para tanto, a liberdade é fundamentalmente necessária.

Mas disso talvez se conclua que eu negue ao magistrado toda espécie de poder sobre as *coisas indiferentes*,[55] que, se não fosse concedido, a legislação seria privada de toda a sua matéria. Admito de bom grado que as coisas indiferentes, e talvez nada além delas, estão submetidas ao poder legislativo. Mas disso não decorre que o magistrado possa ordenar tudo que quiser em relação a qualquer coisa indiferente. O bem público é a regra e a medida de toda legislação.[56] Se algo não é útil à república, não pode ser estabelecido por lei no momento, por mais indiferente que seja.

Mas, *além disso*, se coisas que de modo algum sejam indiferentes por sua própria natureza forem introduzidas na igreja e no culto a Deus, elas serão retiradas do campo de jurisdição do magistrado, pois nesse tipo de uso não terão nenhuma conexão com os assuntos civis. A única tarefa da igreja é a salvação das almas, e não interessa absolutamente à república nem a seus membros se ela faz uso desta ou daquela cerimônia. O uso ou a omissão de quaisquer cerimônias nessas assembleias religiosas não favorece nem prejudica a vida, a liberdade ou a propriedade de qualquer pessoa. Por exemplo, suponhamos que dar banho com água em uma criança seja algo indiferente. Suponhamos agora que o magistrado considere esse banho vantajoso para curar ou prevenir uma doença que acomete as crianças e avalie que o assunto é sério o bastante para ser objeto de lei; nesse caso, ele pode ordenar que isso seja feito. Mas alguém dirá que, por isso, o magistrado tem o mesmo direito de ordenar pela lei que todas as crianças sejam batizadas por padres na fonte sagrada a fim de purificar suas almas?[57] A imensa diferença entre esses dois casos é imediatamente perceptível a todos. Apliquemos o último caso ao filho de um *judeu*, e a questão se esclarecerá por si mesma. Afinal, o que impede que um magistrado cristão tenha súditos judeus? Ora, se reconhecermos que tamanha injúria não pode ser feita a um judeu, de obrigá-lo, contra sua crença, a praticar em sua religião algo em si mesmo indiferente, como poderemos sustentar que algo assim seja feito a um cristão?

Repito: as coisas indiferentes, por sua própria natureza, não podem se tornar parte do culto a Deus por nenhuma autoridade humana, justamente porque são indiferentes. Pois, já que as coisas indiferentes não têm qualquer virtude própria para conquistar as boas graças da divindade, nenhum poder ou autoridade humana pode conferir-lhes tamanha dignidade e excelência para permitir que o façam. Nos assuntos corriqueiros da vida, o uso das coisas indiferentes permitidas por Deus é livre e legítimo e, por isso, nelas a autoridade humana vem a propósito. Mas isso não ocorre em assuntos religiosos. Apenas as coisas indiferentes instituídas pelo próprio Deus são legítimas no seu culto, coisas que Ele comandou por ordem positiva a fazerem parte desse culto e que Ele se comprometerá a aceitar das mãos de pobres homens pecadores. E quando uma divindade enfurecida perguntar (*Quem exigiu isso que está em tuas mãos?*),[58] não será suficiente responder que foi por ordem do magistrado. Se a jurisdição civil se estendesse tão longe, o que não seria legítimo introduzir na religião? Que confusão de cerimônias, quantas invenções supersticiosas justificadas pela autoridade do magistrado não seriam impostas aos devotos de Deus (contra a consciência deles)? Pois a maior parte dessas cerimônias e superstições consiste no uso religioso de coisas que são por natureza indiferentes e que não são pecaminosas porque Deus não é seu autor. Aspergir água e usar pão e vinho são coisas absolutamente indiferentes por sua natureza e nas ocasiões corriqueiras da vida. Alguém dirá que essas coisas poderiam ter sido introduzidas na religião e incluídas no culto divino senão pela imposição divina? Se alguma autoridade humana ou poder civil pudesse fazê-lo, por que não poderia prescrever também o consumo de peixe ou cerveja como parte do culto divino nos banquetes sagrados? Por que não aspergir sangue de animais nas igrejas, expiar os pecados pela água ou fogo e outras tantas coisas do gênero? Mas não importa quão indiferentes sejam essas coisas nos usos comuns, quando passam a ser incorporadas no culto divino, sem autoridade divina, são tão abomináveis a Deus quanto o sacrifício de um cão. E por que sacrificar um cão é tão abominável? Qual é a diferença entre um cão e um cabrito em relação à natureza divina, que é igualmente e infinitamente distante de qualquer afinidade com a matéria, senão que Deus exigiu o uso de um deles em seu culto e não do outro? Vemos, portanto, que, por mais que as coisas indiferentes estejam sob o poder do magistrado civil, elas jamais podem ser introduzidas na religião com esse pretexto e impostas às assembleias religiosas, já que no culto de Deus elas deixam em absoluto de ser indiferentes. O intuito de quem cultua Deus é agradar-lhe e obter sua aprovação. Mas isso não pode ser feito por quem, seguindo ordens alheias, oferece a Deus aquilo que sabe que irá lhe desagradar porque não foi ordenado por Ele. Isso não é feito para agradar a Deus ou aplacar sua ira, mas para provocá-lo declarada e voluntariamente por meio de um desprezo manifesto, o que é absolutamente repugnante à natureza e finalidade do culto.

Mas, então, perguntar-se-á: *se nada do que pertence ao culto divino é deixado ao discernimento humano, como as próprias igrejas têm o poder de ordenar qualquer coisa a respeito da hora e local do culto e afins?* Respondo que, no culto religioso, devemos distinguir entre aquilo que é parte dele mesmo e aquilo que é somente circunstancial. Há uma parte do culto que acreditamos ser determinada por Deus e agradável a Ele e, portanto, necessária. Embora em geral não possam ser separadas do culto, circunstâncias são aquelas coisas cujas características específicas ou modificações não são determinadas e, por isso, são indiferentes. Desse tipo são a hora e o local do culto, a indumentária e a postura de quem realiza o culto. Deus não deu nenhuma ordem expressa em relação a tais circunstâncias, perfeitamente indiferentes. Por exemplo, entre os *judeus*, a hora e o local do culto, e as indumentárias daqueles que o celebram, não eram meras circunstâncias, mas parte do próprio culto, e se algo faltasse ou divergisse da Instituição, eles não podiam esperar que fosse aceito por Deus.[59] Mas, para os cristãos que gozam da liberdade do Evangelho, essas são meras circunstâncias do culto, que a prudência de cada igreja pode empregar como julgar ser mais vantajoso à ordem, à decência e à edificação.[60] Contudo, mesmo seguindo o Evangelho, há quem creia que Deus separou o primeiro ou o sétimo dia para seu culto;[61] para estes, o tempo não é mera circunstância, mas parte genuína do culto divino, que não pode ser alterada, nem negligenciada.

Em segundo lugar, uma vez que o magistrado não tem o poder de *impor* pela lei o uso de ritos e cerimônias em nenhuma igreja, ele tampouco tem o poder[62] de *proibir* o uso de tais ritos e cerimônias já recebidos, aprovados e praticados por qualquer igreja. Porque, se o fizesse, ele destruiria a própria igreja; a finalidade dessa instituição é apenas o culto a Deus com liberdade, à sua maneira.

Dirás que, mediante essa regra, se algumas congregações tiverem em vista *sacrificar crianças* ou, como falsamente se acusava os cristãos do passado, *conspurcar libidinosamente a si mesmos em sórdida promiscuidade*, ou de praticar outras atrocidades hediondas,[63] *o magistrado será obrigado a tolerá-las*, porque são cometidas numa assembleia religiosa? Respondo que não. Tais coisas são ilegais no curso ordinário da vida e em qualquer casa privada, logo, também o serão no culto a Deus ou em qualquer reunião religiosa. Mas, de fato, se um grupo congregado em uma religião quiser sacrificar um bezerro, nego que isso deva ser proibido por lei. *Melibeo*,[64] a quem pertence o bezerro, pode matar legalmente seu próprio bezerro em casa e queimar qualquer parte que quiser. Pois com isso nenhuma injúria será feita a ninguém, nenhum prejuízo aos bens dos outros. Pela mesma razão, ele pode matar seu bezerro em uma reunião religiosa. Cabe a cada um considerar se esse ato agrada a Deus ou não. Ao magistrado cabe apenas cuidar que a república não seja prejudicada e que ninguém seja lesado em sua vida ou em seus bens. E, assim, o que é gasto num banquete pode ser gasto num sacrifício. Contudo, se porventura o estado de coisas fosse tal que o interesse da república exigisse que o sacrifício de animais fosse evitado por um tempo a fim de aumentar o estoque de gado, que foi destruído por uma praga extraordinária, quem não vê que, nesse caso, o magistrado poderia proibir todos os súditos de matar um único bezerro, qualquer que fosse a finalidade? Deve-se apenas observar que, nesse caso, a lei não é feita em função de uma questão religiosa, mas de uma questão política, e com isso não se proíbe o sacrifício, mas o abate de bezerros.

Vemos, assim, a diferença existente entre a igreja e a república. O que é legítimo na república não pode ser proibido pelo magistrado na igreja. Tudo que é permitido a algum de seus súditos para o uso comum não pode nem deve ser proibido por ele para o uso religioso de qualquer grupo de pessoas. Se um homem pode legitimamente ingerir o pão ou o vinho em sua própria casa sentado ou ajoelhado,[65] a lei não pode restringir essa mesma liberdade no culto religioso, embora o uso do pão e do vinho na igreja seja bem diferente e adequado aos mistérios da fé e ritos do culto divino. Mas aquilo que é prejudicial ao bem comum de um povo no seu uso corriqueiro e, por isso, proibido por lei não deve ser permitido às igrejas nos seus ritos sagrados. O magistrado deve sempre tomar cuidado para não abusar de sua autoridade e oprimir uma igreja usando o bem público como pretexto.[66]

Pode-se perguntar: *e se a igreja for idólatra, tem ela também de ser tolerada pelo magistrado*? Para responder, indago: qual poder se concederia ao magistrado para suprimir uma igreja idólatra que, em outras circunstâncias, não pudesse ser empregado para arruinar uma igreja ortodoxa? Pois há de se lembrar que o poder civil é o mesmo em toda parte, e a religião de cada príncipe é ortodoxa para ele mesmo. Se, portanto, um tal poder for concedido ao magistrado civil em assuntos espirituais, como, por exemplo, o foi em *Genebra*,[67] ele pode extirpar, por violência e sangue, a religião que considerar idólatra; pela mesma regra, outro magistrado poderia reprimir a reforma religiosa em um país vizinho, e os cristãos na *Índia*.[68] Ou o poder civil pode modificar tudo na religião segundo o desejo do príncipe, ou não pode modificar nada. Se uma única vez lhe fosse permitido introduzir algo na religião mediante leis e punições, não haveria mais limites e, do mesmo modo, seria legítimo modificar tudo conforme a regra da verdade que o magistrado concebeu para si mesmo. Portanto, absolutamente ninguém pode ser privado dos usufrutos terrenos por conta de sua religião. Nem mesmo os *americanos*, subjugados a um príncipe cristão, podem ser punidos em seus corpos ou bens por não abraçarem nossa fé e culto.[69] Se eles estiverem persuadidos de que respeitar os ritos de seu próprio país agrada a Deus e de que obterão a felicidade por intermédio deles, devemos deixá-los consigo mesmos e com Deus. Investiguemos essa questão a fundo.[70]

Acontece/decorre assim. Um grupo insignificante e pequeno de cristãos, desprovido de tudo, chega a um país pagão. Esses estrangeiros suplicam aos habitantes, pelo que há de mais profundo na humanidade, que os socorram com as coisas necessárias para viver. Essas coisas necessárias lhes são dadas, são concedidas habitações, e todos se unem e crescem para se tornarem um único corpo de pessoas. Desse modo, a religião cristã se enraíza nesse país e se espalha, mas não chega de súbito a ser a mais forte. Enquanto a situação é essa, paz, amizade, fé e justiça igualitária são preservadas entre eles. Depois de certo tempo, o magistrado se torna cristão e, em decorrência disso, aquele partido se torna o mais poderoso. Imediatamente, todos os pactos devem ser quebrados, todo direito civil deve ser violado, a fim de exterminar a idolatria; e, se esses pagãos inocentes, que respeitam estritamente as regras da equidade e a lei natural e não violam a lei da sociedade,[71] digo, se não apostatam de sua antiga religião e abraçam a nova religião estrangeira, são expulsos das terras e propriedades de seus antepassados e talvez paguem até mesmo com a própria vida. Por fim, manifesta-se aqui o que o zelo pela igreja, combinado com o desejo de dominação, é capaz de produzir, e quão facilmente um pretexto religioso e o cuidado das almas servem de manto para cobiça, pilhagem e ambição.

Quem sustenta que a idolatria deve ser extirpada de toda parte por leis, castigos, fogo e espada pode aplicar essa história a si mesmo.[72] Pois a razão disso é igual na *América* e na *Europa*. E, por nenhum poder, a facção predominante de uma igreja nacional pode privar os pagãos lá ou os dissidentes cristãos aqui de seus bens terrenos; os direitos civis tampouco podem ser modificados ou infringidos por motivo religioso num lugar ou noutro.[73]

Mas *idolatria* (dizem alguns) *é um pecado* e, portanto, não deve ser tolerada. Se dissessem que ela deve ser evitada, a inferência estaria correta. Mas do fato de ser um pecado não decorre que o magistrado deva puni-la. Pois não cabe ao magistrado utilizar sua espada para punir tudo que ele considera um pecado contra Deus. Todos concordam que cobiça, ganância, preguiça e muitas outras coisas são pecados; contudo, ninguém jamais disse que deveriam ser punidas pelo magistrado. A razão disso é que não são prejudiciais aos direitos de outros homens, nem perturbam a paz pública das sociedades. Tampouco os pecados da mentira e do perjúrio são em lugar algum puníveis pela lei, a não ser em certos casos, nos quais não são consideradas a torpeza do fato e a afronta a Deus, mas apenas a ofensa aos próximos e à república. E se em outro país a religião cristã parecer falsa e ofensiva a Deus para um maometano ou um príncipe pagão, não poderiam os cristãos serem lá exterminados pela mesma razão e do mesmo modo?

Mas pode-se ainda insistir que, *pela lei de* Moisés, *os idólatras têm de ser extirpados*.[74] De fato, isso é verdade pela lei de *Moisés*, mas não é obrigatório para nós cristãos. Ninguém supõe que os cristãos devam praticar tudo que, em geral, a lei mosaica prescreve. Não há nada mais frívolo do que aquela distinção comum entre lei moral, jurídica e cerimonial[75] da qual os homens habitualmente fazem uso. Pois nenhuma lei positiva, qualquer que seja, é capaz de obrigar um povo, exceto aquele para o qual é dada. *Ouvi, ó Israel*[76] já circunscreve o bastante a obrigação da lei mosaica apenas a esse povo, e essa consideração por si só é resposta suficiente para aqueles que invocam a autoridade da lei mosaica para infligir penas capitais aos idólatras. No entanto, examinarei esse argumento um pouco mais detalhadamente.

Do ponto de vista da república *judaica*, o caso dos idólatras é considerado sob dois aspectos. O primeiro se refere àqueles que foram iniciados nos ritos mosaicos, tornaram-se cidadãos da república e, posteriormente, apóstatas do culto do Deus de *Israel*. Estes foram perseguidos como traidores e rebeldes, condenados por nada menos do que alta traição. Pois a república *judaica*, diferente de todas as demais, era uma *teocracia* absoluta, e não havia nem poderia haver diferença entre aquela república e a igreja. As leis ali estabelecidas a respeito do culto do Deus único e invisível eram as leis civis daquele povo e parte de seu governo político, no qual o próprio Deus era legislador. Se alguém puder me mostrar onde, no presente, há uma república constituída sobre esse fundamento, reconhecerei que ali as leis eclesiásticas são inevitavelmente parte das leis civis, e que os súditos desse governo podem e devem ser mantidos em estrita conformidade com a igreja pelo poder civil. Mas, no Evangelho, não existe em absoluto uma tal república cristã. Há, de fato, muitas cidades e reinos que adotaram a fé em Cristo, mas mantiveram suas antigas formas de governo, nas quais a lei de Cristo não interferiu de modo algum. Ele de fato ensinou aos homens como poderiam alcançar a vida eterna pela fé e boas ações. Mas ele não instituiu nenhuma república. Ele não prescreveu a seus seguidores nenhuma nova e particular forma de governo, não colocou a espada na mão de nenhum magistrado, incumbindo-o de usá-la para forçar os homens a abandonarem sua antiga religião e receber a dele.

Em segundo lugar, os estrangeiros e aqueles que eram estranhos à *república de Israel* não eram compelidos pela força a obedecer aos ritos da lei mosaica. Ao contrário, na mesma passagem em que se ordena que o *israelita idó-*

latra deve ser condenado à morte, é estabelecido *que os estrangeiros não sejam vexados ou oprimidos* (Êxodo 22,20-21).[77] Reconheço que as Sete Nações[78] que detinham a terra prometida dos israelitas deveriam ser eliminadas. Mas não apenas porque eram idólatras. Se fosse por essa razão, por que então poupar os *moabitas* e outras nações?[79] Não, a razão é a seguinte. Como Deus é, de modo particular, o rei dos *judeus*, Ele não suportaria a adoração a qualquer outra divindade (o que seria um verdadeiro ato de alta traição contra ele) na terra de *Canaã*, que era seu reino. Pois uma revolta assim manifesta jamais poderia ser consistente com seu domínio, absolutamente político, naquele país. Por isso, toda idolatria deveria ser eliminada de seu reino, porque ela significaria o reconhecimento de outro deus, isto é, de outro rei, e seria contrária às leis do império.[80] Assim, os nativos também deviam ser expulsos para que todas as posses e terras fossem dadas aos *israelitas*. E, pela mesma razão, os *emins* e os *horeus* foram expulsos de seus países pelos filhos de *Esaú* e de *Ló*, e, pelos mesmos motivos, suas terras foram dadas por Deus aos invasores (Deuteronômio 2). Mas, embora toda idolatria tivesse sido eliminada da terra de Canaã, nem todos os idólatras foram executados. A família inteira de *Raabe* e toda a nação dos *gibeonitas* fizeram um pacto com *Josué* e foram poupadas, e havia muitos prisioneiros idólatras entre os *judeus*. *Davi* e *Salomão* subjugaram vários países para além das fronteiras da terra prometida, levando suas conquistas até o *Eufrates*. No meio de tantos prisioneiros, tantas nações reduzidas à obediência, não encontramos um só indivíduo que tenha sido forçado a se converter à religião judaica, a cultuar o único o verdadeiro Deus, e punido por idolatria, embora todos seguramente fossem culpados dela. De fato, se um prosélito desejasse se tornar cidadão da república, era obrigado a acatar suas leis, isto é, a adotar sua religião. Mas o fazia voluntariamente, de livre e espontânea vontade, e não constrangido. Ele não as acatava para mostrar obediência, mas as buscava e solicitava como um privilégio; e, assim que era admitido, estava sujeito às leis da república, pelas quais toda idolatria era proibida dentro do território de *Canaã*. Mas essa lei (como eu já disse) não se estendia às regiões situadas fora de suas fronteiras, ainda que tivessem sido subjugadas pelos *judeus*.

Isso é tudo em relação ao culto exterior. Consideremos agora os *artigos de fé*.

Os *artigos* da religião[81] são em parte *práticos*, em parte *especulativos*. Embora ambos os tipos consistam no conhecimento da verdade, estes acabam simplesmente no entendimento, aqueles influenciam a vontade e os costumes. Portanto, opiniões especulativas e *artigos de fé* (como são denominados) que requerem apenas que se acredite neles jamais poderão ser impostos a nenhuma igreja pela lei do país. Pois é absurdo que a lei prescreva aquilo que excede a capacidade de execução dos homens. E acreditar que isto ou aquilo é verdadeiro não depende de nossa vontade. Mas já se falou o bastante sobre isso antes. Porém (dirão alguns) deixemos ao menos que os homens declarem que acreditam. Bela religião, de fato, aquela que obriga a dissimular e a mentir a Deus e ao homem para salvar suas almas! Se o magistrado pensa salvar os homens dessa maneira, ele parece não saber muito do caminho para a salvação. E se sua finalidade não é salvá-los, por que é tão solícito com artigos de fé a ponto de promulgá-los em lei?

Além disso, o magistrado não deve proibir que se preguem ou professem opiniões especulativas em nenhuma igreja, porque elas não têm nenhuma relação com os direitos civis dos seus súditos. Se um *católico romano* realmente acredita que o corpo de Cristo é aquilo que um outro denomina pão, com isso ele não prejudica seu vizinho. Se um *judeu* não acredita que o Novo Testamento é a palavra de Deus, com isso ele não modifica em nada os direitos civis. Se um pagão contesta os dois Testamentos, ele não deve ser punido por isso como um cidadão pernicioso. O poder do magistrado e as propriedades dos cidadãos estão igualmente assegurados, independentemente de que se acredite ou não nessas coisas. Eu prontamente admito que essas opiniões são falsas e absurdas. Mas a função da lei não é fornecer verdades de opinião, e sim a segurança e a proteção da república, dos bens e da pessoa particular de cada homem. E assim deve ser. Pois certamente a verdade faria já bastante bem se deixássemos que ela se virasse por si mesma. Ela poucas vezes recebeu, e temo que nunca receberá, grande ajuda do poder de homens importantes, que raramente a conhecem e ainda mais raramente a acolhem. Ela não é ensinada por leis, nem precisa da força para adentrar a mente dos homens. Os erros é que prevalecem com o auxílio de recursos estranhos e alheios. Mas se a verdade não fizer por sua própria luz seu caminho até o entendimento, ela só se enfraquecerá a cada força emprestada que a violência possa lhe acrescentar.[82] Isso basta sobre as opiniões especulativas. Procederemos agora às opiniões *práticas*.

A *boa conduta*,[83] aspecto nada desprezível da religião e da verdadeira piedade, também diz respeito ao governo civil; nela se funda a proteção das almas e da república. As *ações morais* estão, portanto, sob a jurisdição dos tribunais externo e interno,[84] dos governadores civil e doméstico, isto é, do magistrado e da consciência. Aqui subsiste, portanto, grande perigo, caso uma dessas jurisdições invada a outra, gerando discórdia entre o guardião da paz pública e os supervisores das almas. Mas, se considerarmos corretamente o que já foi dito acerca dos limites desses dois governos, a dificuldade da questão será facilmente eliminada.

Cada um tem uma alma imortal suscetível de felicidade ou de miséria eterna, cuja felicidade depende de crer e fazer em vida o necessário para conseguir o favor de Deus, e que é por Ele prescrito para esse fim; disso resulta, em primeiro lugar, que obedecer a essas coisas é a maior obrigação da humanidade, e o máximo cuidado, dedicação e diligência devem ser exercitados na busca e realização delas, porque não há nada neste mundo mais digno de consideração do que a eternidade. Em segundo lugar, considerando que um homem não viola o direito de outro com suas opiniões equivocadas e modo indevido de cultuar, nem prejudica as ocupações dos outros com sua perdição, conclui-se que o cuidado com a própria salvação cabe apenas a cada um. Mas que isso não seja entendido como se eu quisesse condenar todas as advertências bem-intencionadas e as iniciativas afetuosas para reduzir os erros dos homens, que são de fato o maior dever de um cristão. Podemos empregar quantas exortações e argumentos quisermos para promover a salvação dos outros. Mas todo tipo de força e coação deve ser proibido. Nada deve ser feito imperiosamente. Ninguém é obrigado a prestar obediência às advertências e imposições dos outros além do que ele mesmo esteja persuadido. Nisso, todos têm autoridade suprema e absoluta para julgar por si mesmos. A razão disso é que esse assunto não diz respeito a mais ninguém, e ninguém pode se ver prejudicado pela conduta do outro.

Mas, além das almas imortais, os homens também têm sua vida temporal aqui na terra, cuja condição é frágil e fugaz e a duração é incerta; eles precisam de inúmeras conveniências exteriores para suportá-la, as quais devem ser buscadas e preservadas com esforços e indústria. Pois as coisas necessárias para o sustento confortável de nossa vida não são produtos espontâneos da natureza, nem se oferecem prontas e preparadas para nosso uso. Isso implica, portanto, um outro cuidado e gera necessariamente um novo emprego.[85] Contudo, a depravação da humanidade é tamanha que se prefere astutamente espoliar o fruto do trabalho dos outros a se esforçar para o provimento de si mesmo; a necessidade de preservar a posse daquilo que nosso esforço honesto adquiriu e, portanto, de preservar a liberdade e a força com que podemos adquirir o que ainda desejamos obriga-nos a entrar em sociedade uns com os outros, de modo que a assistência recíproca e a união de forças possam garantir as propriedades de cada um em relação àquilo que contribui para o conforto e a felicidade da vida,[86] deixando enquanto isso que cada um cuide por si mesmo de sua felicidade eterna, cuja obtenção não pode ser facilitada pela indústria dos outros, cuja perda não pode ser convertida em prejuízo de outrem e cuja esperança não pode ser imposta por violência externa. Mas, mesmo que os homens entrem em sociedades erigidas sobre pactos de mútua assistência para a defesa dos bens temporais, ainda assim eles podem ser deles privados pelo roubo e fraude de seus concidadãos ou pela violência hostil dos estrangeiros; o remédio para este mal está nas mãos, nas riquezas e na multidão dos cidadãos,[87] o remédio para aquele está nas leis; e a sociedade atribui ao magistrado civil o cuidado de todas as coisas que concernem tanto a um quanto a outro. Essa é a origem, esse é o uso e esses são os limites do poder legislativo (que é poder supremo) em toda república. Isto é, podem-se fazer provisões para garantir as posses privadas de cada um, a paz, a riqueza e as comodidades públicas de todo o povo e, tanto quanto possível, para aumentar sua força interna contra as invasões estrangeiras.

Uma vez que isso esteja claro, é fácil entender o fim que deve guiar o poder legislativo e por quais medidas ele deve ser regulado; este é o bem temporal e a prosperidade exterior da sociedade, que são a única razão para se entrar na sociedade e a única coisa que nela se busca, se visa. É igualmente evidente que liberdade resta para os homens em relação à sua salvação eterna, a saber, que cada um faça o que sua consciência acreditar ser aceitável ao Todo--Poderoso, de cujo beneplácito e assentimento depende a felicidade eterna. Pois a obediência é devida em primeiro lugar a Deus e depois às leis.

Mas alguns podem perguntar: *e se, pela sua autoridade, o magistrado prescrever algo que parece ilegítimo para a consciência de uma pessoa privada?* Respondo que, se o governo for administrado de modo confiável e os conselheiros do magistrado forem efetivamente guiados pelo bem público, isso dificilmente ocorrerá. Contudo, se isso porventura acontecer, digo que essa pessoa privada deve se abster da ação que pensa ser ilegítima, mas deve sofrer a punição por isso, e não é ilegítimo que ele a ature. Pois o juízo de qualquer pessoa privada em relação à lei promulgada para o bem público em assuntos políticos não retira a obrigação para com a lei e nem permite que dela se isente. Mas se a lei de fato se referir àquilo que excede os limites da autoridade do magistrado (por exemplo, se o povo, ou algum partido fosse compelido a adotar uma religião alheia e a se unir ao culto e às cerimônias de outra igreja), em tais casos, a lei não obriga os homens a irem contra sua própria consciência. Pois a sociedade política é instituída com o único fim de proteger as posses das coisas desta vida. O cuidado de cada alma e das coisas celestiais, que não cabem à república nem podem estar sujeitas a ela, é deixado inteiramente a cargo de cada um. Assim, a salvaguarda da vida dos homens e das coisas que pertencem a esta vida são assuntos da república, e é dever do magistrado fazer com que permaneçam com seus proprietários. Logo, o magistrado não pode tomar as coisas mundanas de determinado homem ou partido para dá-las a outros, nem trocar propriedades entre concidadãos (nem mesmo por uma lei) por uma causa que não tenha relação alguma com a finalidade do governo civil, isto é, por sua religião, a qual, sendo verdadeira ou falsa, não afeta os assuntos mundanos dos cidadãos, os únicos sob os cuidados da república.

Mas e se o magistrado acreditar que uma lei assim é de interesse público? Respondo que, assim como o juízo privado de uma pessoa particular, se estiver equivocado, não a exime da obrigação legal, do mesmo modo o juízo privado (como o denomino) do magistrado não lhe dá nenhum direito de impor leis a seus súditos, direito que nunca lhe foi concedido na constituição do governo e que nunca esteve no poder do povo concedê-lo, menos ainda se ele trata de enriquecer e pagar a seus seguidores e sectários com o espólio dos outros. *Mas e se o magistrado acreditar que tem o direito de fazer tais leis e que elas são de interesse público, e seus súditos acreditarem no contrário? Quem será o juiz entre eles?* Respondo: apenas Deus. Pois não há na terra juiz entre o magistrado supremo e o povo.[88] Digo que nesse caso Deus é o único juiz que compensará a todos no julgamento final de acordo com seus méritos, isto é, de acordo com sua sinceridade e integridade na tentativa de promover a piedade, o bem público e a paz da humanidade. *Mas o que se deve fazer até lá?* Respondo: o cuidado principal e fundamental de cada um deve ser, em primeiro lugar, com sua alma e, em segundo lugar, com a paz pública, embora pouquíssimos pensarão que há paz ali, onde veem tudo ser destruído.[89]

Há dois tipos de disputa entre os homens, a primeira é regulada pela lei, a outra pela força; e elas são de tal natureza que, onde a primeira acaba, sempre começa a outra.[90] Mas não cabe a mim investigar o poder do magistrado nas diferentes constituições das nações. Sei apenas o que geralmente acontece quando surgem as controvérsias sem que haja juiz para resolvê-las. Dirás que, sendo o mais forte, o magistrado imporá a sua vontade e levará adiante seu ponto de vista. Sem dúvida. Mas a questão não se refere aqui à incerteza do ocorrido, e sim à regra do que é correto.

Para entrar em detalhes, digo, *primeiro*, que nenhuma opinião contrária à sociedade humana ou às regras morais necessárias para a preservação da sociedade civil pode ser tolerada pelo magistrado.[91] Mas exemplos disso são raros em qualquer igreja. Pois nenhuma seita chega tão fácil a esse patamar de loucura a ponto de considerar adequado ensinar como doutrina religiosa aquilo que manifestamente destrói os alicerces da sociedade e é, portanto, condenado pelo julgamento de toda humanidade, porque com isso seu próprio interesse, paz, reputação, tudo seria colocado em risco.

Um mal mais secreto, porém mais perigoso para a república, surge quando se arroga a si mesmo e aos participantes de sua própria seita uma prerrogativa especial, encoberta por uma aparência enganosa de palavras capciosas, mas na verdade oposta ao direito civil da comunidade. Por exemplo, não encontramos nenhuma seita que ensine expressa e abertamente que os homens não são obrigados a cumprir suas promessas; que príncipes podem ser destronados por quem difere deles quanto à religião; ou que a dominação sobre todas as coisas cabe a ela própria. Porque essas coisas, propostas tão franca e diretamente, instigariam rapidamente a atenção e ação do magistrado e despertariam a vigilância da república contra a disseminação de tão perigoso mal. Todavia, encontramos aqueles que dizem essas mesmas coisas em outras palavras. O que mais querem dizer aqueles que ensinam que *não se deve manter a promessa com os heréticos*?[92] O sentido é, na verdade, que o privilégio de ser desleal é deles, pois chamam de heréticos todos os que não são de sua comunidade ou, então, os declaram tais quando lhes parece conveniente. Qual seria o sentido de afirmar que *reis excomungados devem perder suas coroas e seus reinos*?[93] Desse modo, é evidente que arrogam a si mesmos o poder de depor reis, porque reivindicam o poder de excomungar como direito peculiar à sua hierarquia. Que *a dominação seja fundada na graça* também é uma afirmação defendida por aqueles que reivindicam abertamente para si a posse de todas as coisas. Pois eles não são tão incertos de si mesmos para não acreditar, ou ao menos para não professar, que eles próprios são os verdadeiros piedosos e fiéis. Esses e outros semelhantes, que atribuem aos fiéis, religiosos e ortodoxos, em poucas palavras, a si mesmos, qualquer privilégio ou poder particular sobre os demais mortais em assuntos civis; que, pretextando religiosidade, questionam toda e qualquer autoridade que não esteja associada às suas comunidades eclesiásticas; digo que estes não têm direito de ser tolerados pelo magistrado, tampouco aqueles que não reconhecem nem ensinam o dever de tolerar todos os homens em assuntos meramente religiosos.[94] Pois o que mais significa esse tipo de doutrina senão que esses homens podem e estão prontos para tomar o governo a qualquer momento, para se apossar das propriedades e fortunas de seus concidadãos, e que pedem apenas para serem tolerados pelo magistrado até que se encontrem fortes o bastante para levar isso a cabo?[95]

Além disso, uma tal igreja, constituída sobre tal fundamento, não pode ter o direito de ser tolerada pelo magistrado, pois todos os que entram nela se entregam ipso facto à proteção[96] e ao serviço de outro príncipe. Pois, dessa maneira, o magistrado daria margem ao estabelecimento de uma jurisdição alheia no seu próprio país e teria de aceitar que seu próprio povo fosse, por assim dizer, alistado como soldado contra seu governo. A distinção falaciosa entre tribunal e igreja tampouco oferece remédio para esse inconveniente, sobretudo se ambos estiverem igualmente subordinados à autoridade absoluta da mesma pessoa, a qual não apenas tem poder de persuadir os membros da sua igreja a serem recrutados para o que quiser (para algo puramente religioso ou com vistas à religião), mas também de impô-lo a eles sob pena de arderem no fogo eterno. É ridículo que alguém professe ser *maometano*[97] apenas na sua religião, mas seja em tudo o mais subordinado ao magistrado cristão, enquanto se vê ao mesmo tempo obrigado a prestar cega obediência ao *mufti*[98] de Constantinopla, o qual é ele mesmo inteiramente obediente ao imperador otomano, e inventa a seu bel-prazer falsos oráculos daquela religião. Todavia, esse maometano que vive entre cristãos ao que tudo indica renunciaria ao governo deles se reconhecesse a mesma pessoa como chefe de sua igreja e magistrado supremo do Estado.[99]

Por fim, quem nega a existência de Deus não deve ser tolerado. Promessas, contratos, juramentos, que são os laços da sociedade humana, não valem para o ateu.[100] Se Deus é suprimido, ainda que apenas em pensamento, tudo se dissolve. Ademais, o ateu que arruína e destrói toda religião não pode ter o direito religioso de reivindicar[101] o privilégio da tolerância. Em relação a outras opiniões práticas, mesmo que não estejam completamente livres do erro, não há motivo para não serem toleradas se não pretendem dominar os outros ou instituir a impunidade civil para a igreja em que são ensinadas.

Resta dizer algo sobre as assembleias, vulgarmente chamadas de *conventículos*,[102] que talvez por vezes tenham sido tais, e berçários de facções e sedições; julga-se que elas forneçam o mais forte argumento para contestar a doutrina da tolerância. Mas isso não ocorre por alguma característica específica desse tipo de assembleia, e sim em razão das circunstâncias infelizes de uma liberdade oprimida ou mal instituída. Tais acusações cessariam se a lei da tolerância fosse estabelecida de modo que todas as igrejas estivessem obrigadas a assentar a tolerância como fundamento de sua própria liberdade e a ensinar que a liberdade de consciência é um direito natural de todos os homens, pertencente de igual maneira a eles próprios e aos dissidentes, e que ninguém deve ser compelido pela lei ou pela força em assuntos religiosos. Isso estabelecido, desapareceriam todos os motivos de queixas e tumultos em matéria de consciência. E uma vez removidas essas causas de descontentamento e animosidade, nessas assembleias nada restaria de mais pacífico e menos capaz de perturbar o Estado do que em outra reunião qualquer. Mas examinemos em particular os pontos principais dessas acusações.

Dirás *que assembleias e reuniões põem em risco a paz pública e ameaçam a república*. Respondo que, se for assim, por que há diariamente tantas reuniões em mercados e cortes de justiça? Por que se permitem multidões na bolsa[103] e aglomeração de pessoas nas cidades? Replicarás que estas são assembleias civis, mas aquelas que recusas são eclesiásticas. Respondo que é realmente provável que essas assembleias muito distantes dos assuntos civis sejam mais propícias a perturbá-los. Ah, mas assembleias civis são compostas de homens que divergem uns dos outros em questões religiosas, e as reuniões eclesiásticas são formadas por pessoas que partilham da mesma opinião. Como se um acordo em questões religiosas fosse efetivamente uma conspiração contra a república, ou como se os homens fossem menos ardentemente unânimes acerca da religião se tivessem menos liberdade de se reunir. Insistir-se-á, entretanto, que as assembleias civis são abertas e livres para qualquer um participar delas, ao passo que os conventículos religiosos são mais privados e, com isso, propícios a maquinações clandestinas.[104] Afirmo que isso não é totalmente verdadeiro, pois muitas assembleias civis não são abertas a qualquer um.[105] E se algumas reuniões religiosas são privadas (te pergunto): quem deve ser culpado? Aqueles que desejam ou que proíbem que sejam públicas? Mais uma vez, dirás que as congregações religiosas unem excessivamente os espíritos e os afetos dos homens uns com os outros e são, por isso, mais perigosas. Mas se é assim, por que o magistrado não teme sua própria igreja e não proíbe suas assembleias como um perigo para seu governo? Dirás que é porque ele mesmo faz parte delas e as comanda. Como se ele não fosse também parte da república e comandasse todo o povo.

Falemos francamente. O magistrado teme outras igrejas, mas não a sua, porque ele é gentil e favorável a esta, mas severo e cruel com aquelas. Ele trata os seus como crianças, sendo complacente até mesmo com suas travessuras; aqueles, ele os usa como escravos, e não importa quão exemplarmente se comportem, ele os recompensa com galés,[106] prisões, confiscos e mortes. Ele aprecia e defende os seus; flagela e oprime os outros. Viremos o jogo, ou seja, deixemos que os dissidentes gozem dos mesmos privilégios nos assuntos civis e nos demais, e ele rapidamente deixará de considerar essas reuniões religiosas um perigo. Se as pessoas entram em conspirações sediciosas, não é a religião que as inspira a isso nas suas reuniões, mas o seu sofrimento e opressão é que as fazem querer aliviar seu fardo.[107] Em toda parte, governos justos e moderados estão tranquilos e protegidos. Mas a opressão provoca uma efervescência e faz os homens lutarem para se livrar do incômodo jugo do tirano.[108] Sei que as sedições são muitas vezes causadas por pretextos religiosos. Mas também é verdade que os súditos frequentemente são muito maltratados e vivem na miséria por causa da religião. Acredita em mim, os alvoroços não procedem de um temperamento particular desta ou daquela igreja ou sociedade religiosa, mas de uma disposição comum a toda a humanidade, que, quando sofre sob um fardo pesado, naturalmente tenta se libertar dos grilhões que ferem seu pescoço. Supõe que os assuntos religiosos fossem deixados de lado e que houvesse outra distinção entre os homens com base nas suas diferentes compleições, formas e características, de modo que quem tem cabelo preto (por exemplo) ou olhos acinzentados não pudesse gozar dos mesmos privilégios que outros cidadãos, que não lhes fosse permitido comprar, ou vender, ou viver segundo suas vocações, que fosse negado aos pais o controle e a educação dos próprios filhos,[109] e que eles fossem excluídos dos benefícios das leis ou julgados com parcialidade: alguém duvidará que essas pessoas discriminadas pela cor de seus cabelos e olhos e unidas por causa de uma mesma perseguição sejam tão perigosas para o magistrado quanto quaisquer outras associadas apenas em razão da religião? Alguns se reúnem em função do comércio e do lucro; outros, em seu ócio, têm seus clubes de vinho;[110] a vizinhança une alguns, e a religião, outros. Mas há uma única coisa que associa todas as pessoas em tumultos sediciosos: a opressão.

Perguntarás: o quê? Queres que as pessoas se reúnam para o serviço religioso *contra a vontade do magistrado*? Respondo: por que contra a vontade dele? Não é legítimo e necessário que elas se reúnam? Contra sua vontade, dizes? É disso que me queixo. Essa é justamente a raiz de todo mal.[111] Por que as assembleias são menos toleradas em igrejas do que no teatro ou no mercado? Quem se reúne ali não é nem mais vicioso nem mais turbulento do que quem se reúne em outro lugar. O problema aqui é que as pessoas são maltratadas e, por isso, não devem ser toleradas. Tudo ficará imediatamente mais seguro e pacífico se suprimirmos a parcialidade que se emprega contra elas no direito comum, se modificarmos as leis, se excluirmos as penalidades a que estão submetidas. Além disso, quem é contrário à religião do magistrado pensará que tem ainda maior obrigação de manter a paz da república, pois sua condição nela é melhor do que em qualquer outro lugar, e todas as congregações segregadas vigiarão umas às outras como guardiães da paz pública para que nada seja instaurado ou modificado na forma de governo; pois não podem esperar nada melhor do que já têm, a saber, uma condição igualitária entre os concidadãos sob um governo justo e moderado. A igreja afinada com a religião do príncipe é considerada, como já foi mostrado, o sustentáculo supremo do governo civil apenas pelo fato de que o príncipe é gentil e as leis são favoráveis a ela; mas quão superior será a segurança de um governo no qual todos os bons súditos, qualquer que seja sua igreja, sem nenhuma distinção religiosa, gozem de igual aprovação do príncipe e do mesmo benefício das leis e recebam a ajuda comum e proteção delas, governo no qual ninguém terá oportunidade de temer a severidade das leis, exceto aqueles que ofendem seu próximo e afrontam a paz civil?

Para nos aproximamos da conclusão, *a suma de todo o nosso intuito* é que *todo homem goze dos mesmos direitos concedidos aos demais*. Se é permitido cultuar Deus à maneira *dos católicos*, que o seja também à maneira *genebrina*. Se é permitido falar *latim* no mercado, que o seja também na igreja, àqueles que o quiserem. Se é legítimo ajoelhar, ficar em pé, sentar-se ou ficar em outra postura em sua própria casa, vestir-se de branco ou preto, com roupas curtas ou longas, que não seja ilegítimo comer pão, beber vinho ou lavar-se com água na igreja. Numa palavra: tudo o que a lei autoriza nas situações corriqueiras da vida deve permanecer autorizado a cada igreja no culto divino. A vida, o corpo, a casa e a propriedade dos homens não podem sofrer nenhum preconceito por causa disso. Se aceitamos a disciplina *presbiteriana*, por que a *episcopal* não pode ter o que deseja?[112] A autoridade eclesiástica é sempre a mesma, seja ela gerida pelas mãos de uma única pessoa ou de muitas, e ela não tem jurisdição sobre os assuntos civis, nem qualquer tipo de poder de constrangimento, tampouco relação com riquezas e rendimentos.

Assembleias religiosas e sermões se justificam pela experiência cotidiana e o consentimento público. Se são permitidos a pessoas de mesma crença, por que não a todas? Se ocorrer algo sedicioso contra a paz pública numa reunião religiosa, ela deve ser punida exatamente do mesmo modo como seria se tivesse ocorrido na feira ou no mercado.[113] Essas reuniões não deveriam ser santuários de pessoas insurgentes e criminosas; nem deve ser ilegítimo que os homens se reúnam em igrejas em vez de salões; tampouco pode uma parte dos súditos ser considerada mais culpada do que outra por se reunir. Todos são responsáveis por suas próprias ações e ninguém deve ser suspeitado ou odiado pelas faltas alheias. Os sediciosos, assassinos, ladrões, assaltantes, adúlteros, caluniadores etc. têm de ser punidos e suprimidos, não importa de que igreja sejam, se da nacional ou de outra. Mas aqueles que têm doutrinas pacíficas, costumes puros e inocentes devem estar em pé de igualdade com seus concidadãos. Logo, se assembleias solenes, festividades e cultos públicos forem permitidos a um tipo de devoto, devem ser permitidos com a mesma liberdade também aos *presbiterianos, independentes, anabatistas, arminianos, quacres* etc.[114] Ora, falemos abertamente e digamos a verdade, como convém fazer de homem para homem: o *pagão*, o *maometano* e o *judeu* não podem ser excluídos dos direitos civis da república por causa de sua religião. O Evangelho não ordena tal coisa. Tampouco a Igreja, que diz: *pois com que direito haveria eu de julgar os de fora* (1 Coríntios 5,12-13). E tampouco o exige a república, que abraça sem distinção todos os homens honestos, pacíficos e esforçados. Devemos admitir que um pagão trate e comercialize conosco, mas não que reze e cultue a Deus? Se permitimos que os judeus tenham casas próprias e habitações entre nós, por que não permitir que tenham sinagogas? Suas doutrinas são mais falsas, seu culto mais abominável, eles ameaçam mais a paz civil por se reunirem em público do que em suas casas privadas? Mas se isso é concedido aos judeus e aos pagãos, seguramente a condição de qualquer cristão não pode ser pior do que a deles numa república cristã.

Dirás que sim, talvez, ela deve ser pior, porque estes estão mais inclinados às facções, tumultos e guerras civis. Respondo: E isso é culpa da religião cristã? Se for assim, de fato a religião cristã é a pior de todas as religiões e não deve ser abraçada por ninguém em particular, nem tolerada por nenhuma república. Pois, se o gênio, a natureza da religião cristã for causar turbulência e destruir a paz civil, essa Igreja, com a qual o próprio magistrado é condescendente, nem sempre será inocente. Longe de nós dizer tal coisa dessa religião que se opõe fortemente à cobiça, à ambição, à discórdia, ao conflito e a todo tipo de desejo descomedido, que é a religião mais modesta e pacífica que já existiu. Devemos, portanto, procurar outra causa para esses males que são imputados à religião. E, se considerarmos bem, descobriremos que consistem inteiramente no assunto de que tratarei a seguir. Não é a diversidade de opiniões (que é inevitável), mas a recusa em tolerar essas opiniões diferentes (o que poderia ser feito) que produziu todos os tumultos e guerras ocorridos no mundo cristão por causa da religião. Movidos pela avareza e pelo desejo insaciável de dominar, os chefes e líderes da igreja se valeram da ambição desmensurada dos magistrados e da superstição crédula do povo leviano[115] para enraivecê-los e incitá-los contra os dissidentes, pregando-lhes, contrariamente às leis do Evangelho e aos preceitos da caridade, que os cismáticos e heréticos deveriam ser destituídos de suas posses e destruídos. E, assim, eles combinaram e confundiram duas coisas em si mesmas absolutamente diferentes: a Igreja e a república. Ora, é muito difícil para um homem suportar pacientemente o confisco dos bens que obteve honestamente com seu próprio esforço e, contrariamente a todas as leis da equidade, humanas e divinas, ser entregue à violência e pilhagem de outros homens, como uma presa,[116] sobretudo quando se é absolutamente inocente e o motivo pelo qual se é tratado assim não cabe à jurisdição do magistrado, mas somente à da consciência de cada um em particular, cuja conduta apenas Deus pode julgar; o que mais podemos esperar senão que pessoas assim, tomando consciência dos males que sofrem, por fim acreditem ser legítimo resistir à força pela força e defender pelas armas, tanto quanto possam, os seus direitos naturais (que não podem ser violados por nada que diga respeito à religião)?[117] A história fornece inúmeras evidências de que esse foi o curso ordinário das coisas, e é mais que claro pela razão que continuará a ser assim no futuro. De fato, não será diferente enquanto o princípio da perseguição religiosa prevalecer, como tem sido até agora, entre o magistrado e o povo, e enquanto aqueles que deveriam ser os missionários de paz e concórdia continuarem a incitar os homens às armas e a soar as trombetas da guerra com toda a sua indústria e força. Seria, com razão, de admirar que os magistrados aturem esses incendiários e perturbadores da paz pública se não ficasse claro que eles foram convidados para participar da pilhagem e, por isso, pensaram ser adequado valer-se de sua cobiça e orgulho como meio para aumentar o próprio poder. Afinal, quem não vê que *esses homens de bem* são antes ministros do governo do que ministros do Evangelho, que adulam a ambição e colaboram com a dominação dos príncipes e autoridades para tentar promover, com toda a sua força, a tirania na república, que não conseguiriam estabelecer de outra maneira na Igreja?[118] Esse é o acordo infeliz que observamos entre a Igreja e o Estado. Por outro lado, se cada um deles se mantivesse em seus limites, um tratado do bem-estar material da república, e o outro, da salvação das almas, é impossível que qualquer discórdia tivesse se instaurado entre eles. *Sed, pudet haec opprobria etc.*[119] Que o Deus todo-poderoso, rogo a ele, permita que o Evangelho de paz seja pregado em sua integridade e que os magistrados civis, tomando mais cuidado para adequar suas consciências às leis de Deus e preocupando-se menos em sujeitar a consciência dos outros mediante leis humanas, possam dirigir todos os seus conselhos e esforços para promover o bem-estar da sociedade e de todos os seus filhos, universalmente, como se fossem pais de seu país, exceto daqueles que são arrogantes, ingovernáveis e prejudiciais a seus irmãos; que permita que todos os clérigos, que se vangloriam de serem sucessores dos apóstolos, possam dedicar-se inteiramente a promover a salvação das almas, seguindo os passos dos apóstolos, de maneira pacífica e modesta e sem interferir nos assuntos de Estado.

Adeus.

Postscriptum[120]

Talvez seja oportuno acrescentar algumas coisas a respeito da *heresia* e do *cisma*.[121] Um turco não é, nem pode ser, herético ou cismático para o cristão; e se alguém abandona a fé cristã em favor da islâmica, nem por isso ele se torna herético ou cismático, mas apóstata ou infiel. Disso ninguém duvida. E, assim, parece que pessoas de diferentes religiões não podem ser heréticas ou cismáticas umas para as outras.

Devemos, pois, investigar que pessoas são da mesma religião. Em relação a isso, é evidente que os detentores da mesma regra de fé[122] e culto são da mesma religião, e os que não detêm a mesma regra de fé e culto são de religiões diferentes. Como tudo que concerne a uma certa religião está contido nessa regra, segue-se daí necessariamente que quem concorda com uma regra é da mesma religião e vice-versa. Assim, *turcos* e *cristãos* têm religiões diferentes, pois estes tomam a *Escritura* como regra de sua religião, aqueles, o *Alcorão*. Pela mesma razão, há religiões diferentes mesmo entre os cristãos. Embora *papistas* e *luteranos* professem a mesma fé em Cristo, e por isso sejam chamados *cristãos*, eles não têm a mesma religião, já que os primeiros admitem também as tradições[123] e os decretos do papa, e tudo isso compõe a regra de sua religião, e os segundos reconhecem somente a *Escritura Sagrada* como regra e fundamento de sua religião. Consequentemente, os cristãos de são *João*[124] (como são denominados) e os cristãos de *Genebra* têm religiões diferentes, porque os primeiros admitem não sei quais tradições, e os segundos aceitam apenas a Escritura como regra de sua religião.

Isso estabelecido, segue-se, *em primeiro lugar*, que heresia é a separação no interior da comunidade eclesiástica entre pessoas da mesma religião devido a opiniões não contidas na própria regra. *Em segundo lugar*, entre os que reconhecem somente a Escritura Sagrada como regra de fé, heresia é a separação no interior da sua comunidade cristã devido a opiniões não contidas nas palavras explícitas da Escritura. Essa separação pode ser feita de duas formas.

1. Quando a maior parte, ou a parte mais forte da igreja (sob o patrocínio do magistrado), se separa das outras e as exclui de sua comunhão porque elas não querem professar a crença em certas opiniões não respaldadas pelas palavras explícitas da Escritura. Pois nem o pequeno número de pessoas que se separou nem a autoridade do magistrado podem culpar os outros de heresia. Herético é apenas aquele que divide a igreja em partes, introduz nomes e marcas de distinção e faz voluntariamente uma separação por causa dessas opiniões.

2. Quando alguém se separa da comunhão de uma igreja porque essa igreja não professa em público certas opiniões que a Escritura Sagrada não ensina explicitamente.

Ambos são *heréticos*: *porque erram quanto a questões fundamentais e se obstinam no erro*. Porque, embora tenham determinado que a Escritura Sagrada é o único fundamento da fé, ainda assim estabelecem como fundamentais certas proposições que não se encontram na Escritura; e porque causam uma separação na igreja, desassociando-se dos demais ou expulsando-os, quando estes não reconhecem essas opiniões adicionais nem se baseiam nelas como se fossem necessárias e fundamentais. Se disserem que suas confissões e símbolos concordam com a Escritura e com a analogia da fé,[125] isso não quer dizer nada. Pois se estivessem compreendidos nas palavras explícitas da Escritura, não se duvidaria deles, visto que seriam reconhecidos por todos os cristãos como inspiração divina e, portanto, como fundamentais. Se disserem que os artigos de fé exigidos por eles são conclusões deduzidas da Escritura, eles próprios agirão muito bem em acreditar e professar essas coisas como lhes parece mais adequado à regra de fé, porém muito mal em impô-las a quem não as considera doutrinas indubitáveis da Escritura. Tornar-se herético é causar uma separação por causa de coisas como essas, que não são fundamentais. Creio que ninguém tenha chegado a tal grau de loucura a ponto de ousar apresentar suas inferências e interpretações da Escritura como inspirações divinas e comparar os artigos de fé que concebeu segundo sua própria imaginação com a autoridade da Escritura. Sei que há proposições tão evidentemente conformes à Escritura, que ninguém pode negar terem sido dela extraídas e, em relação a elas, não pode haver divergência. Digo apenas que não importa quão claramente pensemos ser esta ou aquela doutrina deduzida da Escritura, não podemos impô-la aos outros como artigos de fé necessários apenas porque acreditamos ser adequada à regra de fé; a não ser que queiramos que outras doutrinas nos sejam impostas da mesma maneira ou queiramos ser compelidos a receber e professar todas as opiniões contrárias e contraditórias dos *luteranos*, *calvinistas*, *remonstrantes*, *anabatistas* e de outras seitas, cujos criadores de símbolos, sistemas e confissões habitualmente oferecem aos seus seguidores como deduções genuínas e necessárias da Escritura Sagrada. Não deixo de me surpreender com a arrogância extravagante daqueles que se consideram capazes de explicar as coisas necessárias para a salvação com mais clareza que o Espírito Santo, a sabedoria eterna e infinita de Deus.

    Isso basta quanto à *heresia*, palavra que, no uso corrente, é aplicada apenas à parte doutrinária da religião. Consideremos agora o *cisma*, um crime bem semelhante ao primeiro. Ambas as palavras parecem significar uma *separação mal fundada da comunidade eclesiástica em virtude de coisas não necessárias*. Mas como o uso, que é a lei suprema em matéria de linguagem, determinou que a heresia se refira ao erro de fé, e o cisma, ao erro de culto e disciplina, devemos considerá-los segundo essa distinção.

Pelas mesmas razões que já foram citadas, o *cisma* não é nada além da separação na comunidade de uma igreja em virtude de algo que não é necessariamente parte do culto divino ou da disciplina eclesiástica. Ora, para a comunidade cristã, nada pode ser necessário no culto ou na disciplina a não ser aquilo que Cristo, nosso legislador, ou os apóstolos ordenaram por inspiração divina com palavras explícitas.

Em suma, aquele que não nega nada que a Escritura Sagrada ensine explicitamente, nem provoca uma separação em razão do que não esteja contido manifestamente no texto sagrado, pode receber qualquer nome das seitas cristãs e ser considerado por alguns ou por todos como completamente destituído de cristandade, e, mesmo assim, esse homem não pode ser herético ou cismático.

Tudo isso poderia ter sido explicado com maior extensão e mais proveito, mas é suficiente que eu o tenha indicado assim brevemente a uma pessoa da tua perspicácia.

Finis.

Notas

1. Prefácio do tradutor inglês William Popple. (N. T.)
2. A tradução holandesa foi publicada em 1689, porém nenhum exemplar sobreviveu. A francesa foi efetivamente planejada, mas nunca publicada. A primeira tradução francesa é de 1710. (N. E.)
3. Charles II e James II promulgaram Declarações de indulgência em 1672 e 1687, respectivamente, as quais sus-

penderam as leis de conformidade anglicana. No período em que Popple escreve, estava em vigor o Ato de Tolerância (maio de 1689), também chamado de Ato de Indulgência, porque suspendia a punição para quem não se conformasse ao anglicanismo, mas não revogava as leis de conformidade. Embora esse Ato tenha sido denominado Ato de Tolerância, seu texto não mencionava a palavra. (N. E.)

4. Em março de 1689 foi introduzido um decreto que permitia readmitir na igreja os dissidentes moderados. Esse decreto já havia sido revogado quando Popple escreve este prefácio (no outono de 1689), porém ainda se tinha a expectativa de que a questão fosse reconsiderada. (N. E.)

5. "A verdadeira igreja". Aqui o artigo indefinido seria mais apropriado para representar o ponto de vista de Locke a respeito das igrejas. A afirmação de que a tolerância é a "marca" da verdadeira igreja é muito forte. Durante a Reforma, houve um extenso debate sobre quais "marcas" ou "sinais" eram características determinantes da (ou de uma) verdadeira igreja. (N. E.)

6. "Vícios", tradução alternativa: "orgulhos". (N. E.)

7. A primeira edição incluía ainda outra citação bíblica, inexistente na *Carta* de Locke: "Aparte-se da injustiça todo aquele que professa o nome do Senhor" (2 Timóteo 2,19). Se a inserção desse trecho na primeira edição não era genuína, o que teria levado Popple a ser mais escrupuloso na segunda? Foi sugerido que essa seria uma das correções que apontariam para a intervenção do próprio Locke na segunda edição. (N. E.)

8. Carta aos Gálatas 5,6. (N. E.)

9. "por mais equivocada que seja" foi omitido na tradução inglesa. (N. E.)

10. "Sutis", no texto original de Locke. (N. E.)

11. Segundo Goldie, a insistência em punir o culto em vez de condenar o comportamento imoral é característica do movimento de Reforma dos costumes que dominou os anos de 1690. (N. T.)

12. Segunda carta aos Coríntios 10,4. (N. E.)

13. Dragão era o nome dado ao soldado de infantaria que se deslocava a cavalo, mas combatia a pé. A alusão aqui é

14. "Enquanto... paixões irregulares" é um acréscimo de Popple. (N. E.)
15. Locke emprega o termo *res publica* em latim, traduzido por Popple como *commonwealth*. O termo *commonwealth* significa originalmente "bem-estar", ou "prosperidade pública" (Oxford, acepção 1), mas também "o inteiro corpo político" que constitui o Estado ou nação (Oxford, acepção 2. Cf. Locke, *Segundo tratado sobre o governo*, II, 10, §133), ou ainda "um Estado em que o poder supremo é conferido ao povo; uma república ou Estado democrático" (Oxford, acepção 3). (N. T.)
16. "Interesses civis". Em inglês, *civil interests*; no latim, *bona civilia* ("bens civis"). Além do sentido mais corrente de "proveito, vantagem, lucro" (como em português), *interest* significa em inglês o direito ou título a tomar posse ou parte em algo. (N. T.)
17. Uma tradução alternativa do latim seria "ausência de dor". Entende-se a tradução de Popple pela significação da primeira palavra, *indolence*, em inglês, na qual *dolence* é antecedida do prefixo privativo *in*, exatamente como *indolência* no português (do latim: *indolentia*), cujo primeiro sentido é também insensibilidade, apatia (de onde deriva o sentido de preguiça, ociosidade). No âmbito mais geral da moral lockiana, o termo é interessante porque para o filósofo a dor é necessária como estímulo à ação, à atividade, ao trabalho. (N. T.)
18. "estabelecidas... coisas" é um acréscimo de Popple. (N. E.)
19. "Pelo consenso do povo", ou "pelos homens" (*ab hominibus*). (N. E.)
20. Variação do texto latino: "é a fé que concede força e eficácia à verdadeira religião salvadora". (N. E.)
21. Variação do texto latino: "ao passo que, se as penas são aplicadas, são obviamente inúteis e inapropriadas". (N. E.)

22. "ou de qualquer outro tipo de penalidades exteriores" é um acréscimo de Popple. (N. E.)
23. Mateus 7,13-14: "Entrai pela porta estreita (larga é a porta, e espaçoso o caminho que conduz para a perdição, e são muitos os que entram por ela), porque estreita é a porta, e apertado o caminho que conduz para a vida, e são poucos os que acertam com ela". (N. T.)
24. "e o resto... destruição" é um acréscimo de Popple. (N. E.)
25. Locke tem em vista o sistema calvinista de governo eclesiástico formado por um conselho de ministros e anciãos. (N. T.)
26. Como lembra Goldie, Locke se esquece do *locus classicus* dessa lei em Mateus 16,18-19. "Também eu te digo que tu és Pedro, e sobre esta pedra edificarei a minha igreja, e as portas do inferno não prevalecerão contra ela. Dar-te-ei as chaves do reino dos céus; o que ligares na terra terá sido ligado nos céus; e o que desligares na terra terá sido desligado nos céus". (N. T.)
27. Mateus 18,20: "Porque, onde estiverem dois ou três reunidos em meu nome, ali estou no meio deles". (N. T.)
28. Os episcopais acreditavam na sucessão apostólica, isto é, que a autoridade atribuída aos bispos se fundamenta na sua ascendência direta dos apóstolos, caracterizada como a doutrina do direito divino do episcopado. Os católicos acreditavam que o papado descendia de São Pedro, o primeiro papa. (N. E.)
29. Atos dos Apóstolos 19,23-26: "Por esse tempo, houve grande alvoroço acerca do Caminho. Pois um ourives, chamado Demétrio, que fazia, de prata, nichos de Diana e que dava muito lucro aos artífices, convocando-os juntamente com outros da mesma profissão, disse-lhes: Senhores, sabeis que deste ofício vem a nossa prosperidade e estais vendo e ouvindo que não só em Éfeso, mas em quase toda a Ásia, este Paulo tem persuadido e desencaminhado muita gente, afirmando não serem deuses os que são feitos por mãos humanas". (N. T.)
30. É isso que as igrejas denominam excomunhão. Contudo, na época de Locke, a excomunhão não era exclusiva-

mente religiosa, mas também implicava penalidades cíveis. Locke defende, portanto, que a igreja tenha o direito de controlar seus membros, mas que nenhuma pena do direito civil lhe seja associada. (N. E.).

31. A palavra utilizada pelo tradutor é *denison*, ou *denizen*, que significa habitante, pessoa, animal ou planta que, embora não seja nativo de determinado lugar, se estabeleceu bem nele. Ela deriva do francês antigo *deinz*, isto é, "interno", ou "interior", e é a origem etimológica do termo cidadão, *citizen*. (N. T.)

32. Arminianos e calvinistas ou remonstrantes e antirremonstrantes. Popple angliciza o texto de Locke. Os arminianos devem seu nome ao teólogo holandês Jacobus Arminius ou Jakob Hermanszoon (1560-1609), que rompeu com a doutrina calvinista da predestinação divina à vida eterna. O termo "arminiano" era de uso corrente na Inglaterra para designar os dissidentes do calvinismo. (N. E.)

33. "ou de puni-los com o exílio e a morte", passagem omitida por Popple. (N. E.)

34. "Este seria... Constantinopla" é um acréscimo de Popple. (N. E.)

35. Acréscimo de Popple. (N. E.)

36. "Eles desejam... senhores" é um acréscimo de Popple. Essa passagem encontrou grande ressonância em 1689, porque o discurso de tolerância aos dissidentes adotado pela Igreja da Inglaterra oscilava e dependia das circunstâncias particulares. A igreja decidiu, então, entrar em acordo com alguns dissidentes, o que resultou no Ato de Tolerância. (N. E.)

37. Tradução alternativa do texto de Locke: "unidos à brandura da humanidade e benevolência". (N. E.)

38. A palavra em inglês é *craft*, e a formação *priestcraft* (clericalismo) era popular nos anos 1690. Locke a emprega em *Razoabilidade do cristianismo* (1695). (N. E.)

39. Popple omite: "mas até setenta vezes sete", uma citação de Mateus 18,22. (N. E.)

40. As menções a Genebra se referem ao calvinismo. (N. E.)

41. A referência aos músicos ficaria clara se a frase come-

çasse como no latim: "Ou, para prover seus súditos de riquezas e conforto doméstico". (N. E.)

42. Popple omite "que levam à mesma direção". (N. E.)
43. Refere-se à sobrepeliz, rejeitada pelos puritanos por ser demasiado papal e substituída pela "toga genebrina". (N. T.)
44. A expressão "coroado com a mitra" alude ao episcopado. (N. E.)
45. "empreitadas malsucedidas", ou "má sorte nos negócios". (N. E.)
46. Para o povo de Canaã, Baal ("senhor") era qualquer divindade adorada em um determinado local; cada cidade, montanha tinha seu Baal. (N. T.)
47. Denominados assim em razão de seu fundador, o italiano Fausto Sozzini ou Faustus Socinus (1539-1604), que não acreditava na doutrina da Trindade. (N. T.)
48. Modo pejorativo pelo qual os protestantes se referiam aos católicos. (N. T.)
49. Em latim: *decreta*. (N. T.)
50. No século IV, boa parte do mundo cristão seguia os ensinamentos de Ário ou Areius (250 ou 256-336), um presbítero cristão de Alexandria. Imperadores como Constantino II e Flávio Júlio Valente foram arianos. (N. T.)
51. Henrique VIII Tudor (1509-47) rompeu com a Igreja católica romana, expulsou o papado e instituiu a Reforma com a criação da Igreja anglicana. Eduardo VI (1537--53), filho de Henrique VIII, reinou de 1547 a 1553 e foi o primeiro rei inglês a receber formação completamente protestante. Maria Stuart, ou Maria I (1542-87), rainha da Escócia, defendeu a restauração do catolicismo. Elizabeth (1533-1603), filha de Henrique VIII e Ana Bolena, reinou de 1558 a 1603, consolidou a Igreja anglicana e perseguiu os dissidentes. (N. T.)
52. Possível referência a João 14,1-2. (N. E.)
53. Igreja Nacional ou Igreja da Inglaterra. (N. T.)
54. "bom em si mesmo", tradução alternativa: "lícito". (N. T.)
55. O conceito de "coisas indiferentes" (*res indifferentes*) ou *adiaphora* deriva da ética estoica. Contudo, ele é

apropriado pela discussão teológica, que diferenciava as "coisas indiferentes" das "coisas necessárias" para a salvação. Enquanto estas eram prescritas por Deus na Escritura e, portanto, imutáveis, aquelas estavam sujeitas à ação e intervenção humanas. A passagem sugere que Deus exige o culto, mas é indiferente ao modo como ele é conduzido. Disso decorrem dois problemas: saber quais são efetivamente as coisas indiferentes e se somos obrigados a aceitar tudo que o magistrado prescreve nesse âmbito. Alguns sustentavam que o magistrado poderia exigir obediência e conformidade mesmo no âmbito das coisas indiferentes em prol da ordem e da harmonia. Um adepto do adiaforismo (latitudinário) podia ser, por exemplo, teologicamente liberal (ampliando o escopo das coisas indiferentes), mas politicamente conservador em relação à obediência diante do magistrado. Inicialmente, essa era a posição de Locke de 1660 a 1662, quando escreve os *Dois tratados sobre o governo*, mas ele a abandona em 1667. (N. E.)

56. Cf. *Dois tratados sobre o governo*, II, §3. (N. E.)
57. Popple omite a passagem "Ou que sejam iniciadas em quaisquer ritos sagrados?". (N. E.)
58. Isaías 1,11-13. (N. E.)
59. A argumentação de Locke parece insinuar que a intolerância cristã é farisaica, dada sua preocupação formalística com as cerimônias. (N. E.)
60. "Ordem, decência e edificação" é uma referência a 1 Coríntios 14,26;40. (N. E.)
61. Alguns sabatianos sustentavam que o dia do sabá seria sábado, e não domingo. (N. E.)
62. "de impor... o poder" é um acréscimo de Popple. (N. E.)
63. "atrocidades hediondas", ou "práticas deste tipo". (N. E.)
64. Virgílio, *Éclogas* III, 1: "Dize-me, ó Dametas, a quem pertence/ Este gado? será de Melibeo?". (N. T.)
65. Os puritanos argumentavam que ajoelhar para receber a eucaristia significava veneração excessiva e pressupunha implicitamente a doutrina católica da transubstancialização. (N. E.)

66. Popple omite a frase "O que é legítimo na vida corriqueira e estranho ao culto de Deus não pode ser proibido pela lei civil no culto divino ou nos lugares sagrados". (N. E.)
67. A Genebra calvinista era, na prática, uma teocracia e poderia ser comparada à união entre catolicismo e governo civil que vigorava em diversos países. (N. E.)
68. Locke estava ciente da perseguição liderada por Muhammad Aurangzeb Alamgir (1618-1707), imperador de Mogol. (N. E.)
69. Cf. John Locke, *As constituições fundamentais da Carolina*. In: "The Works of John Locke in Nine Volumes", v. 9, Londres, 1824. Locke participa do momento em que a constituição da Província da Carolina é esboçada e entra em vigor (1669). Ele estava a serviço de um dos proprietários da região, Anthony Ashley Cooper, Primeiro conde de Shaftesbury (1621-83). (N. T.)
70. Tradução alternativa do texto latino: "Foi assim que tudo começou" (*Rem ab origine retexam*). O significado da passagem que segue não é muito claro. Ela faz eco à denúncia protestante da crueldade das conquistas espanholas (católicas) das Américas do Sul e Central, porém essa mensagem é transmitida pela narrativa hipotética sobre os ingleses na América do Norte, os quais inicialmente dependiam da boa vontade dos nativos. Esse relato talvez seja reflexo das experiências de John Smith nos assentamentos em Jamestown, Virgínia, por volta de 1607-9. (N. E.)
71. Tradução alternativa do trecho "que observam... de nenhum modo": "que observam estritamente o que é certo e não transgridem os bons costumes e a lei civil". (N. E.)
72. Horácio, *Sátiras* I, 69-70. (N. E.)
73. As observações de Locke sobre a América indicam sua posição acerca da legitimidade dos assentamentos coloniais europeus e da expropriação de terras nas colônias. Locke nega que qualquer fundamento religioso possa interferir na propriedade (uma regra que ele posteriormente aplica também aos judeus e muçulmanos), pois isso seria semelhante à doutrina de que a "dominação

está fundada na graça" e que ser cristão daria o direito de dominar. Comumente se argumenta que os *Dois tratados sobre o governo* procuram justificar as pretensões de superioridade dos colonizadores europeus, mas isso é verdade apenas quanto à agricultura, e não quanto à religião. Neles, Locke sustenta que os colonizadores cultivam a terra e a fazem prosperar, mas os nativos, não. (N. E.)

74. Locke refuta a ideia de que os cristãos sejam ordenados a matar os idólatras pela lei judaica (Êxodo 22,20--21). Uma possível fonte desse argumento lockiano pode ter sido o livro *De legibus hebraeorum* (1685), de John Spencer. (N. E.)

75. Tomás de Aquino e Richard Hooker estão entre aqueles que estabeleceram esse divisão tripartida. Alguns afirmavam que os cristãos não estavam submetidos à lei cerimonial judaica, mas sim às outras. Locke acreditava que a lei mosaica fosse aplicável em todos os seus aspectos apenas aos israelitas. (N. E.)

76. Deuteronômio 5,1. (N. E.)

77. Locke exemplifica com o caso bíblico a tolerância em relação às comunidades estrangeiras. Ele compartilha o argumento da época a favor da tolerância, a "razão de estado", de que ela encorajava a migração interna e o crescimento demográfico e econômico. A despeito das leis inglesas de conformidade, havia uma forte tradição, desde a Reforma, de permitir que comunidades estrangeiras de huguenotes tivessem seu próprio culto independente. (N. E.)

78. Segundo a Bíblia hebraica (Tanakh), as Sete Nações ocupavam a terra de Canaã antes da chegada dos israelitas. (N. E.)

79. Números 33,50-52; Deuteronômio 2,9; 7,1. (N. E.)

80. "as leis do império", tradução alternativa: "direito de mando" (*jus imperii*). (N. E.)

81. Tradução alternativa: "dogmas da igreja" (*ecclesiarum dogmata*). (N. E.)

82. No latim: "toda força exterior de nada lhe servirá". (N. E.)

83. No texto original: "a retidão moral" (*morum rectitudo*). (N. E.)
84. "tribunais externo e interno": jurisdição pública e consciência privada (*forum externum* e *forum internum*). (N. E.)
85. "e gera necessariamente um novo emprego" é um acréscimo de Popple. (N. E.)
86. "a necessidade de... felicidade da vida", tradução alternativa: "para proteger nossas posses, nossa riqueza e propriedade, assim como nossa liberdade e força física, que são os meios de subsistência, somos obrigados a entrar em sociedade uns com os outros, de modo que pela assistência recíproca e união de forças cada um possa garantir a posse privada daquilo que é útil para viver". A passagem alude ao argumento dos *Dois tratados sobre o governo*, II, §95. Em relação às expressões de Popple "esforço honesto" e "assistência recíproca", ver *Dois tratados*, II, §§19, 42. (N. E.)
87. Cf. *Dois tratados*, II, §42. (N. E.)
88. Cf. *Dois tratados*, II, §§21, 168, 241. (N. E.)
89. Tácito, *Agricola*, XXX, 5. (N. E.)
90. Cf. *Dois tratados*, II, §202. (N. E.)
91. A edição da *Carta* publicada em 1788 suprimiu os quatro parágrafos seguintes a fim de relativizar o tom das objeções de Locke contra os católicos romanos. Na época, a opinião pública era mais favorável à tolerância com os católicos. (N. E.)
92. Os protestantes afirmavam que os católicos acreditavam que eram desobrigados de cumprir uma promessa se ela fosse feita a um herético. Um exemplo frequentemente citado era o de Jan Hus (*c.* 1370-1415), teólogo cristão da Boêmia que foi posteriormente excomungado e queimado como herético pelo Concílio de Constança. (N. E.)
93. Os protestantes afirmavam que essa doutrina era fundamental ao catolicismo e aos iníquos. Ver Hobbes, *Leviatã*, cap. 42 (crítica ao teólogo da Contrarreforma Roberto Bellarmino). Em 1570, o papa Pio V excomungou e depôs a rainha Elizabeth. A Armada Espanhola de 1588 e a Conspiração da Pólvora de 1605 foram tentativas dos

católicos de fazer valer a decisão do papa. Por outro lado, alguns católicos argumentavam que essa doutrina não era essencial para sua fé. O "Juramento de Lealdade" se tornou lei em 1606 e obrigava os católicos ingleses a jurarem lealdade a James I, rei da Inglaterra e Escócia, e ao papa. A penalidade era a excomunhão, a perda dos bens, títulos e até a morte. O papa Sisto V excomungou Henrique de Navarra, o futuro Henrique IV da França, e o calvinista François Hotman publicou uma famosa réplica intitulada *Brutum Fulmen* (1585). (N. E.)

94. Locke exclui da tolerância aqueles que, por sua vez, não agem segundo o dever de tolerância. (N. T.)

95. O ponto aqui é que as minorias religiosas pregam a tolerância enquanto são fracas, mas a negam quando se tornam fortes. Por exemplo, após a Reforma, os presbiterianos pediam tolerância, ao passo que nos anos 1640 se manifestavam ferozmente contra as seitas radicais. Nos idos de 1690 na Holanda, o huguenote Pierre Jurieu denunciava a repressão dos católicos franceses enquanto ele próprio defendia a disciplina coercitiva calvinista. (N. E.)

96. "Proteção", tradução alternativa: obediência (*obedientiam*). Cf. *Dois tratados*, II, §217. (N. E.)

97. Não é claro aqui se "maometano" deve ser entendido em sentido literal ou como metáfora para o catolicismo. (N. E.)

98. Mufti é uma espécie de jurisconsul supremo entre os islâmicos, um intérprete qualificado pelo Alcorão a interpretar e resolver impasses legais. (N. E.)

99. "Todavia, esse... Estado", tradução alternativa: "Mas esse turco entre os cristãos evidentemente repudiaria ainda mais o governo cristão se reconhecesse a mesma pessoa como chefe de sua igreja e também como magistrado supremo". Subentende-se aqui que os muçulmanos, como os católicos, poderiam ser bons cidadãos se não sustentassem essa doutrina. (N. E.)

100. Locke sustenta que os ateus são antinomistas, isto é, cristãos que acreditam que estão isentos pela graça divina de seguir a lei moral. Nisso, Locke difere de seus contemporâneos Espinosa e Pierre Bayle. (N. T.)

101. Aqui, como em outras passagens, Popple utiliza a palavra *challenge*, que tem, como aqui, também o sentido de reivindicar. (N. E.)
102. *Conventicles*, no original, era o termo dado pelos *Atos conventiculares* (1664, 1670), os quais determinavam que uma reunião de cinco ou mais pessoas sem parentesco familiar para o culto não anglicano era um delito criminal. Os anglicanos diziam que os conventículos eram "berçários de facções e sedições". Popple é quem traduz a palavra latina do texto de Locke, *coetibus* (assembleias), oportunamente por "conventículos". (N. E.)
103. Bolsa real de Londres, ou algum outro mercado público. Locke escreve, na verdade, "corporações", ou "guildas" (*collegiis*). (N. E.)
104. O Ato de Tolerância exigia que todos os locais de culto ficassem abertos durante os serviços religiosos. (N. E.)
105. Popple omite: "pois corporações e coisas do gênero não são abertas". (N. E.)
106. No original, "prisão de escravos" (*ergastulum*), uma alusão à perseguição francesa dos huguenotes que foram mandados ao calabouço aos milhares. (N. E.)
107. "que as fazem querer aliviar seu fardo" é um acréscimo de Popple. (N. E.)
108. Tradução alternativa: "Mas quando os homens são oprimidos pela injustiça e tirania, estão sempre recalcitrantes" (*semper reluctabuntur*). (N. E.)
109. Locke refere-se às leis francesas contra os huguenotes. (N. E.)
110. Popple modifica o texto latino de Locke, que diz "outras se associam em seu ócio para se entreterem" (*alios ad hilaritatem otium*). Vale dizer que Popple foi comerciante de vinho. Além dessa mudança, ele omite a seguinte passagem do texto original: "algumas pessoas se reúnem em função do interesse social, porque moram na mesma cidade". (N. E.)
111. Popple omite: "e o desastre que se abateu sobre nosso estado", Tito Lívio, *Ab urbe condita*, XXXIX, 15. (N. E.)
112. Durante a guerra civil dos anos 1640, o episcopalismo foi destruído e o presbiterianismo foi estabelecido na In-

glaterra. Uma nova forma de dominação presbiteriana foi instituída em 1689, dessa vez na Escócia. Enquanto o Ato de Tolerância concedia liberdade de culto para os não anglicanos na Inglaterra, o parlamento escocês fundava uma igreja nacional presbiteriana que recusou a tolerância aos episcopalianos. Na Holanda, luteranos, que tinham uma forma de episcopado, eram mal tolerados. Locke demonstra certa hostilidade em relação ao calvinismo. (N. E.)

113. Popple omite a passagem do texto original de Locke: "Se um sermão numa igreja contiver algo sedicioso, deverá ser punido do mesmo modo como se tivesse sido feito na praça do mercado". (N. E.)

114. Popple modifica um pouco as seitas citadas por Locke: "remonstrantes, antirremonstrantes, luteranos, anabatistas, socinianos". (N. E.)

115. "superstição crédula do povo leviano", tradução alternativa: "o povo desajuizado é sempre supersticioso". (N. E.)

116. Locke talvez se referisse a gangues de informantes, que na época dos Atos Conventiculares (1664, 1670) ganhavam dinheiro dos dissidentes que denunciavam às autoridades. Cf. *Dois tratados*, II, §§16, 137, 228. (N. E.)

117. Essa passagem é a mais enfática afirmação do direito de resistência armada contra a opressão religiosa. Popple escreve "direitos naturais", Locke, "direitos que Deus e a natureza lhe concederam" (*jura sibi a Deo et natura concessa*). (N. E.)

118. Essa era uma difundida afirmação anticlerical, a saber, que a Igreja e o Estado conspiravam mutuamente para sustentar suas recíprocas ambições de poder. A *Carta de uma pessoa de caráter* (*A Letter from a Person of Quality*) denunciava o regime em que príncipes e padres eram cultuados no mesmo templo, isto é, a ideia de que os reis têm o direito divino de governar, fomentada pela Igreja a fim de obter mais poder sobre os dissidentes. Esse panfleto foi publicado anonimamente em 1675 e é atribuído ao primeiro conde de Shaftesbury (1621-83) e a Locke, que na época era seu secretário, mas que negou sua autoria. Cf. *Dois tratados*, I, §3. (N. E.)

119. *"Pudet haec opprobria nobis/ Et dici potuisse et non potuisse refelli"* ("Envergonho-me de dizer algo tão escandaloso e que, contudo, não pode ser respondido"). Ovídio, *Metamorfoses*, I, 758-9. (N. E.)

120. O postscriptum não aparece na primeira edição. Ele talvez tenha sido acrescentado depois da redação do texto e parece ter em vista as cisões na Igreja holandesa, em especial as disputas entre os calvinistas e os arminianos holandeses. (N. E.)

121. Havia uma antiga diferenciação entre heresia e cisma. A primeira era concebida como desvio da doutrina teológica, e o segundo, como desvio da disciplina eclesiástica. Na época de Locke, alguns dissidentes, embora cismáticos da perspectiva dos anglicanos, denunciavam os próprios anglicanos por heresia porque estes haviam abandonado a doutrina calvinista da predestinação. (N. E.)

122. Norma de fé, ou *"rule of faith"*, seria equivalente à *regula fidei*. (N. T.)

123. Os protestantes consideravam apenas a Escritura como "regra de fé" e acusavam os católicos de corrompê-la com "tradições" de escritos teológicos e decretos dos papas e conselhos. Os católicos retrucavam que os protestantes eram ingênuos em matéria de hermenêutica, já que nenhum texto está livre da necessidade de interpretação, e tal interpretação deve ter uma tradição coerente, caso contrário, torna-se uma anarquia de juízos privados e incultos. (N. E.)

124. A ordem católica liderada pelos cavaleiros de são João de Malta. (N. E.)

125. "Analogia da fé" (Romanos 12,6): a noção de que uma passagem obscura da Escritura deve ser interpretada em analogia com uma passagem clara. Locke retoma a distinção anterior entre as coisas necessárias e as coisas indiferentes, essenciais e não essenciais. (N. E.)

Introdução ao *Tratado sobre a tolerância*

DESMOND M. CLARKE

> *A lei da intolerância é... absurda e bárbara*
> (*capítulo* 6)

Voltaire compôs o *Traité sur la tolérance* (*Tratado sobre a tolerância*) em resposta a um monstruoso erro judiciário na França. Jean Calas era um comerciante huguenote que vivia numa área predominantemente católica de Toulouse. Quando um dos filhos de Jean cometeu suicídio na casa da família em outubro de 1761, todos os membros da família que estavam presentes naquela noite (assim como um visitante que pernoitou ali) foram acusados de tê-lo assassinado. Condenado por homicídio, Calas foi torturado e executado em 10 de março de 1762, enquanto sentenças menos severas foram dadas aos demais acusados.

Voltaire tinha então 67 anos e vivia longe de Toulouse, na fronteira franco-suíça. Ele não era visto com bons olhos pela corte real e era frequentemente ameaçado com mandados de prisão, de modo que precisava poder escapar pela fronteira para a República de Genebra (onde já havia morado antes) se a polícia viesse prendê-lo.

Ele reagiu primeiro com ceticismo e desdém à notícia da execução de Jean Calas. Mas logo se convenceu de que o julgamento do *parlement* de Toulouse era dúbio e de que Calas havia sido erroneamente condenado. Depois de ter se informado sobre os detalhes do julgamento e da execução, as preocupações de Voltaire se concentraram mais na hostilidade religiosa por parte dos católicos de Toulouse, que provocou o veredicto, do que na terrível crueldade de sua implementação. O ódio de um grupo de cristãos franceses em relação a outro era um lembrete pessimista das guerras religiosas que assolaram o reino francês no século XVI, e isso despertou novamente o interesse de Voltaire para um tema que havia discutido quase trinta anos antes nas suas *Cartas filosóficas* (1733).

Quando a edição francesa das *Cartas* foi publicada (1734), o editor foi preso e o *parlement* de Paris ordenou que aquele livro escandaloso fosse queimado publicamente. As razões eram óbvias. As *Cartas* elogiavam diversos aspectos da vida pública na Inglaterra e, implicitamente, criticavam a situação política e religiosa correspondente na França. Elas contrastavam a fé simples dos quacres com os sofismas teológicos da tradição católica; a tolerância dos calvinistas (presbiterianos) em Londres com a perseguição aos outros calvinistas (huguenotes) na França; e as limitações parlamentares do poder real na Inglaterra com a soberania absoluta reivindicada pela Coroa francesa. Em termos mais gerais, as *Cartas* elogiavam a energia inovadora e criativa das opiniões científicas e políticas britânicas em oposição à tirania conservadora que na França resultava da estreita cooperação entre a Igreja católica e a corte real.

Embora Voltaire, na companhia de Madame du Châtelet, posteriormente tenha dedicado muitos anos a estudar e promover as descobertas científicas de Newton como antídoto àquilo que ele considerava os sonhos metafísicos de Descartes e Malebranche, ele se absteve de criticar aberta e publicamente o establishment francês depois de 1734. O julgamento de Calas, contudo, reacendeu as fortes emoções que ele sentira nos anos 1730. Se um huguenote inocente podia ser torturado de maneira tão injusta e executado por causa da instigação de uma multidão católica de Toulouse, ninguém estava a salvo, e era hora de reexaminar as leis e costumes da França, que sistematicamente discriminavam a minoria huguenote.

Uma vez despertada a sua ira, Voltaire começou a escrever a amigos influentes em Paris, buscando apoio para sua campanha, e, no final de 1762, havia esboçado um pequeno ensaio sobre tolerância religiosa que foi impresso em abril de 1763. Embora ele o tenha denominado de "tratado", o ensaio relativamente breve sobre a tolerância carecia da maioria dos elementos que tradicionalmente associamos a esse gênero: não era uma síntese erudita, compreensiva e objetiva do estado do conhecimento acerca de determinado assunto. O *Tratado* parecia muito mais o trabalho de um jornalista propagandista e focava primordialmente no modo como os católicos franceses tratavam os compatriotas calvinistas.

Enquanto manifestava preocupação com o absurdo ou a irracionalidade das relações abertamente hostis entre essas duas igrejas cristãs na França, Voltaire se referia à obra antecedente de um de seus autores preferidos, o filósofo inglês John Locke (1632-1704), que escrevera a conhecida, breve e radical *Carta sobre a tolerância* (1689) quando estava vivendo no exílio na República das Sete Províncias Unidas dos Países Baixos. A *Carta* de Locke havia sido publicada anonimamente, assim como o *Tratado* de Voltaire, e, à época, foi amplamente condenada pelas autoridades eclesiásticas.

Locke sobre a tolerância

Locke tratou explicitamente da questão que permanece central para as relações entre Igreja e Estado nos tempos modernos, a saber: que autoridade ou jurisdição os poderes civis podem exercer em relação a crenças religiosas e rituais dos cidadãos? Sua resposta — com algumas óbvias ressalvas — era: nenhuma. Isso se fundava em parte em sua teoria da origem e escopo do Estado e, em parte, em sua compreensão do que significa igreja.

Locke argumentava, no *Segundo tratado sobre o governo* (1690), que reis não recebem sua jurisdição diretamente de Deus, mas do consenso dos cidadãos sobre os quais exercem seu poder político. Ele propunha a nova e radical teoria de que seres humanos são naturalmente livres e iguais e possuem diversos direitos fundamentais, os quais concordam em limitar em favor dos benefícios de se viver numa sociedade civil adequadamente governada e administrada. Os benefícios esperados de uma república pacífica incluem proteção da propriedade do indivíduo, punição àqueles que desrespeitam os direitos civis dos outros e acesso a juízes imparciais, que dirimem disputas de acordo com leis aplicadas igualmente a todos os cidadãos. Os poderes legislativo e judicial exercidos em nome dos cidadãos pelas regras de um Estado são, portanto, determinados pelos objetivos, para cuja obtenção os cidadãos concordam em restringir o exercício das suas liberdades naturais.

Segundo essa teoria do Estado, é evidente que aqueles que governam não têm autoridade para decidir nenhum assunto teológico acerca do qual igrejas venham a litigar. Uma razão é que os cidadãos individuais não têm direito de interferir nas crenças religiosas dos outros e, já que não têm essa autoridade, não podem conferi-la a seus governantes. O número de cidadãos que pertencem a certa igreja é, portanto, irrelevante para decidir o escopo da tolerância religiosa; o mero fato de que a maioria dos cidadãos pertence a uma igreja e não a outra não pode conferir aos líderes políticos uma competência que naturalmente lhes falta ou uma jurisdição que os cidadãos não são capazes de lhes conferir.

Em paralelo a esse argumento sobre a origem e os limites dos poderes do Estado, Locke define igreja como qualquer livre associação de cidadãos cujas crenças religiosas sejam suficientemente semelhantes para sustentar rituais comuns ou outras manifestações de suas crenças. Qualquer grupo de cidadãos está, portanto, autorizado a fundar uma igreja, definir as regras de adesão a ela e expulsar aqueles que violarem as regras acordadas. Esse conceito de igreja é retratado nas *Constituições da Carolina* (1669), que Locke esboçou e Voltaire menciona no *Tratado*. Os poderes legítimos dos membros da igreja complementam, portanto, os poderes dos legisladores políticos — eles nunca têm o direito de exercer os poderes legislativo e judicial reservados ao Estado, do mesmo modo que os líderes políticos ou instituições do Estado não podem interferir nas atividades dos membros da igreja, desde que estes obedeçam à lei civil.

Locke discutiu, então, a tolerância religiosa do ponto de vista da autoridade legítima do Estado em relação a igrejas e seus membros. A única razão para conceder os poderes legislativo e judicial aos governadores civis é a de que protejam a propriedade e os direitos civis dos cidadãos e dirimam as disputas imparcialmente. Se o Estado legisla dentro desses limites — que não são facilmente definidos —, ele pode exigir que todos os cidadãos sigam suas leis igualmente e pode obrigar aqueles que se recusam a obedecê-las.

Tolerância religiosa na França

Quando Voltaire estava escrevendo seu *Tratado*, ele ainda não havia desenvolvido uma teoria política do Estado, nem endossado a de Locke. Ele devotara a maior parte de sua vida a obras literárias e históricas, embora também tenha manifestado simpatia pelo sistema de governo inglês nas *Cartas filosóficas*. Portanto, quando ouve falar do caso Calas, seu foco principal estava em um tema que ele havia discutido antes em diversas ocasiões: a evidente irracionalidade daqueles que defendem convicções religiosas tão fortes que estariam dispostos a matar ou torturar quem defende crenças alternativas. Essa perspectiva foi muito influenciada pela história da França desde o século XVI.

Foi João Calvino (1509-64), e não Martinho Lutero, a figura dominante que definiu as práticas teológicas e religiosas dos cristãos reformados na França durante a Reforma. Calvino foi forçado a emigrar de sua terra natal e a procurar refúgio em Genebra, onde erigiu a igreja reformada e encontrou proteção para espalhar a mensagem da renovação cristã por toda a França. Quando o número de huguenotes (como eram chamados os calvinistas franceses) se tornou grande o suficiente para configurar uma ameaça à hegemonia política e religiosa da Igreja católica, foi apenas uma questão de tempo até que as diferenças religiosas se manifestassem como hostilidades políticas e, mais tarde, como guerra civil.

Uma das razões para isso era a crença fundamental compartilhada pela Igreja católica e pela igreja reformada de que é impossível que indivíduos obtenham a salvação eterna se não forem membros da "verdadeira" igreja.[1] Combinado às crenças independentes acerca dos deveres para com os outros e à obrigação de proteger a divindade do culto equivocado, isso se transformou no que se poderia denominar de lógica da Inquisição, a qual envolvia os seguintes elementos: coerção paternalista daqueles que não são membros para que se unam à "verdadeira" igreja, a única pela qual poderiam alcançar a salvação, e policiamento dos que não são membros a fim de que não insultem Deus com a participação em cultos religiosos heterodoxos. Aqueles que possuíam a "verdade" sobre Deus e o culto religioso que Ele ordena acreditavam que deveriam forçar os outros a aceitá-lo ou, ao menos, a se abster da blasfêmia e das práticas sacrílegas.

Além desse tipo de coerção paternalista, tanto teólogos católicos quanto calvinistas reivindicavam o direito de matar heréticos para evitar que seus próprios membros perdessem a fé. Sabemos que São Tomás de Aquino (1225-74), um dos principais teólogos da tradição apostólica romana, argumentou deste modo, que a perda da vida eterna cristã (devido à apostasia) é um mal muito maior do que a perda da vida terrena de um herético, e que o segundo é um preço que vale a pena pagar para evitar o primeiro.[2] Ambas as igrejas também argumentavam que tinham o direito de exigir apoio das autoridades civis para implementar esse tipo de apartheid religioso. Assim, Calvino apoiou de maneira infame a execução de Miguel Serveto, queimado na fogueira em Genebra (1553) porque rejeitava algumas das doutrinas religiosas de Calvino; o cardeal Roberto Bellarmino, um jesuíta que escrevia de Roma, cita posteriormente essa execução para confirmar sua própria opinião de que um Estado católico tem razão de punir heréticos (isto é, calvinistas) até mesmo com a pena de morte.[3] Por conseguinte, as duas igrejas eram simetricamente intolerantes uma com a outra e reivindicavam que o poder civil deveria aplicar sua intolerância recíproca mediante leis penais.

Os riscos aumentaram consideravelmente quando os membros da igreja reformada também passaram a reivindicar o direito de se defender contra a tirania dos poderes civis "heréticos" e, se necessário, de matar um rei herético.[4] Em paralelo, teólogos católicos argumentavam que o papa tinha o direito de liberar cidadãos católicos da sua obrigação de obedecer a governantes políticos protestantes. Como várias casas da nobreza disputavam o direito de herdar a Coroa francesa e apoiavam uma ou outra das duas principais igrejas, estavam prontas as condições para as guerras religiosas do século XVI, no decorrer das quais ambos os lados foram responsáveis por inúmeros massacres e atrocidades. O massacre do dia de São Bartolomeu, que começou em 23-24 de agosto de 1572 e continuou por meses, no decorrer do qual milhares de huguenotes foram assassinados pelas forças leais à Coroa, serviu como exemplo mais notório de um padrão que se repetia com frequência.

Embora Voltaire estivesse escrevendo dois séculos depois, o problema subjacente da intolerância religiosa na

França não havia sido resolvido. Durante esse período, huguenotes constituíam uma minoria da população francesa. Como consequência, a questão política e religiosa da tolerância era elaborada pela maioria católica na França da seguinte maneira: qual grau de liberdade religiosa deve ser concedido aos heréticos que representam uma ameaça permanente (por exemplo, por causa de sua pregação e dos cultos públicos da igreja) à fé dos cidadãos católicos e à paz da república predominantemente católica?

Henrique IV (1553-1610), que havia sido calvinista antes de sua coroação (quando se converteu ao catolicismo), concedeu uma limitada liberdade religiosa aos huguenotes com o Édito de Nantes em 1598. Luís XIV (1638-1715), contudo, revogou até mesmo essa modesta concessão em 1685. A França regrediu, então, a uma situação na qual era ilegal praticar uma versão revisada do cristianismo e na qual a monarquia centralizadora, em colaboração com a igreja majoritária, não considerava mais politicamente necessário conceder liberdade de culto e de prática a uma minoria de cidadãos franceses. Como resultado, huguenotes emigraram aos milhares para a República das Sete Províncias Unidas dos Países Baixos, para Genebra e para a Inglaterra e a Irlanda, onde gozavam de suficiente liberdade para praticar sua religião e participar de negociações e atividades comerciais que Voltaire identificou como uma enorme perda econômica para a França.

Essa intolerância oficial com os huguenotes na França continuou até o século XVIII. Enquanto as guerras civis que devastaram o reino durante o século XVII abrandavam, a corte real e as profissões estavam ocupadas quase exclusivamente por pessoas oficialmente católicas. Mesmo entre católicos, contudo, havia amargas disputas religiosas públicas, sendo que a mais notória era a entre jansenistas e seus críticos. Jansenistas favoreciam uma teoria da salvação e predestinação que tinha muito em comum com o calvinismo. Como também compartilhavam a teoria política de Calvino — no sentido de que reis exercem o poder político apenas como resultado do pecado original, como punição divina à humanidade pela ofensa de Adão, e não por causa de alguma superioridade natural em virtude da qual mereceriam governar —, Luís XIV e seus sucessores, bem como a sociedade política francesa, os consideravam quase tão abjetos e politicamente subversivos quanto seus colegas da Igreja protestante. Os jesuítas eram oponentes proeminentes do jansenismo, mas sua aliança com o papado os alienou do episcopado francês, cujos membros defendiam convictamente a independência da Igreja galicana em relação a Roma. Entre os católicos, portanto, jansenistas, jesuítas e o clero secular disputavam o apoio político da Coroa, mas concordavam apenas acerca da identidade dos seus inimigos religiosos em comum, os huguenotes.

Voltaire sobre a tolerância religiosa

Voltaire interpretou a execução de Jean Calas como sintoma da intolerância religiosa que havia provocado as guerras religiosas do século anterior. Além disso, não era um incidente isolado. Ele tomou conhecimento de uma série de outras condenações igualmente injustas de huguenotes que pareciam ser motivadas pelo ódio religioso. Pierre-Paul Sirven havia sido falsamente acusado de matar um de seus próprios filhos em 1762, mas fugiu para Genebra antes de ser preso. Ainda assim, ele foi julgado e condenado em sua ausência.[5]

Outro caso que teve um desfecho muito menos benigno (embora tenha ocorrido após a publicação do *Tratado* de Voltaire) envolvia um jovem huguenote, Jean-François Lefèvre, Chevalier de la Barre, que havia sido acusado junto com outros jovens de ter desfigurado um crucifixo exibido numa ponte pública. La Barre foi preso sob suspeita de ter cometido blasfêmia e sacrilégio em Abbeyville em 9 de agosto de 1765. Quando a casa de La Barre foi revistada, a polícia encontrou entre seus pertences uma cópia do *Dictionnaire philosophique portatif* (*Dicionário portátil filosófico*) de Voltaire. Ele foi inevitavelmente considerado culpado. La Barre foi torturado e executado, e, em 1766, seu corpo foi queimado publicamente junto com o livro de Voltaire.[6]

O que hoje em dia surpreende mais fortemente em relação a esses casos é a barbárie das torturas e execuções, mesmo que as pessoas acusadas fossem culpadas de ter cometido um verdadeiro crime. O que surpreendeu Voltaire, ao menos inicialmente, foi que todos esses erros de justiça fossem motivados pelo ódio dos católicos contra seus concidadãos huguenotes, e isso inspirou o tema de uma campanha a favor da tolerância religiosa como um dos elementos decisivos do Iluminismo na Europa.

A discussão de Voltaire sobre tolerância religiosa não era excepcional nem completamente original. Tal como Locke em sua *Carta*, outros haviam argumentado a favor da tolerância, inclusive o expatriado huguenote francês Pierre Bayle (1647-1706). Voltaire conhecia o *Dictionnaire historique et critique* (*Dicionário histórico-crítico*, 1697) de Bayle, no qual o apoio do autor à tolerância religiosa é evidente, tanto que, no capítulo 24 do *Tratado*, Voltaire zomba de certo autor que cita Bayle como um defensor da intolerância. Bayle também publicou uma coletânea, *Commentaire philosophique* (*Comentário filosófico*, 1686-8), sobre um verso da parábola narrada por Jesus Cristo (Lucas 14,23) na qual pessoas que não foram convidadas são obrigadas a jantar, enquanto aquelas que foram convidadas se escusam.[7]

A tolerância religiosa também foi defendida por inúmeros contemporâneos huguenotes de Voltaire, de cujas obras ele tomou muito de empréstimo sem o devido reconhecimento. Entre elas estão *L'asiatique tolérant* (*O asiático tolerante*, 1748), de Laurent Angliviel de la Beaumelle; *Le Patriote français et impartial* (*O patriota francês e imparcial*, 1751), de Antoine Court; e *Les Toulousaines* (*Os toulusenses*, 1763), de seu filho Antoine Court de Gébelin. Todos esses autores defendiam o direito dos huguenotes de praticar sua fé religiosa, apelando para a autoridade da Bíblia e os direitos de consciência.

Contudo, além do fato de que seus concidadãos católicos rejeitavam suas interpretações bíblicas, os argumentos desses autores huguenotes eram comprometidos pelas conclusões revolucionárias a que chegaram seus predecessores do século XVI, impelidos pela intolerância religiosa. Estes argumentavam, com base na Bíblia, que tinham o direito de defender sua fé pela força das armas e, se necessário, até mesmo matar um monarca tirano ou herético. Como essas atitudes jamais persuadiriam Luís XV (1710-74) e sua corte, Voltaire evitou discretamente associar seus argumentos aos de seus contemporâneos huguenotes.

Em vez disso, seu *Tratado* oferece uma revisão histórica do limite até o qual as gerações precedentes e outras culturas se ocuparam da questão da tolerância religiosa. Ele afirma que os romanos nunca perseguiram ninguém apenas por causa de suas crenças religiosas ou filosóficas. Isso parece contradizer a extensa lista de martírios supostamente realizados nos primeiros séculos do cristianismo. Voltaire argumenta, contudo, que muitos relatos do martirológio cristão são apócrifos e, se alguns cristãos foram perseguidos, isso se deu invariavelmente porque não obedeceram a alguma lei geral aplicada a todos os cidadãos do império. De maneira semelhante, ele sugere que a tradição judaica, tal como relatada no Velho Testamento, era muito tolerante em relação a deuses alternativos, e, embora Deus punisse os israelitas por quebrarem a lei mosaica, Ele tolerava variações de culto, sacrifícios e outros rituais religiosos, pelos quais podiam apaziguar a ira de Deus ou invocar Sua ajuda.

Não é claro, porém, por que motivo tais precedentes históricos deveriam convencer cristãos litigantes no século XVIII. Afinal, como Voltaire admite, os costumes e as leis daqueles povos antigos eram tão diferentes dos da França, e a própria língua na qual suas histórias são descritas é tão difícil de interpretar, que, mesmo que eles tenham sido terrivelmente intolerantes, seu comportamento não poderia fornecer um modelo aceitável para cristãos franceses. De acordo com isso, o *Tratado* conclui, no capítulo 12: "todo esse mundo antigo era tão diferente do nosso que dele não se pode tirar nenhuma regra de conduta; e se nessa Antiguidade remota os homens se perseguiram e oprimiram alternadamente em razão de seu culto, não deveríamos imitar essa crueldade sob a lei da graça".

Voltaire apresenta um argumento mais persuasivo quando discute os ensinamentos de Jesus Cristo no capítulo 14. Ele examina todas as passagens do Evangelho em que Jesus aparentemente aprova a coerção, como a parábola na qual convidados relutantes são obrigados a comparecer a um banquete. Mas ele não encontra provas de que Jesus tenha alguma vez ensinado seus discípulos a forçarem as pessoas a adotar certas crenças religiosas. Como Jesus foi condenado à morte por discordar do modo como a tradição judaica era ensinada e obedecida em sua época, Voltaire aconselha seus leitores: "Se quereis vos assemelhar a Jesus Cristo, sede mártires, não algozes".[8]

A pregação de Jesus Cristo, como se encontra no Evangelho, também fornece um dos argumentos fundamentais usados no *Tratado*, no qual Voltaire diferencia o verdadeiro ensinamento do Evangelho dos modos pelos quais ideais morais relativamente simples se tornaram complicados no decorrer da história posterior do cristianismo. Um dos exemplos preferidos de Voltaire, ao qual ele sempre recorre no *Tratado* e em outros textos, é o da disputa do Primeiro Concílio de Niceia (325) acerca da relação entre Deus pai e Deus filho (ou Jesus Cristo). Os bispos que participavam desse concílio reagiam à pregação de Ário, que alegava que Jesus Cristo era semelhante, mas não idêntico a Deus. Já que ambos os lados expressavam suas perspectivas dentro dos limites conceituais da Grécia Antiga, distinguiam entre a "natureza", que as três pessoas da Trindade teriam, e a "personalidade" que as distinguia. A diferença entre aqueles que alegavam que Cristo tinha a mesma natureza de Deus (uma visão que prevaleceu como ensinamento ortodoxo, expresso no credo de Atanásio) e aqueles que acreditavam que Cristo era apenas semelhante a Deus foi reduzida a uma única letra, "i", em duas palavras gregas que sintetizavam as doutrinas alternativas: *homoousian* e *homoiousian*.[9] Mesmo depois que a controvérsia de Ário foi resolvida em favor da divindade de Cristo, ainda assim houve outras disputas em torno da Trindade, sobre como descrever a relação entre o Espírito Santo e o filho de Deus, e se o conceito de "procedência" seria apropriado para descrever essa relação.

A história do cristianismo é repleta de disputas teológicas semelhantes, muitas das quais são citadas por Voltaire como exemplos de mudanças na doutrina cristã. Um dos conflitos mais intransigentes e agressivos se referia à interpretação das palavras "este é meu corpo", atribuídas a Jesus Cristo na Última Ceia e utilizadas posteriormente em comemorações desse acontecimento no sacramento da Eucaristia. Calvinistas eram unânimes na convicção de que a presença de Cristo na Eucaristia é simbólica e espiritual, ao passo que o Concílio de Trento (1545-63) ensinara que Cristo está literal e corporeamente presente em toda celebração sacramental da Eucaristia.[10]

Dada a dimensão do conflito religioso entre diferentes seitas cristãs e as consequências fatais que resultaram das tentativas de resolvê-lo pela força, poder-se-ia esperar que Voltaire refletisse mais explicitamente sobre a relativa incerteza da evidência bíblica em disputa, na qual as doutrinas litigantes se baseavam. John Locke tratou dessa questão em inúmeras obras, com as quais Voltaire estava familiarizado e das quais ele se dizia um grande admirador. Mas Voltaire raramente se entregava a análises sistemático-filosóficas. Todavia, ele de fato indica no *Tratado* que, após muitos séculos, é muito difícil entender textos originalmente escritos em línguas que a maioria dos cristãos não podia mais ler e que poderiam ter se corrompido na transmissão feita pelos copistas. Por exemplo, o título "filho de Deus" parece ter sido usado no Velho Testamento (embora Voltaire não lesse hebraico) com o significado de alguém estimado por Deus, e não de alguém que é literalmente Seu filho.

A história do cristianismo inclui tantos acréscimos da teologia escolástica adicionados às palavras da Escritura (os quais Voltaire chamava de "ferrugem"), que qualquer emprego da coerção a fim de impor crenças religiosas detalhadas aos outros implicaria um princípio muito perigoso. Se aqueles que sustentam a denominada ortodoxia ou doutrina oficial estiverem certos ao perseguir quem deles discorda, isso significaria que os romanos estavam certos ao crucificar Jesus Cristo, e que, sempre que a Igreja católica modificasse suas doutrinas, ela poderia reclassificar como heréticos os que sustentassem uma versão alternativa, anterior à que ela adotou depois como ensinamento oficial. "E se disserdes que é um crime não acreditar na religião dominante", argumenta Voltaire, "vós mesmos acusareis, então, os primeiros cristãos vossos pais, e justificareis aqueles que acusais de os ter lançado aos suplícios."[11] [12]

A solução que Voltaire propõe aos católicos franceses no seu *Tratado* é, portanto, a de "tolerar" as crenças religiosas supostamente equivocadas daqueles que ele descreve como "nossos irmãos errantes que rezam em mau francês".[13] Ele havia elogiado a tolerância aos católicos na Inglaterra nas *Cartas filosóficas*, embora reconhecesse que católicos e não conformistas estivessem legalmente excluídos dos cargos públicos, reservados para os membros da Igreja da Inglaterra. Ele recomenda então, no capítulo 4 do *Tratado*, que liberdades similares sejam estendidas aos huguenotes na França. Por exemplo, deveria ser permitido que eles voltassem do exílio; seus casamentos deveriam ser reconhecidos; seus direitos à propriedade deveriam ser respeitados; e eles não deveriam ser perseguidos em razão de suas crenças religiosas. O pressuposto implícito de que huguenotes sustentavam crenças religiosas equivocadas (com as quais seus vizinhos católicos deveriam ser indulgentes) é consistente com o comentário de Voltaire de que os judeus estão destinados à danação eterna, um destino que poderiam evitar facilmente se convertendo ao cristianismo.[14]

Embora esses comentários e a perspectiva geral adotada no *Tratado* possam sugerir que Voltaire compartilhasse as mesmas posições que os católicos a quem se dirige, ele intencionalmente camufla suas crenças religiosas pessoais. Ele foi criado como católico apostólico e frequentou um dos colégios jesuítas mais renomados de Paris, o Collège Louis-le-Grand. Ao longo da vida, entretanto, ele se convenceu de que as sutilezas teológicas que distinguiam igrejas ou religiões umas das outras estavam mais próximas de superstições do que do conhecimento genuíno, e que eram expressões culturalmente relativas de uma crença filosófica fundamental em Deus como criador do universo. Assim, Voltaire adota uma forma de unitarismo semelhante à de Locke e Newton, que rejeitava a crença numa divindade trinitária. Uma vez que isso não era menos censurável na França do que o calvinismo, e que Voltaire estava apelando publicamente àqueles que governavam o reino, o *Tratado* foi escrito — por razões retóricas — como se seu autor fosse um católico ortodoxo discutindo com outros católicos como, enquanto cristãos, eles deveriam lidar com a existência de uma minoria significativa de "heréticos" dissidentes na França.

"Tolerância" nesse contexto supõe, portanto, que aqueles que a praticam têm crenças verdadeiras e padrões morais superiores de comportamento, e que aqueles que recebem sua indulgência estão enganados e potencialmente põem em risco as crenças e práticas de seus concidadãos tolerantes. Em resumo, católicos têm razão, e huguenotes, não, e a tolerância não precisa ir além de refrear a coerção dos huguenotes para que compartilhem as mesmas crenças e práticas religiosas de seus vizinhos. Mas Voltaire não argumenta, nesse ponto, que huguenotes devam gozar exatamente dos mesmos direitos civis e políticos que os católicos. Ele apenas pede que a igreja majoritária da França não persiga ou mate membros de uma igreja cristã minoritária.

Esse foco apenas na relação entre duas igrejas cristãs da França reflete um juízo político que Voltaire proferira na carta 6 (sobre os presbiterianos) de suas *Cartas filosóficas*, e que ele repetiu no *Tratado*: "Se só houvesse uma religião na Inglaterra, seria de temer o seu despotismo; se só houvesse duas, elas se cortariam a garganta; mas há trinta, e elas vivem em paz e felizes".[15]

Havia apenas duas igrejas cristãs na França do século XVIII, e ambas estavam filiadas às proeminentes famílias nobres que aspiravam a cargos políticos; segundo a estimativa de Voltaire, huguenotes constituíam menos de dez por cento da população. Seu apelo à tolerância no *Tratado* é dirigido, portanto, aos outros noventa por cento. É um argumento que se baseia nos benefícios que uma política de tolerância traria à nação — não apenas a convivência pacífica entre membros de diferentes igrejas, mas também uma melhor defesa nacional contra inimigos externos e uma economia significativamente superior. Além disso, um grau limitado de tolerância era compatível com a doutrina do Evangelho, na qual a maioria dos cidadãos franceses alegava acreditar.

O sagrado e o secular

Um dos assuntos fundamentais que aparece no *Tratado* de Voltaire, e que permanece central em todas as discussões modernas, é a origem e o estatuto dos valores com base nos quais um Estado formula políticas de tolerância religiosa e liberdade de pensamento. Não há valores neutros aos quais se possa apelar. A pergunta primordial é, então, se os valores nos quais o Estado se funda para sustentar políticas públicas são religiosos, que variam de uma igreja para outra, ou se são valores independentes das diversas crenças religiosas de seus cidadãos (ou ao menos comuns a elas).

Aqueles que baseiam suas decisões políticas na revelação de Deus geralmente aceitam a certeza de suas crenças religiosas sem questionar a credibilidade da evidência que as sustenta. Por exemplo, um povo que acredite que Deus o escolheu como Sua nação especial e lhe concedeu um território geográfico como sua morada terrena provavelmente declarará guerra para capturar e conservar aquilo que Deus supostamente lhe deu. Se outro povo acreditar que Deus lhe concedeu o mesmo território e lhe disse para conservá-lo para seu uso exclusivo, ambos os lados apelarão às suas crenças religiosas incompatíveis e provavelmente nenhum deles aceitará as meras leis humanas; do contrário, as convenções poderiam prevalecer sobre a autoridade moral dos mandamentos divinos. Por essa razão, Locke e Voltaire não apenas condenam a barbárie de se assassinar pessoas por razões religiosas, mas também convidam todos os crentes a refletir sobre a incerteza da evidência em que repousam suas crenças.

Quando pessoas adotam crenças religiosas incompatíveis e confiam nessas crenças para sustentar reivindicações legais ou políticas contra outros, Locke pergunta: "com que direito" uma igreja alega ter autoridade sobre outras? A resposta padrão é que "a igreja ortodoxa tem o direito à autoridade sobre as igrejas equivocadas e heréticas", à qual Locke redargui: "Porque toda igreja é ortodoxa para si mesma, equivocada e herética para as demais".[16]

Voltaire convida os leitores do *Tratado* a considerarem um argumento semelhante no capítulo 6. Se os membros de uma comunidade política aceitam a reciprocidade das obrigações morais e consideram um princípio como este, "Não faças o que não queres que te façam",[17] as implicações da tolerância são óbvias. Cada grupo religioso ou igreja deve conceder liberdade de pensamento aos demais. Caso contrário, eles teriam de encarar seus concidadãos com esta exigência, que não pode ser satisfeita simultânea e reciprocamente: "Crê no que eu creio e naquilo que não podes crer, ou morrerás".[18]

É impossível, portanto, chegar a relações pacíficas entre tradições religiosas incompatíveis a menos que seus membros modifiquem as implicações políticas de suas crenças ou a certeza com a qual as sustentam. A primeira alternativa é interpretar as crenças religiosas de alguém como aplicáveis apenas a essa pessoa. Nesse caso, crenças religiosas podem dar sentido à existência ou consolar pessoas em agonia, mas de modo algum autorizam o crente a tomar atitudes em relação a outros cidadãos. A história das religiões mostra que esse tipo de restrição é frequentemente ignorado, especialmente quando as pessoas também acreditam que Deus lhes impôs a missão de converter — se necessário pela força — aqueles que classificam como hereges. Voltaire reflete sobre o missionarismo evangélico dos jesuítas na Índia e na China como exemplo de submissão a esse mandamento divino, entendido como não menos compulsório ou categórico que outras crenças religiosas.

A dinâmica ofensiva ou protetiva dos religiosos fundamentalistas — seja para forçar os outros a aceitarem suas crenças, ou para proteger sua própria fé de ser contaminada por "heréticos" — também leva Voltaire a questionar a veracidade das crenças religiosas e a evidência em que supostamente são baseadas. Quando Locke e Voltaire defendem a crença em Deus como criador do universo, ambos veem a enorme diversidade de tradições religiosas no mundo como expressões culturais dessa crença fundamental. Esse é um caminho (epistemológico) alternativo para a tolerância religiosa.[19] Ela envolve questionar o significado e a credibilidade das doutrinas específicas sobre as quais as religiões divergem e adotar uma atitude geral de respeito para com a misteriosa realidade de um universo infinito, em comparação ao qual as vidas humanas individuais e suas disputas teológicas mesquinhas são reduzidas a ninharias.

Por conseguinte, Voltaire pede a seus leitores que reconsiderem o fundamento de sua fé religiosa. Quando avalia teorias sobre a imortalidade da alma no capítulo 13, ele argumenta que nossa ignorância sobre a natureza da mente humana é sintoma de uma inabilidade mais difundida de entender o que ele denomina "segredos de Deus". Ele conclui: "Todas essas observações não são estranhas ao fundo da questão, que consiste em saber se os homens devem se tolerar: pois se provam o quanto houve de engano em todos os tempos, de um lado e de outro, elas também provarão que os homens deveriam ter se tratado, em todos os tempos, com indulgência". O ceticismo religioso é um dos argumentos mais familiares as favor da tolerância desde o tempo de Locke — o fato de que alegações inconsistentes não podem ser todas elas verdadeiras, e que mesmo uma reflexão superficial sobre a variedade e incredibilidade de tantas crenças religiosas deveria convencer aqueles que as adotam de que lhes falta um tipo de certeza que justifique a coerção dos outros.

Liberdade de pensamento

Embora as peças de Voltaire fossem frequentemente produzidas na Comédie Française, em Paris, muitos de seus outros textos foram publicados clandestinamente sem a permissão real exigida na França. Como resultado, ele viveu quase cinquenta anos no exílio — na República das Sete Províncias Unidas dos Países Baixos, na Inglaterra, em Champagne, Potsdam, Genebra e, finalmente, em Ferney, perto da fronteira franco-suíça. Por décadas, ele fugiu das autoridades eclesiásticas e reais. Nas últimas décadas de sua vida, Voltaire começou a pensar mais sistematicamente sobre o que denominava "liberdade de consciência" (capítulo 5) ou "liberdade de pensamento" (capítulo 7), e não apenas na limitada liberdade dos huguenotes de praticar uma forma alternativa do cristianismo. Ele tratou da questão explicitamente em seu panfleto *Idées républicaines* (*Ideias republicanas*, 1765), no qual argumentou a favor da liberdade de exprimir pensamentos:

> Numa república digna do nome, a liberdade de publicar os próprios pensamentos é um direito natural do cidadão. Eles podem usar a pena ou suas vozes, e não deveriam ser proibidos de escrever assim como não são de falar...
> Essa é a lei na Inglaterra, um país monárquico, no qual as pessoas são mais livres do que em qualquer outro lugar porque são mais esclarecidas.[20]

Embora essa exigência de liberdade de pensamento tenha sido provocada por um aparente abuso de poder do conselho que controlava a vida civil, política e religiosa dos cidadãos em Genebra, Voltaire começava a formular uma teoria da separação entre Igreja e Estado segundo a qual a própria frase "um governo civil e eclesiástico" era um insulto à razão. Ele argumentava que, ao contrário, dever-se-ia falar de um "governo civil e regulamentações eclesiásticas" e reconhecer que estas últimas só podem ser feitas pelos poderes civis.[21]

De modo análogo, a primeira edição do *Dicionário filosófico* de Voltaire inclui um artigo sobre "tolerância". Uma vez que ele foi impresso clandestinamente em Genebra e, como previsto, banido na França, Voltaire conseguiu negar sua autoria, ao menos no início: "Felizmente nada tenho que ver com essa obra sórdida... Eu li o dicionário diabólico; ele me alarmou tanto quanto a ti".[22] Quando, posteriormente, apareceram edições expandidas e a identidade do autor ficou óbvia, Voltaire acrescentou um artigo sobre a "liberdade de pensar", no qual ele se refere à população da Inglaterra, que é feliz porque goza do "direito de expressar sua opinião".[23] Esta é também a implicação clara da perplexidade irônica do "filho da natureza", em *L'ingénu* (1767), quando este é confrontado com as disputas teológicas de seus anfitriões franceses que não podiam ser encontradas em nenhuma parte no Novo Testamento, no qual eles afirmavam basear sua fé.

Esse reconhecimento de um direito natural da liberdade de pensar e da liberdade religiosa se tornou uma das características definidoras do Iluminismo e foi posteriormente promulgado no artigo 11 da *Déclaration des droits de l'Homme et du citoyen* (*Declaração dos direitos do homem e do cidadão*, 1789): "A comunicação livre de ideias e opiniões é um dos mais preciosos direitos humanos; todos os cidadãos podem, portanto, falar, escrever e publicar livremente, embora devam prestar contas por qualquer abuso dessa liberdade em circunstâncias específicas determinadas por lei".

Com essa proclamação, a França revolucionária reconhece a ideia fundamental que motivou a tese de Voltaire no *Tratado*.

A liberdade de pensar é amplamente reconhecida hoje como um direito humano fundamental. Ela é protegida, por exemplo, pelo artigo 18 do Pacto Internacional dos Direitos Civis e Políticos das Nações Unidas (1966), que diz:

Todos devem ter direito à liberdade de pensamento, de consciência e de religião. Esse direito deve incluir a liberdade de ter ou adotar a religião ou crença de sua escolha, e liberdade, individual ou na comunidade com outros, em público ou em privado, de manifestar sua religião ou crença no culto, na obediência, na prática e no ensinamento.

O Pacto das Nações Unidas reconhece que essa liberdade está sujeita a limitações que sejam "prescritas pela lei e necessárias para proteger a segurança pública, a saúde, os costumes ou os direitos e liberdades fundamentais dos outros".

A articulação e implementação de uma política pública apropriada que reconheça a liberdade religiosa de cada cidadão são um trabalho em andamento na maioria das jurisdições. Enquanto os detalhes ainda precisam ser resolvidos caso a caso, o princípio fundamental, do qual essas resoluções dependem, é a significativa contribuição de Voltaire no *Tratado*: de que cidadãos individuais têm direito à liberdade de pensamento e de crenças religiosas, e que os Estados não têm nenhuma autoridade para interferir nesse direito, exceto para proteger os direitos civis dos outros.

Notas

1. A Igreja católica ensinava que "fora da igreja, ninguém pode ser salvo". Ver capítulo 22, nota 241.
2. *Summa theologiae*, IIaIIae, q. 11, artigo 3.
3. Roberto Bellarmino, *Disputationes de controversiis christianae fidei adversus hujus temporis hereticos.*
4. Essa teoria foi desenvolvida pelos denominados monarcômacos no século XVI, incluindo Théodore de Bèze e François Hotman. (N. A.)
5. Voltaire resumiu esse caso em *"Avis au public sur les par-*

ricides imputés aux Calas et aux Sirven" ("Advertência ao público acerca do parricídio atribuído a Calas e Sirven", setembro de 1766). Voltaire, *Mélanges*, ed. Jacques Van den Heuvel (Paris: Gallimard, 1961), pp. 827-47. (N. A.)
6. "Relation de la mort du chevalier de La Barre" ("Relato da morte do cavaleiro La Barre"), *Mélanges*, pp. 773-85. (N. A.)
7. *Commentaire philosophique sur ces paroles de Jesus--Chrit* [sic] (1686-8). A frase do Evangelho "obrigai-os a entrar" foi usada como justificativa para coagir as pessoas a se tornarem membros de inúmeras igrejas cristãs. (N. A.)
8. Capítulo 14. (N. T.)
9. *Homoousios* (ὁμοούσιος) vem da palavra οὐσία (substância) e significa "cossubstancial", ou de "mesma natureza"; *homoiousios* (ὁμοιούσιος) significa, por sua vez, "de natureza ou substância semelhante". (N. T.)
10. A teologia da Eucaristia do Concílio de Trento é sintetizada na Seção XIII, *Decretos dos concílios ecumênicos*. Há uma edição em inglês em dois volumes, organizada por Norman P. Tanner (Londres: Sheed & Ward, 1990), pp. 693-8. (N. A.)
11. Capítulo 11. (N. T.)
12. Voltaire usa um argumento similar no verbete "Liberdade de pensamento" do *Dicionário filosófico*, porque, se os romanos não tivessem concedido liberdade de praticar uma religião diferente, o cristianismo não teria se espalhado por todo o império. *Œuvres complètes de Voltaire*. Oxford: Voltaire Foundation, 1994, v. 36, p. 299. (N. A.)
13. Capítulo 4. (N. T.)
14. Voltaire reporta, sem discordar, a crença de seus leitores católicos de que judeus sofrerão o castigo eterno se não se converterem ao cristianismo, nota 173 do capítulo 13: "Essa punição temporal, ou melhor, essa maneira de existir diferente dos outros povos e de fazer comércio sem ter pátria, pode não ser vista como um castigo em comparação com as penas eternas que resultam da sua incredulidade, e que podem ser evitadas por uma conversão sincera". (N. A.)

15. *Cartas filosóficas*. Voltaire faz alusão a isso no capítulo 5, no qual argumenta da seguinte maneira: "Quanto mais seitas, menos cada uma delas é perigosa". "The more sects there are, the less dangerous each one of them becomes." (N. A.)
16. Locke, *Carta sobre a tolerância*. (N. T.)
17. Capítulo 6. (N. T.)
18. Capítulo 6. (N. T.)
19. Sobre as crenças religosas de Voltaire, ver René Pomeau, *La Religion de Voltaire* (Paris: Librairie Nizet, 1969). (N. A.)
20. "Idées républicaines par un membre d'un corps" ("Ideias republicanas, por um cidadão"). In: Voltaire, *Mélanges*, p. 509. (N. A.)
21. Ibid., p. 506. (N. A.)
22. Para Damilaville (9 de julho de 1764) e para D'Alembert (7 de setembro de 1764), D 11978, 12073. In: *Correspondence and Related Documents*, ed. Theodore Besterman. Oxford: Voltaire Foundation, 1969-77, v. 85--135. (N. A.)
23. *Œuvres complètes*, v. 36, pp. 294-301. (N. A.)

Tratado sobre a tolerância

VOLTAIRE

Tratado sobre a tolerância por ocasião da morte de Jean Calas

I
História abreviada da morte de Jean Calas

Entre os acontecimentos que merecem a atenção da nossa época e da posteridade, um dos mais singulares é o assassinato de Jean Calas, perpetrado com o gládio da justiça em Toulouse em 9 de março de 1762. A multidão de mortos que pereceu em batalhas sem nome é bem cedo esquecida, não somente porque esta é a fatalidade inevitável da guerra, mas porque os que morrem pela desventura das armas também podiam dar morte a seus inimigos, e não pereceram de maneira alguma sem se defender. Onde perigo e vantagem são iguais, o espanto cessa, e mesmo a piedade se enfraquece; mas se um pai de família inocente é entregue às mãos do erro, ou da paixão, ou do fanatismo; se o acusado não tem outra defesa que a própria virtude; se o único risco que os árbitros de sua vida correm ao decapitá-lo é cometer um engano; se eles podem matar impunemente com uma sentença, então o clamor público se eleva, cada um teme por si mesmo, vê-se que ninguém está seguro de sua vida diante de um tribunal instituído para zelar pela vida dos cidadãos, e todas as vozes se unem para exigir vingança.

Tratava-se, nesse caso estranho, de religião, de suicídio, de homicídio; tratava-se de saber se pai ou mãe haviam estrangulado o filho para agradar a Deus, se o irmão havia estrangulado o irmão, se o amigo havia estrangulado o seu amigo, e se os juízes deviam se censurar de ter feito um pai inocente morrer no suplício da roda, ou de ter poupado a mãe, o irmão e o amigo culpados.

Jean Calas, então com 68 anos de idade,[1] exercia a profissão de comerciante em Toulouse havia mais de quarenta, e era reconhecido como bom pai por todos os que conviviam com ele. Era protestante, como a mulher e todos os seus filhos, exceto um, que tinha abjurado a heresia, e a quem o pai dava uma pequena pensão.[2] Ele parecia tão distante desse fanatismo absurdo que destrói todos os liames da sociedade, que aprovou a conversão do seu filho Louis Calas, e mantinha havia trinta anos em sua casa uma criada católica fervorosa,[3] que cuidou de todos os seus filhos.

Um dos filhos de Jean Calas, chamado Marc-Antoine, era homem de letras: era considerado um espírito inquieto, sombrio e violento. Esse jovem, não podendo conseguir entrar para o comércio, para o qual não tinha aptidão, nem ser aceito no exame de direito, porque se exigiam certificados de catolicidade que não podia obter, decidiu dar cabo da própria vida, e fez pressentir esse desígnio a um de seus amigos; a confirmação dessa sua resolução lhe vinha da leitura de tudo o que já se escreveu sobre o suicídio.

O dia em que perdeu seu dinheiro no jogo foi enfim o escolhido por ele para a execução de seu desígnio. Um amigo da família e seu, de nome Lavaisse,[4] jovem de dezenove anos, conhecido pela candura e doçura dos costumes, filho de um célebre advogado de Toulouse, tinha chegado a Bordeaux na véspera;[5] ele jantou por acaso com os Calas. Jantaram o pai, a mãe, o filho mais velho — Marc-Antoine — e o segundo filho — Pierre. Depois do jantar, passaram a um pequeno salão. Marc-Antoine desapareceu; por fim, quando o jovem Lavaisse quis partir, Pierre Calas e ele, ao descerem, encontraram embaixo, junto ao depósito de mercadorias, Marc-Antoine em camisa, pendurado a uma porta, a casaca dobrada sobre o balcão; sua camisa não estava sequer amarrotada; os cabelos estavam bem penteados; seu corpo não tinha nenhuma ferida ou machucado.[6]

Saltam-se aqui todos os detalhes relatados pelos advogados: não se descreverá a dor e desespero do pai e da mãe; os gritos foram ouvidos pelos vizinhos. Fora de si, Lavaisse e Pierre Calas correram em busca dos cirurgiões e da justiça.

Enquanto se desincumbiam da tarefa, enquanto pai e mãe estavam em lamentos e lágrimas, o povo de Toulouse se ajuntou em volta da casa. Esse povo é supersticioso e irritadiço; olha como monstros seus irmãos que não são da mesma religião. Foi em Toulouse que deram solenemente graças a Deus pela morte de Henrique III, e juraram degolar o primeiro que falasse em reconhecer o grande, o bom Henrique IV.[7] A cidade ainda celebra todos os anos, com procissão e fogos, o dia em que massacrou 4 mil cidadãos heréticos, há dois séculos.[8] Seis decretos do Conselho proibiram em vão essa festa odiosa; os toulousenses sempre a comemoraram como os jogos florais.

Um fanático do populacho gritou que Jean Calas havia enforcado o próprio filho Marc-Antoine. Esse grito, repetido, se fez unânime num instante. Outros acrescentaram que o morto abjuraria no dia seguinte; que sua família e o jovem Lavaisse o tinham estrangulado por ódio à religião católica. No momento seguinte, já não havia dúvida; toda a cidade estava persuadida de que fazia parte da religião entre os protestantes que pai e mãe devessem assassinar os filhos tão logo estes quisessem se converter.[9]

Uma vez exaltados os ânimos, não há o que os detenha. Imaginaram que os protestantes do Languedoc haviam se reunido em assembleia na véspera; que tinham escolhido, por maioria, o algoz da seita; que a escolha recaíra sobre o jovem Lavaisse; que esse jovem, em 24 horas, recebera a notícia de que fora escolhido e vindo de

Bordeaux para ajudar Jean Calas, a esposa e o filho Pierre a estrangular um amigo, um filho, um irmão.

O senhor David, magistrado de Toulouse,[10] excitado por esses rumores e querendo tirar prestígio de uma execução imediata, montou um processo contra as regras e regulamentos. A família Calas, a criada e Lavaisse foram postos a ferros.

Publicaram uma monitória[11] não menos viciosa que o processo. Foram ainda mais longe: Marc-Antoine Calas morreu calvinista e, se tivesse atentado contra si mesmo, ele deveria ser arrastado pelas ruas num estrado; inumaram-no com a maior pompa na igreja Saint-Etienne, a despeito dos protestos do cura contra aquela profanação.[12]

Há no Languedoc quatro confrarias de penitentes, a branca, a azul, a cinza e a preta. Os confrades usam capuz longo, com máscara de pano furada por dois buracos para deixar a visão livre; eles quiseram convencer o senhor duque de Fitz-James, governador da província,[13] a entrar nas suas corporações, mas ele recusou. Os confrades brancos prepararam exéquias solenes a Marc-Antoine Calas, como a um mártir. Jamais igreja alguma celebrou com mais pompa a festa de um verdadeiro mártir; mas tal pompa foi terrível. Sobre um magnífico cadafalso suspenderam um esqueleto que se movia, e que representava Marc-Antoine Calas segurando em uma mão uma palma e, na outra, a pena com que devia assinar a abjuração da heresia, e que escreveria, na realidade, a sentença de morte do pai.

Ao desventurado que atentou contra si mesmo só faltou a canonização: todo o povo o via como um santo; alguns o invocavam, outros iam rezar sobre seu túmulo, alguns lhe pediam milagres, outros contavam os que havia feito. Um monge lhe arrancou alguns dentes para ter algumas relíquias duráveis. Uma devota, um pouco surda, disse ter ouvido o som dos sinos. Um padre apoplético foi curado depois de ter tomado o emético. Fizeram os autos desses prodígios. Este que escreve este relato está de posse de uma atestação dizendo que um jovem de Toulouse ficou louco por ter rezado várias noites sobre o túmulo do novo santo, e por não ter podido obter o milagre pelo qual fazia as suas súplicas.

Alguns magistrados faziam parte da confraria dos penitentes brancos. A partir daquele momento, a morte de Jean Calas pareceu inevitável.

O que sobretudo preparou o seu suplício foi a chegada daquela festa singular que os toulousenses celebram todos os anos em memória do massacre de 4 mil huguenotes; o ano de 1762 era ano centenário.[14] O aparato para essa solenidade foi montado na cidade: isso acendeu ainda mais a imaginação inflamada do povo; dizia-se publicamente que o cadafalso para o suplício dos Calas seria o maior ornamento da festa; dizia-se que a própria Providência havia trazido essas vítimas para serem sacrificadas a nossa santa religião. Grande número de pessoas ouviu discursos como esses, e outros mais violentos ainda. E isso em nossos dias! E num tempo em que a filosofia fez tantos progressos! E quando centenas de academias escrevem para inspirar a doçura dos costumes! Parece que o fanatismo, indignado há pouco com o sucesso da razão, debate-se com mais raiva sob ela.

Treze juízes se reuniram todos os dias para terminar o processo. Não havia, não podia haver prova contra a família; mas a religião enganada fazia as vezes de prova. Seis juízes persistiram muito tempo em condenar Jean Calas, seu filho e Lavaisse ao suplício da roda, e a mulher de Jean Calas à fogueira. Sete outros mais moderados queriam ao menos que se examinasse o caso. Os debates foram reiterados e longos. Um dos juízes, convencido da inocência dos acusados e da impossibilidade do crime, falou vivamente a favor deles; opôs o zelo pela humanidade ao zelo pela severidade; tornou-se o advogado público dos Calas em todas as casas de Toulouse, onde os gritos incessantes da religião ultrajada pediam o sangue desses infortunados. Outro juiz, conhecido pela violência, falava na cidade com tanto ímpeto contra os Calas quanto o primeiro mostrava ardor em defendê-los. Em suma, o embate foi tão forte que um e outro foram obrigados a se dar por suspeitos; e eles se retiraram para o campo.

Por estranha infelicidade, no entanto, o juiz favorável aos Calas teve o escrúpulo de persistir em sua recusa, e o outro voltou para dar seu voto contra aqueles que não devia julgar de maneira alguma: foi esse voto que formou condenação ao suplício da roda, pois não houve senão oito votos contra cinco, já que um dos seis juízes contrários, depois de muitas contestações, acabou passando para o partido mais severo.[15]

Parece que, quando se trata do assassínio de um membro da família e de entregar um pai ao mais medonho dos suplícios, o veredicto deve ser unânime, porque as provas de um crime tão inaudito[16] deveriam ser de uma evidência sensível a todo mundo: a menor dúvida em tal caso deveria ser suficiente para fazer tremer o juiz que vai assinar a sentença de morte. A fraqueza de nossa razão e a insuficiência de nossas leis se fazem sentir todos os dias; mas que melhor ocasião para descobrimos a sua miséria do que quando a preponderância de um só voto leva um cidadão ao suplício? Em Atenas, eram necessários cinquenta votos além da metade para ousar pronunciar uma sentença de morte. Que resulta disso? O que sabemos muito inutilmente: que os gregos eram muito mais sábios e muito mais humanos do que nós.

Parecia impossível que Jean Calas, ancião de 68 anos, que tinha de havia muito as pernas inchadas e fracas, houvesse estrangulado e pendurado um filho de 28 anos, que era dotado de uma força acima do comum; era absolutamente necessário que a mulher, o filho Pierre Calas, Lavaisse e a criada o tivessem assistido na execução. Eles não se separaram um só momento na noite daquela fatal aventura. Essa suposição, no entanto, era ainda tão absurda quanto a outra: pois como uma criada católica fervorosa teria podido admitir que huguenotes assassinassem um jovem criado por ela, a fim de puni-lo por amar a sua própria religião? Como Lavaisse teria vindo expressamente de Bordeaux para estrangular o amigo, de quem ignorava a suposta conversão? Como uma mãe terna teria podido pôr as mãos assim em seu filho? Como todos juntos poderiam ter estrangulado um jovem tão robusto quanto todos eles juntos, sem longo e violento combate, sem gritos terríveis clamando ajuda aos vizinhos, sem golpes reiterados, sem ferimentos, sem roupas dilaceradas?

Era evidente que, se o homicídio pôde ser cometido, todos os acusados eram igualmente culpados, porque não haviam se separado por um só momento; era evidente que não o eram; era evidente que o pai sozinho não podia sê-lo; e, no entanto, a sentença condenava somente o pai a expirar no suplício da roda.

O motivo da condenação era tão inconcebível quanto todo o resto. Os juízes que haviam decidido pelo suplício de Jean Calas persuadiram os outros de que aquele ancião não poderia resistir aos tormentos e que, sob os golpes dos algozes, confessaria seu crime e o de seus cúmplices. Eles ficaram confusos quando o ancião, morrendo na roda, tomou Deus por testemunha de sua inocência e lhe suplicou que perdoasse os seus juízes.

Eles foram obrigados a proferir uma segunda sentença,[17] que estava em contradição com a primeira, soltando a mãe, o filho, o jovem Lavaisse e a criada; mas como um dos conselheiros os fez ver que aquela sentença desmentia a outra, que eles estavam condenando a si mesmos, porque todos os acusados haviam estado sempre juntos durante o tempo que se supunha ter ocorrido o assassinato, e a soltura de todos os sobreviventes provava irrefutavelmente a inocência do pai de família executado, eles tomaram a decisão de banir seu filho Pierre Calas. Esse banimento parecia tão inconsequente, tão absurdo, quanto todo o resto; pois Pierre Calas era, ou culpado, ou inocente do fratricídio; se era culpado, era preciso supliciá-lo na roda como o pai; se era inocente, não era necessário bani-lo. Mas os juízes, assustados com o suplício do pai e com a piedade tocante com que havia morrido, imaginaram salvar a própria honra fazendo crer que perdoavam o filho, como se o perdão não fosse uma nova prevaricação; e acreditaram que o banimento daquele jovem pobre e sem apoio, sendo sem consequência, não era grande injustiça, depois daquela que haviam tido a infelicidade de cometer.

Começaram a ameaçar Pierre Calas em seu cárcere de tratá-lo como a seu pai, se não abjurasse a sua religião. É o que o jovem atesta sob juramento.[18]

Pierre Calas, deixando a cidade, encontrou um abade conversor que o fez retornar a Toulouse; internaram-no num convento de dominicanos e lá o coagiram a cumprir todas as funções da catolicidade: era em parte o que se queria, era o preço do sangue de seu pai; e a religião, que acreditavam ter vingado, parecia satisfeita.[19]

As filhas foram tiradas da mãe; elas foram encerradas num convento. Quase salpicada pelo sangue do marido, essa mulher, que tivera o filho mais velho morto em seus braços e vira o outro ser banido, que fora privada de suas filhas e despojada de todo o seu bem, estava só no mundo, sem pão, sem esperança, agonizante do excesso de infortúnio. Algumas pessoas, tendo examinado maduramente todas as circunstâncias dessa horrível aventura, ficaram tão impressionadas, que instaram a senhora Calas, que estava retirada em sua solidão, a ousar ir pedir justiça ao trono. Ela não podia se suster, desfalecia; e, além disso, tendo nascido inglesa e transferida desde jovem a uma província da França, a mera menção do nome da cidade de Paris já a assustava. Ela imaginava que a capital do reino devia ser ainda mais bárbara que a do Languedoc. Por fim, o dever de vingar a memória do marido sobrepujou sua fraqueza.

Chegou a Paris prestes a expirar. Ela ficou admirada de ali encontrar acolhimento, ajuda e lágrimas.

Em Paris, a razão leva a melhor sobre o fanatismo, por maior que este possa ser, ao passo que na província o fanatismo quase sempre leva a melhor sobre a razão.

O senhor de Beaumont, célebre advogado do parlamento de Paris,[20] foi o primeiro a tomar a defesa dela, redigindo um parecer que foi assinado por quinze advogados. O senhor Loiseau, não menos eloquente, compôs uma memória a favor da família. O senhor Mariette, advogado junto ao Conselho, preparou uma petição jurídica que levava a convicção a todos os espíritos.

Esses três generosos defensores da lei e da inocência renunciaram, em favor da viúva, ao lucro das edições de suas alegações.[21] Paris e a Europa inteira foram comovidas à piedade, e pediram justiça junto com essa mulher desafortunada. A sentença foi pronunciada por todo o público muito tempo antes que pudesse ser assinada pelo Conselho.

A piedade se introduziu até no ministério, não obstante a enxurrada contínua de processos que frequentemente a põe de lado, e do costume de lidar com desafortunados, que pode endurecer ainda mais o coração. As filhas foram devolvidas à mãe. Todas as três, portando crepe de luto e banhadas de lágrimas, foram vistas fazendo os juízes se derramarem em pranto.

No entanto, a família ainda tinha alguns inimigos, pois se tratava de religião. Várias pessoas, chamadas de devotos[22] na França, disseram altivamente que o suplício de um velho calvinista inocente era melhor do que expor oito conselheiros do Languedoc a convir que tinham se enganado; recorria-se inclusive a esta expressão: "Há mais magistrados do que Calas", e daí se inferia que a família Calas devia ser imolada pela honra da magistratura. Não se pensava que a honra dos juízes consiste, como a dos outros homens, em reparar as suas faltas. Na França, não se crê que o papa, assistido por seus cardeais, seja infalível: poder-se-ia crer, da mesma maneira, que oito juízes de Toulouse não o são. Todas as demais pessoas sensatas e desinteressadas diziam que a sentença de Toulouse seria anulada em toda a Europa, mesmo que considerações particulares impedissem que fosse anulada no Conselho.

Tal era o estado dessa espantosa aventura quando fez nascer em pessoas imparciais, mas sensíveis, o propósito de apresentar ao público algumas reflexões sobre a tolerância, sobre a indulgência, sobre a comiseração, isso que o abade Houtteville, em sua declamação empolada e falsa sobre os fatos, denomina *dogma monstruoso*,[23] e que a razão chama de *apanágio da natureza*.

Ou os juízes de Toulouse, arrastados pelo fanatismo do populacho, condenaram um pai de família ao suplício, o que é sem exemplo; ou esse pai de família e sua mulher estrangularam seu filho mais velho, ajudados nesse homicídio por outro filho e por um amigo, o que não é natural. Num e noutro caso, o abuso da religião mais sagrada produziu um grande crime. É, pois, do interesse do gênero humano examinar se a religião deve ser caritativa ou bárbara.

2
Consequências do suplício de Jean Calas

Se os penitentes brancos foram a causa do suplício de um inocente, da ruína total duma família, de sua dispersão e do opróbrio que recai sobre o suplício quando só deveria incidir sobre a injustiça; se essa precipitação dos penitentes brancos em celebrar como santo aquele que deveria ser arrastado no estrado, seguindo nossos usos bárbaros, fez um pai de família virtuoso ser supliciado na roda; esse infortúnio deve, sem dúvida, torná-los de fato penitentes pelo resto de sua vida; eles e os juízes devem chorar, mas não com um longo hábito branco e uma máscara sobre o rosto para esconder suas lágrimas.

Todas as confrarias merecem respeito; elas são edificantes; mas por maior que seja o bem que possam fazer ao Estado, iguala-se ele ao mal terrível que causaram? Elas parecem instituídas pelo zelo que anima no Languedoc os católicos contra aqueles que chamamos de *huguenotes*. Dir-se-ia que fizeram voto de odiar seus irmãos porque temos bastante religião para odiar e perseguir, mas não para amar e socorrer. E o que aconteceria se essas confrarias fossem governadas por entusiastas, como o foram outrora algumas congregações de artesãos e *messieurs*,[24] entre os quais o hábito de ter visões era reduzido a arte e sistema, como afirma um dos nossos magistrados mais eloquentes e sábios?[25] Que aconteceria se nas confrarias fossem instituídos aqueles quartos escuros, chamados *câmaras de meditação*, nos quais se pintavam diabos armados de chifres e garras, turbilhões de chamas, cruzes e punhais, com o santo nome de Jesus sobre a cena? Que espetáculo para olhos já fascinados e para imaginações tão inflamadas quanto submissas a seus diretores!

Houve tempos, nem é preciso dizer, em que as confrarias eram perigosas. Os irmãozinhos, os flagelantes, causavam desordens. A Liga[26] começou por associações como estas. Por que se distinguir assim dos outros cidadãos? Acreditavam-se mais perfeitos do que os outros? Só isso já é um insulto ao resto da nação. Queriam que todos os cristãos entrassem para a confraria? Que belo espetáculo, a Europa de capuz e máscara, com dois pequenos buracos redondos diante dos olhos! Pensam de boa-fé que Deus prefere essa indumentária a um gibão? Não só isso: esse traje é o uniforme dos controversistas, que advertem os adversários a pegarem em armas; ele pode provocar uma espécie de guerra civil entre os espíritos, que acabaria talvez em excessos funestos, se o rei e seus ministros não fossem tão sábios quanto os fanáticos são insensatos.

Sabemos muito bem o quanto custou desde que os cristãos entraram em disputa sobre o dogma; o sangue correu nos cadafalsos, nas batalhas, do século IV a nossos dias. Limitemo-nos aqui às guerras e aos horrores provocados pelas querelas da Reforma, e vejamos qual foi a sua origem na França. Talvez um quadro sucinto e fiel de tantas calamidades abrirá os olhos de algumas pessoas pouco instruídas, e tocará os corações bem constituídos.

3
Ideia da Reforma no século XVI

Quando com o renascimento das letras os espíritos começaram a se esclarecer, houve protesto geral contra os abusos; todo mundo reconhece que tal queixa era legítima.

O papa Alexandre VI havia comprado a tiara publicamente, e seus cinco filhos bastardos repartiam as suas vantagens. Seu filho, o cardeal duque de Borgia, matou, de concerto com o papa seu pai, os Vitelli, os Urbino, os Gravina, os Oliveretto e cem outros senhores, a fim de se apropriar de seus domínios. Júlio II, animado pelo mesmo espírito, excomungou Luís XII, dando seu reino ao primeiro ocupante; e ele mesmo, elmo na cabeça e couraça nos ombros, colocou parte da Itália em fogo e sangue. Leão X, para pagar seus prazeres, traficou indulgências como se vendem mercadorias no mercado público. Os que se ergueram contra tantas pilhagens não estavam errados, ao menos na moral. Vejamos se erraram contra nós na política.

Diziam eles que, como Jesus Cristo jamais exigiu anatas e reservas,[27] nem vendeu dispensas para este mundo e indulgências para o outro, eles podiam se sentir desobrigados de pagar o preço de todas essas coisas a um príncipe estrangeiro. Mesmo que as anatas, os processos no tribunal em Roma, e as dispensas que existem ainda hoje nos custassem apenas 500 mil francos por ano, é claro que em 250 anos, desde Francisco I, nós pagamos 125 milhões; e, avaliando os diferentes preços do marco de prata, essa soma chega hoje a cerca de 250 milhões. Pode-se, pois, convir sem blasfêmia que os heréticos, ao propor a abolição desses impostos singulares com que a posteridade há de se espantar, não faziam nisso um grande mal ao reino, e que eram antes bons calculadores do que maus súditos. Acrescentemos que eram os únicos a saber a língua grega e a conhecer a antiguidade. Não dissimulemos de modo algum que, malgrado seus erros, nós lhes devemos o desenvolvimento do espírito humano, que havia ficado por muito tempo submerso na mais espessa barbárie.

Como, no entanto, eles negavam o purgatório, do qual não se pode duvidar, e o qual, ademais, era bem rentável aos monges; como não veneravam as relíquias que deveriam ser veneradas, mas que eram mais rentáveis ainda; enfim, como atacavam dogmas muito respeitados,[28] a resposta que primeiro se lhes deu não foi outra que queimá-los. O rei, que os protegia e sustentava na Alemanha, entrou em Paris à frente de uma procissão, ao final da qual muitos desses infelizes foram executados; e eis qual foi a execução. Eles eram suspensos na ponta de uma longa trave que basculava sobre uma árvore; sob eles acendia-se uma grande fogueira, à qual alternadamente os baixavam e suspendiam: eles provavam aos poucos os tormentos e a morte, até expirar pelo mais longo e mais medonho suplício que a barbárie já inventou.

Pouco tempo antes da morte de Francisco I, alguns membros do parlamento da Provence, animados pelos eclesiásticos contra os habitantes de Mérindol e de Cabrières,[29] pediram tropas ao rei para apoiar a execução de dezenove indivíduos daquela região que haviam sido condenados por eles; sem perdoar nem sexo, nem velhice, nem infância, fizeram degolar 6 mil pessoas; trinta burgos foram reduzidos a cinzas. Até então desconhecidos, o erro desses povos era, sem dúvida, o de terem nascido valdenses;[30] eis a sua única iniquidade. Eles tinham se estabelecido havia três séculos nos desertos e nas montanhas, que haviam tornado férteis graças a um trabalho inacreditável. A vida pastoril e tranquila deles retraçava a inocência que se atribui às primeiras épocas do mundo. As cidades vizinhas não lhes eram conhecidas senão pelo comércio de frutas que eles iam lá vender; eles ignoravam os processos e a guerra; não se defenderam: foram degolados como animais fugitivos que são mortos num cercado.[31]

Após a morte de Francisco I, príncipe mais conhecido, no entanto, pelas suas galanterias e pelos seus infortúnios do que por suas crueldades, o suplício de milhares de heréticos, sobretudo o do conselheiro do parlamento Dubourg,[32] e, por fim, o massacre de Vassy,[33] armou os perseguidos, cuja seita havia se multiplicado ao clarão das fogueiras e sob o ferro dos algozes; a raiva sucedeu à paciência; eles imitaram as crueldades dos seus inimigos; nove guerras civis encheram a França de carnificinas; uma paz mais funesta que a guerra produziu a noite de São Bartolomeu,[34] de que não havia exemplo nos anais dos crimes.

A Liga assassinou Henrique III e Henrique IV, pelas mãos de um frade dominicano e de um monstro que havia sido frade bernardo. Alguns pretendem que humanidade, indulgência e liberdade de consciência são coisas horríveis; mas, de boa-fé, teriam elas produzido calamidades comparáveis?

4
Se a tolerância é perigosa e em que povos é permitida

Disseram alguns que usar de indulgência paterna com nossos irmãos errantes que rezam em mau francês seria colocar armas nas mãos deles; que assistiríamos a novas batalhas de Jarnac, Moncontour, Coutras, Dreux, Saint-Denis etc.;[35] isso eu ignoro, porque não sou profeta; parece-me, entretanto, que não é raciocinar consequentemente dizer:

"Esses homens se sublevaram quando lhes fiz o mal; logo, eles se sublevarão quando eu lhes fizer o bem".

Ousarei tomar a liberdade de convidar os que estão à frente do governo e os que estão destinados aos grandes cargos a examinar maduramente se devemos de fato crer que a doçura produz as mesmas revoltas que a crueldade fez nascer; se aquilo que ocorreu sob certas circunstâncias deve ocorrer em outras; se os tempos, a opinião, os costumes são sempre os mesmos.

Os huguenotes, sem dúvida, foram inebriados pelo fanatismo e se mancharam de sangue como nós; mas seria a geração presente tão bárbara quanto seus pais? O tempo, a razão que faz tantos progressos, os bons livros, a doçura da sociedade não penetraram naqueles que conduzem o espírito desses povos? E não percebemos nós que quase toda a Europa mudou de rosto, de cerca de cinquenta anos para cá?

O governo se fortificou por toda parte, enquanto os costumes se tornaram mais brandos. Além disso, a polícia geral, sustentada nos numerosos exércitos sempre existentes, não permite que se receie o retorno daqueles tempos anárquicos em que camponeses calvinistas combatiam camponeses católicos arregimentados às pressas entre as semeaduras e as colheitas.

Outros tempos, outras preocupações. Seria absurdo dizimar a Sorbonne hoje por ter ela outrora apresentado petição para que a Virgem de Orléans fosse queimada; por ter declarado Henrique III destituído do direito de reinar e tê-lo excomungado, por ter proscrito o grande Henrique IV.[36] Não investigaremos, sem dúvida, as outras instituições do reino que cometeram os mesmos excessos naqueles tempos de frenesi; isso não seria apenas injusto, mas haveria aí tanta loucura quanto em purgar os moradores de Marselha por terem tido a peste em 1720.

Iremos saquear Roma, como fizeram as tropas de Carlos V, porque Sisto V concedeu em 1585 nove anos de indulgência a todos os franceses que pegassem em armas contra seu soberano?[37] Já não é bastante impedir Roma de praticar excessos semelhantes?

O furor inspirado pelo espírito dogmático e pelo abuso da religião cristã mal-entendida espalhou tanto sangue, produziu tantos desastres na Alemanha, na Inglaterra e mesmo na Holanda, quanto na França; hoje, no entanto, a diferença das religiões não causa distúrbio algum naqueles estados; o judeu, o católico, o grego, o luterano, o calvinista, o anabatista, o sociniano, o menonita, o morávio e tantos outros vivem como irmãos naquelas terras, contribuindo igualmente para o bem da sociedade.

Já não se teme na Holanda que as disputas de um Gomar sobre a predestinação levem à decapitação do grande pensionário.[38] Já não se teme em Londres que as querelas entre presbiterianos e episcopais por uma liturgia e por uma sobrepeliz derramem o sangue do rei sobre um patíbulo.[39] A Irlanda povoada e enriquecida já não verá seus cidadãos católicos sacrificarem a Deus durante dois meses os seus cidadãos protestantes, enterrá-los vivos, nem suspender as mulheres deles ao cadafalso, com as filhas presas ao pescoço, para que expirem juntas; nem abrir o ventre das mulheres grávidas, tirar dele as crianças ainda não inteiramente formadas e dá-las como comida aos porcos e cães; nem colocar um punhal na mão de seus prisioneiros garroteados e conduzir seus braços contra o seio de suas mulheres, de seus pais, de suas mães, de suas filhas, imaginando que cometam homicídio entre eles e condenando todos pelo extermínio de todos. É o que relata Rapin-Thoiras, oficial na Irlanda, quase contemporâneo desses acontecimentos;[40] é o que relatam todos os anais, todas as histórias da Inglaterra, e é o que, sem dúvida, jamais será imitado. A filosofia, só a filosofia, essa irmã da religião, desarmou as mãos que a superstição havia ensanguentado por tanto tempo; e o espírito humano, ao despertar de sua embriaguez, ficou espantado com os excessos que o fanatismo o havia levado a cometer.

Nós mesmos temos na França uma província opulenta na qual o luteranismo suplanta o catolicismo. A universidade da Alsácia está nas mãos dos luteranos; eles ocupam parte dos cargos municipais: a menor querela religiosa jamais perturbou o repouso daquela província desde que pertence a nossos reis.[41] Por quê? É que ali jamais se perseguiu alguém. Não tenteis incomodar os corações, e eles estarão do vosso lado.

Não digo que todos os que não são da religião do príncipe devam partilhar dos postos e honras daqueles que seguem a religião dominante. Na Inglaterra, os católicos, que são vistos como ligados ao partido do pretendente ao trono,[42] não podem ocupar cargos públicos;[43] eles pagam, inclusive, taxas em dobro; mas gozam, por outro lado, de todos os direitos dos cidadãos.

Alguns bispos franceses são suspeitos de pensar que não é motivo de honra nem de interesse para eles ter calvinistas em suas dioceses, e esse seria o maior obstáculo à tolerância; não posso crê-lo. O corpo episcopal, na França, é composto de pessoas de qualidade, que pensam e agem com uma nobreza digna de seu nascimento; é fazer-lhes justiça dizer que são caritativos e generosos; eles devem pensar que certamente os seus diocesanos fugitivos não serão convertidos em países estrangeiros, e que, retornando para junto de seus pastores, eles poderiam ser esclarecidos pelas suas instruções e tocados pelos seus exemplos; seria uma honra convertê-los, a parte temporal nada perderia, e se mais cidadãos houvesse, mais as terras dos prelados produziriam.

Um bispo da Vármia, na Polônia,[44] tinha um anabatista por arrendatário e um sociniano por coletor; propuseram-lhe expulsar e perseguir o primeiro, porque não acreditava na consubstancialidade, e o segundo, porque só batizou seu filho quando este completou quinze anos; o bispo respondeu que eles seriam condenados às penas eternas no outro mundo, mas que neste lhe eram indispensáveis.

Saiamos de nossa pequena esfera e examinemos o restante do nosso globo. O sultão governa em paz vinte povos de diferentes regiões; 200 mil gregos vivem em segurança em Constantinopla; o próprio mufti nomeia e apresenta o patriarca grego ao imperador; eles também admitem um patriarca que celebre em latim. O sultão nomeia bispos do rito latino para algumas ilhas da Grécia,[45] e a fórmula de que se serve para isso é: "Eu o designo como bispo da ilha de Quio, conforme seu antigo costume e suas cerimônias vãs". Esse império está repleto de jacobitas, de nestorianos, de monotelitas; há coptas, cristãos da igreja de são João, judeus, guebros, banianos. Os anais turcos não fazem menção a nenhuma revolta incitada por alguma dessas religiões.

Ide à Índia, à Pérsia, à Tartária, e vereis a mesma tolerância e a mesma tranquilidade. Pedro, o Grande, favoreceu todos os cultos em seu vasto império; ganharam o comércio e a agricultura, e o corpo político jamais padeceu por isso.

Conhecido há mais de 4 mil anos, o governo da China jamais adotou outro culto que o dos seguidores de Noé, a adoração simples de um só Deus: entretanto, ele tolera as superstições de Fô[46] e uma multidão de bonzos, que seria perigosa se não tivesse sido contida sempre pela sabedoria dos tribunais.

É verdade que os jesuítas foram expulsos pelo grande imperador Kangxi, o mais sábio e talvez o mais magnânimo que a China já teve; mas não porque fosse intolerante, e sim porque os jesuítas o eram. Eles mesmos reportam, nas suas *Cartas curiosas*,[47] as palavras que lhes foram ditas por esse bom príncipe: "Sei que vossa religião é intolerante; sei o que fizestes nas Filipinas e no Japão; vós enganastes meu pai, não espereis enganar a mim". Que se leia todo o discurso que se dignou a lhes dirigir, e se achará que é o mais sábio e o mais clemente dos homens. Como podia ele, com efeito, manter junto a si físicos europeus que, sob o pretexto de apresentar termômetros e eolípilas à corte, já haviam sublevado um príncipe de sangue? E que teria dito esse imperador, se tivesse lido nossas histórias, se tivesse conhecido os nossos tempos da Liga e da Conspiração da Pólvora?[48]

Era demais para ele ficar sabendo das querelas indecentes dos jesuítas, dos dominicanos, dos capuchinhos, dos padres leigos, enviados do fim do mundo a seus estados: eles vinham pregar a verdade, e se anatematizavam uns aos outros. O imperador nada mais fez, pois, que mandar embora os perturbadores estrangeiros; mas com que bondade o fez! Que cuidados paternais não teve com a viagem deles, a fim de impedir que fossem insultados no caminho de volta! O banimento mesmo deles foi um exemplo de tolerância e humildade.

Os japoneses[49] eram os mais tolerantes de todos esses homens: doze religiões pacíficas estavam estabelecidas em seu império; os jesuítas foram instituir a 13ª,[50] mas logo, não querendo admitir as outras, sabemos em que resultou: uma guerra civil, não menos terrível que a da Liga, devastou o país. Por fim, a religião cristã se afogou em ondas de sangue; os japoneses fecharam seu império ao resto do mundo, e não nos viam senão como bestas ferozes, semelhantes àquelas de que os ingleses purgaram sua ilha. O ministro Colbert,[51] sentindo a necessidade que tínhamos dos japoneses, que não têm nenhuma de nós, tentou em vão estabelecer comércio com seu império: eles permaneceram inflexíveis.

Assim, pois, nosso continente inteiro nos prova que não devemos nem pregar nem praticar a intolerância.

Volvei os olhos para o outro hemisfério; vede a Carolina, que teve o sábio Locke por legislador: bastam ali sete pais de família para instituir um culto público aprovado pela lei; essa liberdade não fez nascer nenhuma desordem. Deus nos preserve de citar esse exemplo para exortar a França a imitá-lo![52] Nós só o reportamos para fazer ver que o maior excesso a que a tolerância pode chegar não foi seguido da mais leve dissensão; mas o que é muito útil e muito bom numa colônia nascente não é conveniente num reino antigo.

Que diremos dos primitivos que foram chamados de *quacres* por derrisão[53] e que, com costumes talvez ridículos, foram tão virtuosos e ensinaram inutilmente a paz ao resto dos homens? Eles são em número de 100 mil na Pensilvânia; a discórdia, a controvérsia, são ignoradas na pátria venturosa que construíram para si, e só o nome de sua cidade Filadélfia,[54] que lhes recorda a todo momento que os homens são irmãos, já é exemplo e vergonha para os povos que ainda não conhecem a tolerância.

Essa tolerância, enfim, jamais provocou guerra civil; a intolerância cobriu a terra de carnificina. Que se julgue agora entre essas duas rivais, entre a mãe que quer que decapitem seu filho, e a mãe que o cede, desde que ele viva![55]

Não falo aqui de outra coisa que do interesse das nações; e respeitando, como devo, a teologia, não tenho em vista neste artigo senão o bem físico e moral da sociedade. Rogo a todo leitor imparcial que pese essas verdades, as retifique e as amplie. Os leitores atentos, que comunicam seus pensamentos, sempre vão mais longe que o autor.[56]

5
Como a tolerância pode ser aceita

Ouso supor que um ministro esclarecido e magnânimo, um prelado humano e sábio, um príncipe que sabe que seu interesse está no grande número de seus súditos e sua glória na felicidade deles, condescende em lançar os olhos a este escrito informe e defeituoso; ele o complementa com suas próprias luzes; ele diz a si mesmo: que perderia eu vendo a terra cultivada e ornada por mais mãos laboriosas, os tributos aumentados, o estado mais florescente?

A Alemanha seria um deserto coberto das ossadas dos católicos, dos evangélicos, dos reformados, dos anabatistas, degolados uns pelos outros, se a paz de Vestefália não tivesse alcançado enfim a liberdade de consciência.

Temos judeus em Bordeaux, em Metz, na Alsácia; temos luteranos, molinistas, jansenistas: não podemos aceitar e incluir calvinistas aproximadamente nas mesmas condições em que os católicos são tolerados em Londres? Quanto mais seitas, menos cada uma delas é perigosa;[57] a multiplicidade as enfraquece, todas são reprimidas pelas leis justas que proíbem as assembleias tumultuosas, as injúrias, as sedições, e que estão sempre em vigor pela força coercitiva.

Sabemos que muitos chefes de família, tendo levantado grandes fortunas em países estrangeiros, estão prestes a retornar a sua pátria; eles não pedem mais que a proteção da lei natural, a validade de seus casamentos, a certeza do estado civil de seus filhos, o direito à herança paterna, a imunidade de suas pessoas; nada de templos públicos, nada de direito a cargos municipais, a distinções honoríficas: os católicos não os têm, nem em Londres nem em diversos outros países. Não se trata mais de conceder privilégios imensos ou lugares seguros a uma facção,[58] mas de deixar viver um povo pacífico, de abrandar os éditos talvez outrora necessários, e que deixaram de sê-lo. Não cabe a nós indicar ao ministério o que ele pode fazer; basta implorar pelos desafortunados.[59]

Quantos meios de torná-los úteis e impedir que jamais se tornem perigosos! A prudência do ministério e do Conselho, apoiada na força, encontrará facilmente esses meios, que tantas outras nações empregam com êxito.

Ainda há fanáticos no populacho calvinista; mas está provado que os há ainda mais no populacho convulsionário. A escória de insensatos de são Medardo não tem a menor importância para a nação, a dos profetas calvinistas está aniquilada.[60] O melhor meio de diminuir o número de maníacos, se ainda restam alguns deles, é confiar essa doença da mente ao regime da razão, que esclarece os homens lenta, mas infalivelmente. Essa razão é doce, humana, inspira indulgência, sufoca a discórdia, afirma a virtude, torna amável a obediência às leis ainda mais do que a força as mantém. E o ridículo que todas as pessoas honestas associam hoje ao entusiasmo não terá efeito algum? Tornar assim algo ridículo é barreira potente contra as extravagâncias de todos os sectários. Os tempos passados são como se jamais tivessem sido. É preciso partir sempre do ponto em que se está, e daquele a que as nações chegaram.

Houve tempo em que se acreditou na obrigação de promulgar decretos contra os que ensinavam doutrina contrária às categorias de Aristóteles, ao horror ao vazio, às quididades e ao universal na própria coisa. Temos na Europa mais de cem volumes de jurisprudência sobre a bruxaria e sobre a maneira de distinguir os falsos bruxos dos verdadeiros. A excomunhão dos gafanhotos e dos insetos prejudiciais às colheitas foi hábito muito comum e subsiste ainda em diversos rituais.[61] O hábito passou: Aristóteles, os bruxos e os gafanhotos foram deixados em paz. Os exemplos dessas graves demências, outrora tão importantes, são inumeráveis; outras retornam de tempos em tempos; mas quando surtiram seu efeito, quando se está farto delas, elas se aniquilam. Que aconteceria se alguém ousasse hoje ser carpocrático, eutiquiano, monotelita, nestoriano, maniqueísta etc.?[62] Nós riríamos dele, como de um homem vestido à antiga, com gola de pregas e gibão.

Nossa nação começou a entreabrir os olhos quando os jesuítas Le Tellier e Doucin fabricaram a bula *Unigenitus*,[63] que enviaram a Roma: eles acreditavam estar ainda naqueles tempos de ignorância em que os povos adotam sem exame as asserções mais absurdas. Ousaram proscrever esta proposição, que é de uma verdade universal em todos os casos e em todos os tempos: "O temor de uma excomunhão injusta não deve impedir de fazer o seu dever". Era proscrever a razão, as liberdades da Igreja galicana e o fundamento da moral; era dizer aos homens: Deus ordena que não deveis cumprir vosso dever, se temeis alguma injustiça. Jamais se afrontou o senso comum de maneira tão descarada. Os consultores em Roma não lhe deram atenção. A cúria romana foi persuadida de que essa bula era necessária, e de que nossa nação a desejava; ela foi assinada, selada e enviada: sabemos as consequências; certamente, caso tivessem sido previstas, teriam mitigado a bula. As querelas foram vivas; a prudência e a bondade do rei por fim as acalmaram.

O mesmo ocorre numa grande parte de pontos que separam os protestantes de nós; alguns desses pontos não têm consequência alguma; outros são mais graves, mas o furor da disputa a respeito deles está tão amortecido, que hoje os próprios protestantes não pregam a controvérsia em nenhuma de suas igrejas.

Podemos, pois, considerar este tempo de fastio, de saciedade ou, antes, de razão como uma época e um penhor da tranquilidade pública. A controvérsia é uma doença epidêmica que está no fim, e a peste de que estamos curados não pede mais que um regime brando. Em suma, o interesse do Estado é que os filhos expatriados retornem com modéstia à casa dos pais: a humanidade o pede, a razão o aconselha, e a política não pode se amedrontar com isso.

6
*Se a intolerância é de direito natural
e de direito humano*

Direito natural é aquele que a natureza indica a todos os homens. Criastes vosso filho, ele vos deve respeito como a um pai e reconhecimento como a um benfeitor. Tendes direito aos produtos da terra que cultivastes com as próprias mãos. Fizestes uma promessa, ela deve ser mantida.

O direito humano não pode estar fundado em caso algum senão nesse direito de natureza; e o grande princípio, o princípio universal de um e de outro, é, em toda a terra: "Não faças o que não queres que te façam". Ora, não vemos como, seguindo esse princípio, um homem possa dizer a outro: "Crê no que eu creio e naquilo que não podes crer, ou morrerás". É o que se diz em Portugal, na Espanha, em Goa. Em alguns outros países, contentam-se em dizer: "Crê, ou te abominarei; crê, ou te farei todo o mal que puder; monstro, tu não tens a minha religião, logo não tens religião: deves ser um horror a teus vizinhos, à tua cidade, à tua província".

Se fosse de direito humano se conduzir assim, seria, pois, necessário que o japonês detestasse o chinês, que teria o siamês em execração; este perseguiria os que vivem às margens do Ganges, que cairiam sobre os que vivem junto ao rio Indo; um mongol arrancaria o coração do primeiro malabar que encontrasse; o malabar poderia decapitar o persa, que poderia massacrar o turco; e todos juntos se lançariam sobre os cristãos, que durante tanto tempo devoraram uns aos outros.

O direito de intolerância é, pois, absurdo e bárbaro: é o direito dos tigres, e bem horrível, pois os tigres só destroçam para comer, e nós nos exterminamos por causa de parágrafos.

7
Se a intolerância era conhecida dos gregos

Todos os povos de que a história nos deu alguns tênues conhecimentos encararam suas diferentes religiões como laços que uniam a todos: eram uma associação do gênero humano. Havia uma espécie de direito de hospitalidade entre os deuses, como entre os homens. O estrangeiro que chegasse a uma cidade começava a adorar os deuses do lugar. Jamais se deixava de venerar os deuses, mesmo os de seus inimigos. Os troianos dirigiam preces aos deuses que combatiam pelos gregos.[64]

Alexandre foi aos desertos da Líbia consultar o deus Amon, ao qual os gregos deram o nome de *Zeus*, e os latinos, de *Júpiter*, conquanto uns e outros tivessem seu *Júpiter* e seu *Zeus* em seus países. Quando se sitiava uma cidade, faziam-se sacrifícios e preces aos deuses do lugar para torná-los favoráveis. Assim, mesmo no meio da guerra, a religião reunia os homens e abrandava por vezes os seus furores, ainda que ela lhes ordenasse ações inumanas e horríveis.

Posso me enganar, mas, a meu ver, de todos os antigos povos civilizados, nenhum obstruiu a liberdade de pensamento. Todos tinham uma religião; mas me parece que agiam com os homens como agiam com os deuses: todos eles reconheciam um deus supremo, mas associavam a ele uma prodigiosa quantidade de divindades inferiores; tinham um só culto, mas permitiam uma profusão de sistemas particulares.

Os gregos, por exemplo, por mais religiosos que fossem, achavam bom que os epicuristas negassem a Providência e a existência da alma. Não falo das outras seitas, todas as quais feriam as ideias sadias que se deve ter do Ser criador, e todas as quais eram toleradas.

Sócrates, aquele que mais se aproximou do conhecimento do Criador, pagou por isso, dizem, e morreu mártir da Divindade; foi o único que os gregos fizeram morrer por suas opiniões. Se tal foi efetivamente a causa da sua condenação, a intolerância não deve ser celebrada por isso, já que não se puniu senão aquele que rendeu glória a Deus, enquanto todos aqueles que manifestaram as noções mais indignas acerca da Divindade eram tidos com respeito. Os inimigos da tolerância não devem, na minha opinião, tirar vantagem do exemplo odioso dos juízes de Sócrates.

É evidente, além disso, que Sócrates foi vítima de um partido imbuído de fúria contra ele. Ele havia transformado em seus inimigos irreconciliáveis os sofistas, os oradores e os poetas que ensinavam em todas as escolas, e mesmo todos os preceptores encarregados de cuidar das crianças bem-nascidas. Ele mesmo confessa, em seu discurso reportado por Platão, que ia de casa em casa provar a esses preceptores que eles não passavam de ignorantes. Tal conduta não era digna daquele que um oráculo havia declarado o mais sábio dos homens. Incitaram contra ele um sacerdote e um membro do Conselho dos Quinhentos, que o acusaram; confesso que não sei precisamente do quê, não vejo senão vagueza em sua *Apologia*; fazem-no dizer ali que o crime que lhe imputavam seria o de inspirar aos jovens máximas contra a religião e o governo. É disso que se valem todos os dias os caluniadores no mundo; mas num tribunal é preciso ter fatos comprovados, pontos capitais da acusação precisos e circunstanciados; é isso que o processo de Sócrates não fornece de maneira alguma; sabemos somente que ele teve de início 220 votos a seu favor. O tribunal dos Quinhentos tinha, portanto, duzentos e vinte filósofos: é muito; duvido que se encontrassem tantos em outra parte. A maioria foi enfim a favor da cicuta; mas consideremos também que os atenienses, caindo em si mesmos, foram tomados de horror pelos seus acusadores e juízes; que Melito, o principal autor daquela sentença, foi condenado à morte pela injustiça; que os outros foram banidos, e que se ergueu um templo a Sócrates. Jamais a filosofia foi tão bem vingada e tão honrada. O exemplo de Sócrates é, no fundo, o argumento mais terrível que se pode alegar contra a intolerância. Os atenienses tinham um altar dedicado aos deuses estrangeiros, deuses que eles não podiam conhecer. Há prova mais forte não somente da indulgência por todas as nações, mas ainda de respeito pelos seus cultos?

Um homem honesto,[65] que não é inimigo nem da razão, nem da literatura, nem da probidade, nem da pátria, justificando há pouco a noite de São Bartolomeu, cita a guerra dos fócios, denominada *guerra santa*, como se essa guerra tivesse sido acesa pelo culto, pelo dogma, por argumentos de teologia; tratava-se de saber a quem pertencia um campo, o motivo de todas as guerras. Feixes de trigo não são um símbolo de crença; cidade grega alguma jamais combateu por opiniões. No mais, que pretende esse homem modesto e brando? Quer que façamos uma guerra santa?

8
Se os romanos foram tolerantes

Entre os romanos antigos, de Rômulo até os tempos em que os cristãos entraram em disputa com os sacerdotes do império, não se vê um só homem perseguido por suas convicções. Cícero duvidava de tudo, Lucrécio negava tudo, e não lhes fizeram a mais leve censura por isso. A licença ia tão longe que Plínio, o naturalista, começa seu livro negando que haja um Deus, e dizendo que, se houver um, é o sol.[66] Cícero diz, falando dos infernos: "*Non est anus tam excors quae credat*; nem mesmo uma velha imbecil acreditaria neles".[67] Juvenal diz: "*Nec pueri credunt*" (sátira II, verso 152); as crianças não acreditavam em nada disso". No teatro de Roma se cantava:

Post mortem nihil est, ipsaque mors nihil.
Não há nada depois da morte, a morte em si não é
[nada.
(Sêneca, *As troianas*; coro no fim do segundo ato)

Abominemos essas máximas e, mais que tudo, perdoemo-las num povo que não foi esclarecido pelos Evangelhos; elas são falsas, são ímpias; mas concluamos que os romanos eram bastante tolerantes, pois que elas jamais despertaram o menor murmúrio.

O grande princípio do senado e do povo romano era: *"Deorum offensae diis curae*: só os deuses devem se ocupar das ofensas feitas aos deuses". Esse povo-rei não pensava senão em conquistar, em governar e em civilizar o universo. Foram nossos legisladores, tanto quanto nossos vencedores; e César, que nos deu grilhões, leis e jogos, não quis jamais nos forçar a abandonar nossos druidas por ele, por mais que fosse o grande pontífice de uma nação que era nossa soberana.

Os romanos não professavam todos os cultos, não concediam sanção pública, mas davam permissão a todos eles. Eles não tiveram nenhum objeto material de culto sob Numa,[68] nem simulacros, nem estátuas; pouco depois, eles os ergueram aos deuses *majorum gentium*[69] que os gregos os fizeram conhecer. A Lei das Doze Tábuas, *Deos peregrinos ne colunto*,[70] limitou-se a conceder culto público somente às divindades aprovadas pelo senado. Ísis teve um templo em Roma até o momento em que Tibério o demoliu, quando os sacerdotes desse templo, corrompidos pelo dinheiro de Mundus, deixaram que ele se deitasse ali, sob o nome do deus Anúbis, com uma mulher chamada Paulina. É verdade que Josefo é o único a reportar essa história;[71] mas ele não viveu naquele tempo, era crédulo e exagerado. É pouco verossímil que, numa época tão esclarecida como a de Tibério, uma dama de alta condição fosse tão imbecil para acreditar que teria os favores do deus Anúbis.

Mas pouco importa se a anedota é verdadeira ou falsa: permanece certo que a superstição egípcia havia erguido um templo em Roma, com o consentimento público. Os judeus faziam comércio ali desde os tempos das Guerras Púnicas; eles tinham sinagogas da época de Augusto, e as conservaram quase até hoje, assim como na Roma moderna. Há maior exemplo de que a tolerância era vista pelos romanos como a lei mais sagrada do direito das gentes?

Dizem-nos que, assim que surgiram, os cristãos foram perseguidos por esses mesmos romanos que não perseguiam ninguém. Parece-me evidente que esse fato é bem falso; não preciso de outra prova senão o próprio são Paulo. Os Atos dos Apóstolos nos ensinam[72] que são Paulo, tendo sido acusado pelos judeus de querer destruir a lei mosaica por Jesus Cristo, são Tiago lhe propôs que raspasse a cabeça e fosse purificar-se no templo com quatro judeus "a fim de que todo mundo saiba que tudo o que dizem sobre vós é falso, e que continuais a observar a lei de Moisés".[73]

O cristão Paulo foi, pois, tomar parte de todas as cerimônias judaicas durante sete dias; mas os sete dias ainda não tinham expirado, quando os judeus da Ásia o reconheceram; e, vendo que havia entrado no templo não somente com judeus, mas com gentios, eles denunciaram a profanação: agarraram-no e levaram-no perante o governador Félix, e depois se dirigiram ao tribunal de Festo. Os judeus em peso pediram a sua morte; Festo lhes respondeu: "Não é costume dos romanos condenar um homem antes que o acusado tenha diante de si os seus acusadores e lhe seja concedida a liberdade de se defender".

Essas palavras são tanto mais dignas de nota nesse magistrado romano, porquanto ele não parece ter tido consideração alguma por são Paulo, nem ter sentido senão desprezo por ele; enganado pelas falsas luzes de sua razão, ele o tomou por um louco; disse a si próprio que seu estado era de demência: *Multae te litterae ad insaniam convertunt.*[74] Festo, portanto, não teve ouvidos senão para a equidade da lei romana ao dar proteção a um desconhecido a quem não podia estimar.

É o próprio Espírito Santo que declara que os romanos não eram perseguidores, mas justos. Não foram os romanos que se sublevaram contra são Paulo, foram os judeus. São Tiago, irmão de Jesus, foi apedrejado por ordem de um judeu saduceu, e não de um romano. Só os judeus apedrejaram santo Estêvão;[75] e quando são Paulo guardou as capas dos executores, ele, por certo, não agiu como cidadão romano.[76]

Os primeiros cristãos, sem dúvida, não tinham nada por que se desavir com os romanos; eles só tinham inimigos entre os judeus, dos quais começavam a se separar. Sabe-se que ódio implacável todos os sectários têm por aqueles que abandonam sua seita. Houve indubitavelmente tumulto nas sinagogas de Roma. Suetônio diz, na Vida de Cláudio (capítulo 25): *Judaeos, impulsore Christo assidue tumultuantes, Roma expulit.*[77] Ele se enganava ao dizer que era por instigação de Cristo: ele não podia estar instruído sobre os detalhes de um povo tão desprezado em Roma quanto era o povo judeu; mas não se enganava quanto à ocasião daquelas querelas. Suetônio escreve sob Adriano, no século II; nessa época, os cristãos ainda não se distinguiam dos judeus aos olhos dos romanos. A passagem de Suetônio faz ver que os romanos, longe de oprimir os primeiros cristãos, reprimiam então os judeus que os perseguiam. Os romanos queriam que a sinagoga de Roma tivesse com seus irmãos separados a mesma indulgência que o senado tinha com ela, e os judeus banidos retornaram logo depois; eles chegaram a obter honrarias, conquanto as leis os excluíssem delas; é o que Dião Cassio[78] e Ulpiano[79] nos ensinam. Seria possível que após a ruína de Jerusalém os imperadores tenham prodigalizado dignidades aos judeus, e perseguido, entregado aos algozes e às feras os cristãos, que eram vistos como uma seita de judeus?

Nero, diz-se, os perseguiu. Tácito nos ensina que foram acusados do incêndio de Roma, e abandonados à fúria do povo. O que estava em jogo, em tal acusação, era a crença deles? Não, sem dúvida. Diremos nós que os chineses degolados pelos holandeses há alguns anos nos arrabaldes da Batávia foram imolados à religião? Por maior que seja a vontade de se enganar, é impossível atribuir à intolerância o desastre que aconteceu, no governo de Nero, a alguns infelizes semijudeus e semicristãos.[80]

9
Mártires

Na sequência houve mártires cristãos. É bem difícil saber precisamente por quais razões esses mártires foram condenados; mas ouso crer que nenhum deles o foi, sob os primeiros Césares, somente por sua religião; todas as religiões eram toleradas; como teriam podido procurar e perseguir homens obscuros, que tinham um culto particular no tempo em que todos os outros eram permitidos?

Os Titos, os Trajanos, os Antoninos, os Décios não eram bárbaros: pode-se imaginar que teriam privado somente os cristãos de uma liberdade de que toda a terra gozava? Teriam ousado acusá-los unicamente pelos mistérios secretos, enquanto os mistérios de Ísis, de Mitra, os da deusa da Síria, todos eles estranhos ao culto romano, eram permitidos sem contradição? É certo que a perseguição deve ter tido outras causas, e que os ódios particulares, sustentados pela razão de Estado, tenham derramado o sangue dos cristãos.

Quando são Lourenço, por exemplo, recusa entregar ao prefeito de Roma, Cornélio Secularis, o dinheiro dos cristãos que estava sob seus cuidados, é natural que o prefeito e o imperador tenham se irritado: eles não sabiam que são Lourenço havia distribuído aquele dinheiro aos pobres e feito uma obra caridosa e santa; eles o viram como um refratário e o mataram.[81]

Consideremos o martírio de são Polieucto. Condenaram-no apenas por sua religião? Ele vai ao templo onde se rendem ações de graças aos deuses pela vitória do imperador Décio; ali, insulta os sacrificantes, derruba e quebra os altares e as estátuas; em que país do mundo se perdoaria semelhante atentado? O cristão que rasgou publicamente o édito do imperador Diocleciano e provocou a grande perseguição de seus irmãos nos dois últimos anos do reinado desse príncipe não tinha um zelo em conformidade com a ciência, e foi bem infeliz por ter sido a causa do desastre de seu partido.[82] Esse zelo inconsiderado, que explodiu com frequência e foi condenado por vários Pais da Igreja, foi provavelmente a fonte de todas as perseguições.

Não comparo, sem dúvida, os primeiros sacramentários[83] aos primeiros cristãos; não ponho o erro ao lado da verdade; mas Farel,[84] predecessor de João Calvino, fez em Arles a mesma coisa que são Polieucto fizera na Armênia. Uma procissão carregava pelas ruas a estátua de santo Antão, o Eremita. Seguido de alguns dos seus, Farel ataca os monges que carregavam santo Antão, bate neles, os dispersa e joga o santo no rio. Ele merecia a morte, que não recebeu porque teve tempo de fugir. Se tivesse se contentado em gritar àqueles monges que não acreditava que um corvo tinha levado metade de um pão a santo Antão, o Eremita, nem que santo Antão tivesse tido conversas com centauros e sátiros, ele teria merecido uma forte reprimenda, porque perturbava a ordem; mas se à noite, depois da procissão, ele tivesse examinado calmamente a história do corvo, dos centauros e dos sátiros, não teriam tido nada que lhe reprovar.

O quê! Teriam os romanos admitido que o infame Antínoo fosse colocado entre os deuses secundários[85] e dilacerado, jogado às feras, todos aqueles cuja única reprovação era a de terem adorado pacificamente um justo! O quê! Teriam eles reconhecido um Deus supremo,[86] um Deus soberano, senhor de todos os deuses secundários, atestado por esta fórmula: *Deus optimus maximus*, e perseguido aqueles que adoravam um Deus único!

Não é crível que tenha havido jamais inquisição contra os cristãos sob os imperadores, quer dizer, que se tenha ido buscá-los em suas casas para interrogá-los a respeito de sua crença. Sobre esse assunto, não se importunava nem o judeu, nem o sírio, nem o egípcio, nem os bardos, nem os druidas, nem os filósofos. Os mártires foram, portanto, aqueles que se ergueram contra os falsos deuses. Era algo bem sábio, bem piedoso, não acreditar neles; mas enfim se, não contentes com a adoração de um Deus em espírito e em verdade, eles explodiam violentamente contra o culto instituído, por absurdo que ele possa ter sido, somos forçados a reconhecer que eles mesmos eram intolerantes.

Tertuliano, no seu *Apologético*, confessa[87] que os cristãos eram vistos como facciosos; a acusação era injusta, mas ela prova que não era só a religião que espicaçava o zelo dos magistrados. Admite ele[88] que os cristãos se recusavam a enfeitar suas portas com ramos de louro nos festejos públicos pelas vitórias dos imperadores: essa afetação condenável podia ser facilmente tomada por crime de lesa-majestade.

A primeira severidade jurídica exercida contra os cristãos foi a de Domiciano; mas ela se limitou a um exílio que não durou um ano: "*Facile coeptum repressit, restitutis etiam quos relegaverat*", diz Tertuliano (cap. 5).[89] Lactâncio, cujo estilo é bastante inflamado, reconhece que, de Dominiciano a Décio, a Igreja não foi incomodada e floresceu.[90] Essa longa paz, diz ele, foi interrompida quando aquele execrável animal chamado Décio oprimiu a Igreja: "*Existitit enim post annos plurimos exsecrabile animal Decius, qui vexaret Ecclesiam*" (*Apologético*, cap. 4).

Não queremos discutir de modo algum aqui a opinião do erudito Dodwell[91] acerca do pequeno número de mártires; mas se os romanos haviam perseguido tanto a religião cristã, se o senado fizera morrer tantos inocentes por suplícios inusitados, se haviam mergulhado cristãos em óleo fervente, se haviam exposto moças totalmente nuas às feras no circo, como teriam deixado em paz todos os primeiros bispos de Roma? O único dentre esses bispos que são Irineu inclui como mártir é Telésforo, no ano de 139 da era vulgar, e não se tem prova de que esse Telésforo tenha sido morto.[92] Zeferino governou o rebanho de Roma por dezoito anos e morreu pacificamente no ano de 219. É verdade que todos os primeiros papas constam dos antigos martirológios; mas a palavra mártir não era então entendida senão em sua verdadeira significação: mártir queria dizer *testemunho*, e não *suplício*.

É difícil harmonizar esse furor persecutório com a liberdade que os cristãos tiveram de realizar os 56 concílios nos três primeiros séculos, conforme estimam os escritores eclesiásticos.

Houve perseguições; mas se elas tivessem sido tão violentas como se diz, é provável que Tertuliano, que escreve com tanta força contra o culto instituído, não teria morrido em seu leito. Sabe-se que os imperadores não leram o seu *Apologético*; que um escrito obscuro, redigido na África, não chega àqueles que são encarregados do governo do mundo; mas ele devia ser conhecido daqueles que eram próximos do procônsul da África; ele devia instigar muito ódio ao autor; no entanto, não sofreu martírio algum.

Orígenes ensinou publicamente em Alexandria, e não o executaram. Esse mesmo Orígenes, que falava com tanta liberdade aos pagãos e aos cristãos, que anunciava Jesus a uns, que negava um Deus em três pessoas a outros, confessa expressamente, em seu terceiro livro contra Celso, "que houve poucos mártires e mesmo de longe em longe. No entanto", diz ele, "os cristãos não negligenciam nada para que sua religião seja abraçada por todo mundo; eles correm as cidades, os burgos, os povoados".[93]

É certo que essas incursões contínuas podiam ser facilmente acusadas de sedição pelos sacerdotes inimigos; e, no entanto, tais missões eram toleradas, a despeito do povo egípcio, sempre turbulento, sedicioso e covarde: povo que havia destroçado um romano por ter matado um gato, povo desprezível em todas as épocas, digam dele o que quiserem os admiradores de pirâmides.[94]

Quem podia provocar maior sublevação dos sacerdotes e do governo contra si mesmo que são Gregório Taumaturgo, discípulo de Orígenes? Gregório havia visto durante a noite um ancião enviado por Deus, acompanhado de uma mulher resplandecente de luz: essa mulher era a Virgem Santa, e o ancião, são João Evangelista. São João lhe ditou um símbolo,[95] que são Gregório foi predicar. Indo para Neocesareia,[96] ele passou perto de um templo onde se consultavam os oráculos, e onde a chuva o obrigou a passar a noite; ali ele fez vários sinais da cruz. No dia seguinte, o grande sacrificante do templo se espantou de ver que os demônios, que anteriormente lhe davam respostas, não queriam mais lhe dizer os oráculos; ele os invocou: os demônios lhe disseram que não viriam mais; informaram-lhe que não mais podiam habitar aquele templo em que Gregório tinha passado a noite e em que havia se persignado.

O sacrificante deteve Gregório, que lhe respondeu: "Posso afugentar os demônios de onde eu quiser, e fazê-los entrar onde bem me aprouver". "Fazei-os, pois, voltar ao meu templo", disse o sacrificante. Gregório então rasgou um pequeno pedaço de papel do volume que tinha na mão e nele traçou as palavras: "De Gregório para Satã: eu te ordeno que volte a este templo". Colocaram o bilhete no altar: os demônios obedeceram e naquele dia fizeram seus oráculos como de costume; depois disso, cessaram de fazê-lo, como se sabe.

É são Gregório de Nissa quem reporta esses fatos da vida de são Gregório Taumaturgo. Imbuídos, sem dúvida, de animosidade contra Gregório, os sacerdotes dos ídolos podiam, em sua cegueira, denunciá-lo ao magistrado; no entanto, o maior inimigo deles não sofreu nenhuma perseguição.

Na história de são Cipriano se afirma ter sido ele o primeiro bispo de Cartago condenado à morte. O martírio de são Cipriano data do ano de 258 de nossa era; durante muito tempo, portanto, nenhum bispo de Cartago foi imolado por causa de sua religião. A história não nos diz quais calúnias foram levantadas contra ele, quais eram seus inimigos, por que o procônsul da África se irritou com ele. São Cipriano escreve a Cornélio, bispo de Roma: "Pouco depois, ocorreu uma agitação popular em Cartago, e por duas vezes gritaram que era preciso me jogar aos leões". É bem provável que a exasperação do povo feroz de Cartago tenha sido afinal a causa da morte de Cipriano, e é bem certo que não foi o imperador Galo que o condenou de tão longe por sua religião, já que Cornélio, que vivia sob seus olhos, não era incomodado por ele.

Tantas causas secretas se misturam com frequência à causa aparente, tantos motivos desconhecidos servem à perseguição de um homem, que é impossível descobrir nos séculos posteriores a fonte oculta das desventuras dos homens mais consideráveis, e com maior razão ainda a do suplício de um indivíduo que só podia ser conhecido por alguns de seu partido.

Observai que são Gregório Taumaturgo e são Dionísio, bispo de Alexandria, que não foram supliciados, viveram no tempo de são Cipriano. Por que eles, sendo ao menos tão conhecidos quanto o bispo de Cartago, permaneceram em paz? E por que são Cipriano foi entregue ao suplício? Não é minimamente plausível que um tenha sucumbido a inimigos pessoais e poderosos, à calúnia, ao pretexto da razão de Estado, que tão frequentemente se junta à religião, e que os outros tiveram a felicidade de escapar da malevolência dos homens?

Não é absolutamente possível que santo Inácio tenha morrido sob o clemente e justo Trajano unicamente pela acusação de cristianismo, pois que se permitiu aos cristãos acompanhá-lo e consolá-lo quando o conduziam a Roma.[97] Houvera com frequência sedições em Antioquia,[98] cidade sempre turbulenta, onde Inácio foi bispo secreto dos cristãos: essas sedições, malignamente imputadas aos cristãos inocentes, talvez tenham despertado a atenção do governo, que foi enganado, como ocorre com demasiada frequência.

São Simeão, por exemplo, foi acusado perante Sapor[99] de ser espião dos romanos. A história de seu martírio relata que o rei Sapor lhe propôs que adorasse o sol; mas se sabe que os persas não rendiam culto ao sol: eles o viam como um emblema do bom príncipe, Ormasde, ou Ormuz, o Deus criador que eles reconheciam.

Por tolerantes que possamos ser, não podemos nos impedir de sentir alguma indignação contra os declamadores que acusam Diocleciano de ter perseguido os cristãos desde sua ascensão ao trono; reportemo-nos a Eusébio de Cesareia: seu testemunho não pode ser recusado; deve-se acreditar no favorito, no panegirista de Constantino, no inimigo violento dos imperadores precedentes, quando os justifica. Eis suas palavras:[100] "Os imperadores deram durante muito tempo grandes sinais de benevolência para com os cristãos; concederam-lhes províncias; muitos cristãos moraram no palácio; eles até desposaram cristãs. Diocleciano tomou Prisca por esposa, cuja filha foi mulher de Galério Maximiano etc.".

Que se aprenda, pois, desse testemunho decisivo a não caluniar; que se julgue se a perseguição estimulada por Galério, após dezenove anos de um reinado de clemência e favores, não deve ter sua fonte em alguma intriga que desconhecemos.

Que se veja o quanto é absurda a fábula da legião tebaica ou tebana, inteiramente massacrada, dizem, por causa da religião. É ridículo afirmar que tenham feito essa legião vir da Ásia pela passagem do Grande São Bernardo;[101] é impossível que a tenham chamado da Ásia para acalmar uma sedição na Gália, um ano depois de essa sedição ter sido reprimida; é não menos impossível que 6 mil homens de infantaria e setecentos cavaleiros tenham sido decapitados numa passagem onde duzentos homens poderiam deter um exército inteiro. O relato dessa pretensa carnificina começa por uma impostura evidente: "Quando a terra gemia sob a tirania de Diocleciano, o céu se povoava de mártires". Ora, essa aventura, como a denominaram, ocorreu supostamente em 286, época em que

Diocleciano mais favoreceu os cristãos, e em que o Império Romano foi mais feliz. Em suma, o que deveria nos poupar de todas essas discussões é que jamais houve legião tebana: os romanos eram por demais confiantes e por demais sensatos para constituir uma legião de egípcios que não serviam a Roma senão como escravos, *Verna Canopi*;[102] é como se tivessem tido uma legião judaica. Temos os nomes das 32 legiões que formavam as principais forças do Império Romano; a legião tebana seguramente não se encontra entre elas. Coloquemos, pois, esse conto junto aos versos acrósticos das sibilas que prediziam os milagres de Jesus Cristo, e a tantas pretensas peças que um falso zelo prodigou para abusar da credulidade.

10
Do perigo das falsas lendas e da perseguição

A mentira se impôs por muito tempo aos homens; é hora de conhecer as poucas verdades que podemos descortinar através das nuvens de fábulas que cobrem a história romana desde Tácito e Suetônio, e que quase sempre envolveram os anais das outras nações antigas.

Como se pode acreditar, por exemplo, que os romanos, povo grave e severo de que recebemos nossas leis, tenham condenado as virgens cristãs, moças de qualidade, à prostituição? Isso é certamente conhecer mal a dignidade austera dos nossos legisladores, que puniam muito severamente as fraquezas das vestais. Os *Atos sinceros* de Ruinart relatam essas torpezas; mas devemos acreditar nos *Atos* de Ruinart como nos Atos dos Apóstolos?[103] Esses *Atos sinceros* dizem, com base em Bolando, que havia na cidade de Ancira[104] sete virgens cristãs, de aproximadamente setenta anos cada uma, que o governador Teodeto condenou a passarem pelas mãos dos jovens da cidade; no entanto, como aquelas virgens haviam sido justamente poupadas, ele as obrigou a servirem nuas nos mistérios de Diana, aos quais, no entanto, nunca se assistia senão com um véu. São Teódoto, que, na verdade, era taberneiro, mas não menos zeloso, pediu ardentemente a Deus que fizesse morrer aquelas mulheres santas, de medo de que sucumbissem à tentação. Deus o atendeu; o governador mandou que as jogassem num lago com uma pedra no pescoço: elas apareceram imediatamente a Teódoto, rogando-lhe que não deixasse que seus corpos fossem comidos pelos peixes; tais foram as próprias palavras delas.

O santo taberneiro e seus companheiros foram durante a noite até a borda do lago vigiado por soldados; um archote celeste ia sempre à frente deles, e quanto chegaram ao lugar em que estavam os guardas, um cavaleiro celeste, armado como se deve, perseguiu esses guardas com a lança na mão. São Teódoto retirou do lago os corpos das virgens: ele foi levado perante o governador; e o cavaleiro celeste não impediu que lhe cortassem a cabeça. Não cessemos de repetir que veneramos os verdadeiros mártires, mas é difícil crer nessa história de Bolando e Ruinart.

Será preciso relatar aqui o conto do jovem são Romão? Ele foi jogado na fogueira, diz Eusébio, e os judeus que estavam presentes insultaram Jesus Cristo, que deixava seus confessores[105] serem queimados, enquanto Deus havia tirado Sidrac, Misac e Abdênago da fornalha ardente.[106] Os judeus mal acabaram de falar, e são Romão saiu triunfante da fogueira: o imperador ordenou que fosse perdoado e disse ao juiz que não queria se desavir com Deus; estranhas palavras de Diocleciano! Não obstante a indulgência do imperador, o juiz mandou cortar a língua de são Romão, e, embora tivesse carrascos, ordenou que a operação fosse feita por um médico. O jovem Romão, gago de nascença, começou a falar com loquacidade depois que teve a língua cortada. O médico recebeu uma reprimenda e, para mostrar que a operação havia sido feita em conformidade com as regras da arte, pegou um qualquer que passava e lhe cortou exatamente o mesmo tanto da língua que tinha cortado de são Romão, do que o passante morreu imediatamente; "pois", acrescenta doutamente o autor, "a anatomia nos ensina que um homem sem língua não poderia viver". Na verdade, se Eusébio escreveu semelhantes tolices, se estas não foram acrescentadas a seus escritos, que confiança podemos ter em sua *História*?[107]

O martírio de Santa Felicidade e seus sete filhos, enviados, dizem, à morte pelo sábio e velho Antonino, nos é apresentado sem nomear o autor do relato.

É muito verossímil que algum autor mais zeloso que verdadeiro tenha querido imitar a história dos macabeus.[108] Eis como começa o relato: "Santa Felicidade era romana, vivia sob o reinado de Antonino"; é claro, por essas palavras, que o autor não era contemporâneo de Santa Felicidade. Ele diz que o pretor os julgou em seu tribunal no campo de Marte; mas o tribunal do prefeito de Roma se localizava no Capitólio, e não no campo de Marte, o qual, depois de ter servido para a realização dos comícios, servia agora à passagem em revista dos soldados, às corridas e aos jogos militares: isso basta para demonstrar a suposição.

Afirma-se ainda que, após o julgamento, o imperador encarregou diferentes juízes de executar a sentença: o que é inteiramente contrário a todas as formalidades daqueles tempos e às de todos os tempos.

Existe igualmente um santo Hipólito, que se supõe ter sido arrastado por cavalos, como Hipólito, filho de Teseu. Os romanos antigos jamais conheceram esse suplício, e somente a semelhança do nome levou à invenção dessa fábula.

Observai ainda que nos relatos sobre os mártires compostos unicamente dos próprios cristãos quase sempre se vê uma multidão de cristãos indo livremente até a prisão do condenado, seguindo-o no suplício, recolhendo seu sangue, sepultando seu corpo, fazendo milagres com as relíquias. Se o que se perseguia era unicamente a religião, não se deveria ter imolado esses cristãos que assistiam seus irmãos condenados, e que eram acusados de operar encantamentos com os restos dos corpos martirizados? O tratamento que lhes deveria ter sido dado não seria o mesmo que demos aos valdenses, aos albigenses, aos hussitas, às diferentes seitas protestantes? Nós os degolamos, os queimamos em massa, sem distinção de idade nem de sexo. Existe, nos relatos comprovados das perseguições antigas, um único traço que as aproxima da noite de São Bartolomeu e dos massacres da Irlanda? Há neles um só traço que se assemelhe à festa anual ainda celebrada em Toulouse, festa cruel, festa que deveria ser abolida para todo o sempre, na qual um povo inteiro agradece a Deus em procissão e se felicita de ter degolado, há duzentos anos, 4 mil de seus concidadãos?

Eu o digo com horror, mas com verdade: somos nós, cristãos, somos nós que fomos os perseguidores, algozes, assassinos! E de quem? De nossos irmãos. Somos nós que destruímos cem cidades, crucifixo ou Bíblia na mão, e que não cessamos de derramar sangue e de acender fogueiras, do reinado de Constantino até os furores dos canibais que habitavam as Cevenas:[109] furores que, graças ao céu, hoje não existem mais.

Ainda mandamos por vezes à forca gente pobre do Poitou, do Vivarais, de Valence, de Montauban. Enforcamos, desde 1745, oito personagens daqueles que são chamados de *predicantes* ou *ministros do Evangelho*, que não tinham outro crime senão o de ter pedido a Deus pelo rei em patoá, e de ter dado uma gota de vinho e um pedaço de pão fermentado a alguns camponeses imbecis. Não se sabe nada disso em Paris, onde os prazeres são a única coisa que importa, onde se ignora tudo o que se passa na província e no estrangeiro. Esses processos se fazem em uma hora, mais rápido do que quando se julga um desertor. Estivesse informado deles, o rei lhes teria concedido a sua graça.

Os padres católicos não são tratados assim em nenhum país protestante. Há mais de cem padres católicos na Inglaterra e na Irlanda; eles são conhecidos, e puderam viver bem pacificamente na última guerra.[110]

Seremos sempre os últimos a abraçar as opiniões sãs das outras nações? Elas se corrigiram: quando nos corrigiremos? Foram necessários sessenta anos para que adotássemos aquilo que Newton havia demonstrado;[111] mal começamos a ousar salvar a vida de nossas crianças pela inoculação;[112] faz muito pouco que praticamos os verdadeiros princípios da agricultura; quando começaremos a praticar os verdadeiros princípios da humanidade? E com que cara podemos acusar os pagãos de terem feito mártires, quando somos culpados da mesma crueldade nas mesmas circunstâncias?

Concedamos que os romanos tenham matado uma multidão de cristãos unicamente pela religião; nesse caso, os romanos foram bastante condenáveis. Desejaríamos cometer a mesma injustiça? E se nós os acusamos de perseguição, desejaríamos ser os perseguidores?

Se alguém tão desprovido de boa-fé ou tão fanático me dissesse aqui: por que vindes expor nossos erros e nossas faltas? Por que destruir nossos falsos milagres e nossas falsas lendas? Elas são o alimento da piedade de muitas pessoas; há erros necessários; não arranqueis do corpo uma úlcera inveterada que arrastaria consigo a destruição do corpo. Eis o que eu lhe responderia.

Todos esses falsos milagres com que abalais a fé devida aos milagres verdadeiros, todas essas lendas absurdas que acrescentais às verdades do Evangelho, extinguem a religião nos corações; muitas pessoas que querem se instruir, e que não têm tempo de se instruir o bastante, dizem: "Os mestres de minha religião me enganaram, logo não há religião; é melhor se lançar nos braços da natureza que nos braços do erro; prefiro depender da lei natural que das invenções dos homens". Outros têm a infelicidade de ir ainda mais longe: eles veem que a impostura lhes colocou um freio, e não querem nem mesmo o freio da verdade, assim, eles se inclinam ao ateísmo: tornam-se depravados porque outros foram velhacos e cruéis.

Eis certamente as consequências de todas as fraudes piedosas e de todas as superstições. Geralmente, os homens só raciocinam pela metade; é um argumento bem ruim dizer: Varazze, autor das *Lendas áureas,* e o jesuíta Ribadeneira, compilador da *Flor dos santos*,[113] só disseram tolices; logo, Deus não existe; os católicos degolaram um certo número de huguenotes, e os huguenotes, por seu turno, assassinaram um certo número de católicos, logo, Deus não existe; fizeram uso da confissão, da comunhão e de todos os sacramentos para cometer os crimes mais hediondos; logo, Deus não existe. Eu concluirei o contrário: logo, existe um Deus que, depois dessa vida passageira em que foi tão desconhecido por nós e em que cometemos tantos crimes em seu nome, dignar-se-á a nos consolar por tantas desventuras horríveis: pois, considerando as guerras de religião, os quarenta cismas dos papas, quase todos os quais sangrentos; as imposturas, quase todas as quais funestas; os ódios irreconciliáveis, acesos pelas diferentes opiniões; vendo todos os males produzidos pelo falso zelo, os homens tiveram por muito tempo o seu inferno nesta vida.

11
Abuso da intolerância

Mas o quê! Será permitido a cada cidadão acreditar somente em sua razão e pensar o que essa razão esclarecida ou enganada lhe ditará? Assim deve ser,[114] desde que ele não perturbe a ordem: pois não depende de o homem crer ou não crer, mas depende de ele respeitar os hábitos de sua pátria; e se disserdes que é um crime não acreditar na religião dominante, vós mesmos acusareis, então, os primeiros cristãos vossos pais, e justificareis aqueles que acusais de os ter lançado aos suplícios.

Respondeis que a diferença é grande, que todas as religiões são obras dos homens, e que somente a Igreja católica, apostólica e romana é obra de Deus. Mas, em boa-fé, porque é divina, deve a nossa religião reinar pelo ódio, pelos furores, desterros, sequestro dos bens, prisões, torturas, assassinatos e pelas ações de graças a Deus por esses assassinatos? Mais a religião cristã é divina, menos cabe ao homem ter comando sobre ela; se Deus a fez, Deus a sustentará sem vós. Sabeis que a intolerância só produz hipócritas ou rebeldes: que alternativa funesta! Afinal, quereis sustentar por meio de algozes a religião de um Deus morto por algozes, e que não pregou senão doçura e paciência?

Vede, eu vos peço, as consequências terríveis do direito de intolerância. Se fosse permitido espoliar os bens, jogar nos calabouços, matar um cidadão que não professasse a religião admitida no grau de latitude em que se encontrasse, que exceção isentaria os primeiros homens do Estado das mesmas penas? A religião compele igualmente o monarca e os mendigos: além disso, mais de cinquenta doutores e monges afirmaram esse horror monstruoso, de acordo com o qual era permitido depor e matar os soberanos que não pensassem como a igreja dominante; e os parlamentos do reino não cessaram de proscrever essas decisões abomináveis de teólogos abomináveis.[115]

O sangue de Henrique, o Grande, ainda fumegava quando o parlamento de Paris promulgou um decreto estabelecendo que a independência da Coroa era uma lei fundamental. O cardeal Duperron, que devia seu cardinalato a Henrique, o Grande, se levantou nos Estados Gerais de 1614 contra o decreto do parlamento e fez com que este fosse suprimido.[116] Todos os jornais da época reportam os termos de que Duperron se serviu em seus discursos: "Se um príncipe se tornasse ariano, diz ele, seríamos obrigados a depô-lo".

Seguramente não, senhor cardeal. Adotemos vossa suposição quimérica de que um de nossos reis, tendo lido a história dos concílios e dos Pais da Igreja, impressionado, além disso, por estas palavras: *Meu Pai é maior do que eu*,[117] tomando-as demasiado literalmente e balançando entre o Concílio de Niceia e o de Constantinopla, se declarasse a favor de Eusébio de Nicomédia:[118] eu não obedeceria menos a meu rei, eu não me creria menos comprometido pelo juramento que lhe fiz; e se ousásseis se sublevar contra ele, e se eu fosse um dos vossos juízes, eu vos declararia culpado de cometer um crime de lesa-majestade.

Duperron levou a disputa mais longe, e eu a abrevio. Não é lugar aqui de aprofundar essas quimeras revoltantes; limitar-me-ei a dizer, com todos os cidadãos, que não é porque Henrique IV foi consagrado em Chartres que lhe devíamos obediência, mas porque o direito incontestável de nascimento dava a coroa àquele príncipe, que a mereceu por sua coragem e por sua bondade.

Seja permitido, pois, dizer que todo cidadão deve herdar, pelo mesmo direito, os bens de seu pai, e que não merece ser privado deles e arrastado ao patíbulo porque é da mesma opinião de Ratramo contra Pascásio Radberto, e de Berengário contra Scotus.[119]

Sabemos que todos os nossos dogmas não foram sempre claramente explicados e universalmente aceitos por nossa Igreja. Como Jesus Cristo não nos disse de modo algum como o Espírito Santo procedia, a Igreja latina acreditou por muito tempo, como a grega, que ele procedia do Pai: por fim, ela acrescentou ao símbolo que ele também procedia do Filho. Eu me pergunto se, no dia seguinte a essa decisão, o cidadão que se mantivesse preso ao símbolo da véspera seria digno de morrer. A crueldade, a injustiça de punir hoje aquele que pensa como se pensava outrora seriam menores? Seria condenável, no tempo de Honório I, crer que Jesus tinha duas vontades?[120]

Não faz muito tempo que se estabeleceu a doutrina da Imaculada Conceição:[121] os dominicanos ainda não acreditam nela. Em que momento começarão os dominicanos a merecer penas neste e no outro mundo?

Se devemos aprender com alguém a nos conduzir em nossas disputas intermináveis, é certamente com os apóstolos e evangelistas. Não faltavam motivos para que surgisse um cisma violento entre são Paulo e são Pedro. Paulo diz expressamente na sua Epístola aos Gálatas[122] que resistiu a Pedro porque este era repreensível, porque usava de dissimulação tão bem quanto Barnabé, porque ele comia com os gentios antes da chegada de Tiago e porque, em seguida, se retirou secretamente e se separou dos gentios por medo de ofender os circuncidados. "Vi", acrescenta, "que não caminhavam direito conforme o Evangelho; eu disse a Cefas:[123] se vós, judeus, vivem como os gentios, e não como os judeus, por que obrigais os gentios a judaizar?"

O tema envolvia uma querela violenta. Tratava-se de saber se os novos cristãos judaizariam ou não. São Paulo, naqueles tempos, ia fazer sacrifícios no templo de Jerusalém. Sabemos que os quinze primeiros bispos de Jerusalém foram judeus circuncidados, que observavam o sabá e se abstinham das carnes proibidas. Um bispo espanhol ou português que se fizesse circuncidar e que observasse o sabá seria queimado num *auto de fé*. No entanto, a paz não foi alterada por essa questão fundamental, nem entre os apóstolos nem entre os primeiros cristãos.

Se os evangelistas tivessem sido semelhantes aos escritores modernos, eles teriam um campo bem vasto para se combater uns aos outros. São Mateus conta 28 gerações, de Davi até Jesus;[124] são Lucas, 41,[125] e essas gerações são absolutamente diferentes. Não se vê, no entanto, surgir dissensão alguma entre os discípulos em relação a essas contrariedades aparentes, muito bem conciliadas por vários Pais da Igreja. A caridade não foi de modo algum ferida, a paz foi conservada. Que lição maior pode haver do que nos tolerar em nossas disputas e nos humilhar em tudo aquilo que não entendemos!

São Paulo, em sua *Epístola* a alguns judeus de Roma convertidos ao cristianismo, emprega todo o fim do terceiro capítulo para dizer que só a fé glorifica, e que as obras não justificam ninguém. São Tiago, ao contrário, na sua Epístola às doze tribos dispersas por toda a terra, capítulo 2, não cessa de dizer que não se pode ser salvo sem as obras. Eis algo que separou duas grandes comunhões entre nós,[126] e que de forma alguma dividiu os apóstolos.

Se a perseguição àqueles com quem disputamos fosse uma ação santa, seria preciso confessar que quem matasse o maior número de heréticos seria o maior santo do Paraíso. Que figura faria ali o homem que se contentasse em despojar seus irmãos e lançá-los às masmorras junto a um zeloso que tivesse massacrado centenas deles no dia de São Bartolomeu? Eis a prova.

O sucessor de são Pedro e seu consistório não podem errar; eles aprovaram, celebraram, consagraram a ação da noite de São Bartolomeu: logo, essa ação era bem sagrada; logo, de dois assassinos iguais em piedade, a glória daquele que tivesse estripado 24 mulheres huguenotes grávidas seria duas vezes maior do que a daquele que tivesse estripado doze. Pela mesma razão, os fanáticos das Cevenas deviam crer que a sua glória seria elevada na proporção do número de padres, religiosos e mulheres católicas que tivessem degolado. São títulos estranhos para obter a glória eterna.

12
*Se a intolerância foi de direito divino no judaísmo,
e se ela sempre foi posta em prática*

Denomina-se, creio, *direito divino* os preceitos que são dados pelo próprio. Ele quis que os judeus comessem um cordeiro cozido com alfaces,[127] e que os convivas comessem de pé, cajado na mão,[128] na comemoração do Pessach;[129] ordenou que a consagração do grande sacerdote fosse feita colocando sangue em sua orelha direita, em sua mão direita e em seu pé direito,[130] costumes extraordinários para nós, mas não para a antiguidade; quis que as iniquidades do povo recaíssem sobre o bode *Azazel*;[131] proibiu comer peixes sem escamas, porcos, lebres, ouriços, corujas, grifos, ixiões etc.[132]

Ele instituiu as festas, as cerimônias. Todas essas coisas, que pareciam arbitrárias às outras nações e submetidas ao direito positivo, ao uso, sendo ordenadas pelo próprio Deus, tornavam-se um direito divino para os judeus, assim como tudo aquilo que Jesus Cristo, filho de Maria, filho de Deus, nos ordenou é de direito divino para nós.

Evitemos investigar aqui por que Deus substituiu a lei que dera a Moisés por uma nova, e por que ordenou a Moisés mais coisas que ao patriarca Abraão, e mais a Abraão que a Noé.[133] Parece que ele se digna a se ajustar aos tempos e à população do gênero humano; é uma gradação paternal; mas esses abismos são profundos demais para nossa débil visão. Mantenhamo-nos nos limites de nosso assunto; vejamos primeiro o que era a intolerância entre os judeus.

É verdade que no Êxodo, nos Números, no Levítico e no Deuteronômio há leis muito severas sobre o culto, e castigos mais severos ainda. Muitos comentadores têm dificuldade em conciliar os relatos de Moisés com as passagens de Jeremias e de Amós, e com o célebre discurso de santo Estêvão, reportado nos Atos dos Apóstolos. Amós diz[134] que no deserto os judeus sempre adoraram Moloc, Refã e Caivã. Jeremias diz expressamente[135] que Deus não pediu nenhum sacrifício a seus pais quando eles saíram do Egito. Santo Estêvão, no seu discurso aos judeus, se exprime assim: "Eles adoram o exército do céu;[136] eles não ofereceram nem sacrifícios nem hóstias no deserto durante quarenta anos; eles carregavam o tabernáculo do deus Moloc, e o astro de seu deus Refã".

Outros críticos inferem, do culto de tantos deuses estrangeiros, que esses deuses foram tolerados por Moisés, e citam como provas estas palavras do Deuteronômio:[137] "Quando estiverdes na terra de Canaã, não fareis como fazemos hoje, quando cada um faz o que bem entende".[138]

Eles baseiam sua opinião no fato de que não se faz menção a atos religiosos do povo no deserto: nenhuma celebração de Páscoa, nenhum Pentecostes, nenhuma menção à celebração da festa dos tabernáculos, nem prece pública estabelecida; enfim, não se praticou a circuncisão, o selo da aliança de Deus com Abraão.

Eles se apoiam ainda mais na história de Josué. Esse conquistador diz aos judeus:[139] "A opção vos está dada: escolhei o partido que preferirdes, ou adorar os deuses a que servistes no país dos amorreus, ou aqueles que reconhecestes na Mesopotâmia". O povo responde: "Não será assim; nós serviremos a Adonai". Josué lhes replicou: "Fostes vós mesmos que escolhestes; tirai, pois, os deuses estrangeiros do meio de vós". Sob Moisés, portanto, eles haviam tido incontestavelmente outros deuses além de Adonai.

É bem inútil refutar aqui os críticos que pensam que o Pentateuco não foi escrito por Moisés; tudo foi dito de há muito sobre essa matéria; e mesmo que alguma pequena parte dos livros de Moisés tenha sido escrita no tempo dos juízes ou dos pontífices, eles não seriam menos inspirados nem menos divinos.

Parece-me suficientemente provado pela Escritura Sagrada que os judeus conservaram por muito tempo uma liberdade total, a despeito da punição extraordinária que receberam pelo culto de Ápis; e o massacre de 23 mil homens por parte de Moisés em razão do vitelo erigido por seu irmão talvez o tenha levado a compreender que não se ganhava nada com o rigor, e ele foi obrigado a fechar os olhos para a paixão do povo pelos deuses estrangeiros.

Ele mesmo[140] parece bem cedo transgredir a lei que proferiu. Ele proibiu todo e qualquer simulacro, mas ergueu uma serpente de bronze. A mesma exceção à lei se encontra depois no templo de Salomão: esse príncipe fez esculpir[141] doze bois que sustentam a grande bacia do templo; querubins foram postos no arco; eles têm uma cabeça de águia e uma de cordeiro; e é aparentemente essa cabeça de cordeiro, malfeita, encontrada no templo por soldados romanos, que fez crer por muito tempo que os judeus adorassem um asno.

O culto aos deuses estrangeiros foi proibido em vão; Salomão é pacificamente idólatra. Jeroboão, a quem Deus deu dez partes do reino,[142] faz erguer dois cordeiros em ouro, e reina durante 22 anos, reunindo em si as dignidades do monarca e do pontífice. O pequeno reino de Judá erige sob Roboão[143] altares estrangeiros e estátuas. O santo rei Asa não destrói os lugares elevados.[144] O grande sacerdote Urias erige no templo, no lugar do altar dos holocaustos, um altar do rei da Síria.[145] Não se vê, numa palavra, nenhuma coação sobre a religião. Sei que a maior parte dos reis judeus se exterminaram, assassinaram uns aos outros; mas sempre foi pelos seus interesses, e não pela sua crença.

É verdade[146] que entre os profetas houve quem fizesse o céu se interessar pela sua vingança: Elias fez descer o fogo celeste para consumir os sacerdotes de Baal; Eliseu fez vir ursos[147] para devorar 42 crianças que o tinham chamado de *cabeça calva*; mas estes são milagres raros, e fatos que seria um pouco duro querer imitar.

Objetam-nos ainda que o povo judeu foi muito ignorante e muito bárbaro. Diz-se[148] que na guerra que fez contra os madianitas,[149] Moisés mandou matar todas as crianças másculas e todas as mães, e dividir o butim. Os vencedores encontraram no campo 675 mil ovelhas, 72 mil bois, 61 mil burros, e 32 mil jovens;[150] eles fizeram a partilha e mataram todo o resto. Vários comentadores pretendem até que 32 mil jovens tenham sido imoladas ao Senhor: *"Cesserunt in partem Domini triginta duae animae"*.[151]

Com efeito, os judeus imolavam seres humanos à Divindade, do que são testemunho o sacrifício de Jefté[152] e o do rei Agag,[153] que foi cortado em pedaços pelo sacerdote Samuel. Ezequiel mesmo lhes promete,[154] para encorajá-los, que comerão carne humana: "Comereis, diz ele, o cavalo e o cavaleiro; bebereis o sangue dos príncipes". Vários comentadores referem dois versículos dessa profecia aos próprios judeus, e os outros aos animais carnívoros. Não se encontra, em toda a história desse povo, um traço sequer de generosidade, de magnanimidade, de beneficência; mas da nuvem dessa tão longa e tão terrível barbárie sempre escapam raios de uma tolerância universal.

Jefté, inspirado por Deus, a quem imolou a filha, diz aos amonitas:[155] "Aquilo que o vosso deus Quemós vos deu não vos pertence de direito? Aceitai, pois, que tomemos a terra que nosso Deus nos prometeu". Essa declaração é precisa: ela pode levar bem longe; mas ao menos ela é prova evidente de que Deus tolerava Quemós. Pois a Escritura Sagrada não diz: pensais ter direito sobre as terras que dizeis vos ter sido dadas pelo deus Quemós; ela diz positivamente: "Tendes direito, *tibi jure debentur*"; que é o sentido verdadeiro das palavras hebraicas *Otho thirasch*.

A história de Micas e o levita, relatada nos capítulos 17 e 18 do livro dos Juízes, é ainda uma prova incontestável da maior tolerância e liberdade então admitidas entre os judeus. A mãe de Micas, mulher muito rica de Efraim, havia perdido 11 mil peças de prata: o filho as restituiu; ela devotou aquela prata a Deus, e fez ídolos com elas; construiu uma pequena capela. Um levita prestava o serviço religioso na capela, recebendo dez peças de prata, uma túnica, uma capa por ano e alimentação; e Micas exclamou:[156] "Agora Deus me favorecerá, pois que tenho um sacerdote da raça de Levi em casa".

Entretanto, seiscentos homens da tribo de Dã, que buscavam conquistar um povoado naquela região e ali se estabelecer, mas não tendo consigo um sacerdote levita e precisando de um para que Deus lhes favorecesse a empresa, foram até a casa de Micas e pegaram seu éfode, seus ídolos e também seu levita, apesar das advertências do sacerdote e dos gritos de Micas e de sua mãe. Foram então atacar confiantemente o povoado chamado Lais, colocando tudo ali em fogo e sangue conforme o costume deles. Deram o nome de Dã a Lais para comemorar sua vitória; colocaram o ídolo de Micas sobre um altar; e, o que é mesmo o mais notável, Jonatas, neto de Moisés, foi o grande sacerdote do templo, no qual se adoravam o Deus de Israel e o ídolo de Micas.

Após a morte de Gedeão, os hebreus adoraram Baal-Berith durante quase vinte anos e renunciaram ao culto de Adonai sem que nenhum chefe, nenhum juiz, nenhum sacerdote clamasse por vingança. O crime deles era grande, confesso; mas, se mesmo essa idolatria foi tolerada, quantas diferenças não o devem ter sido no verdadeiro culto!

Alguns dão como prova de intolerância que o Senhor mesmo, tendo permitido que os filisteus se apropriassem de sua arca num combate, só os puniu infligindo-lhes uma doença secreta que se assemelha às hemorroidas, pondo abaixo a estátua de Dagon, e enviando um monte de ratos a seus campos;[157] mas quando os filisteus, para acalmar a sua cólera, devolveram a arca atrelada a duas vacas que alimentavam seus bezerros, e ofereceram a Deus cinco ratos de ouro e cinco ânus de ouro, o Senhor fez perecer setenta anciãos de Israel e 50 mil homens do povo por terem visto a arca.[158] A isso se responde que o castigo do Senhor não recai sobre uma crença, sobre uma diferença no culto, nem sobre idolatria alguma.

Se o Senhor tivesse querido punir a idolatria, ele teria feito morrer todos os filisteus que ousaram pegar a sua arca, e que adoravam Dagon; mas ele fez morrer 50 mil e setenta homens de seu povo por terem visto a arca que não deviam ver: as leis, os costumes daqueles tempos, a economia judaica são tão diferentes de tudo o que conhecemos quanto os caminhos inescrutáveis de Deus estão acima dos nossos. "O rigor exercido", diz o judicioso dom Calmet, "contra esse grande número de homens só parecerá excessivo àqueles que não compreenderam até que ponto Deus queria ser temido e respeitado entre seu povo, e não julgam os caminhos e desígnios de Deus senão seguindo as fracas luzes de sua razão."

Deus não pune, portanto, um culto estrangeiro, mas uma profanação do Seu, uma curiosidade indiscreta, uma desobediência, talvez mesmo um espírito de revolta. Bem se sente que tais castigos só cabem a Deus na teocracia judaica. Não é demais repetir que aqueles tempos e aqueles costumes não têm relação alguma com os nossos.

Quando enfim, nos séculos posteriores, Naamã, o idólatra, perguntou a Eliseu se lhe era permitido seguir seu rei no templo de Remon, e de *ali adorar junto com ele*, esse mesmo Eliseu, que tinha feito as crianças serem devoradas pelos ursos, não lhe respondeu: *Ide em paz?*[159]

Há muito mais; o Senhor ordenou a Jeremias que colocasse cordas, correntes e jugos ao redor do pescoço e os levasse aos régulos ou melqui de Moab, de Amom, de Edom, de Tiro, de Sidônia; e Jeremias os fez dizer pelo Senhor: "Dei todas as suas terras a Nabucodonosor, rei da Babilônia, meu servidor".[160] [161] Eis aqui um rei idólatra, declarado servidor de Deus e seu favorito.

O mesmo Jeremias, tendo obtido o perdão do melqui ou régulo judeu Zedequias, que o havia colocado no calabouço, o aconselha, da parte de Deus, a se render ao rei da Babilônia:[162] "Se fordes vos render aos oficiais dele", diz, "vossa alma viverá". Portanto, Deus toma por fim partido de um rei idólatra; entrega-lhe a arca, que custou a vida de 50 mil e setenta judeus só de ter sido vista; entrega-lhe o Santo dos santos, e o resto do templo, cujo custo havia sido de 108 mil talentos de ouro, 1,017 milhão de talentos de prata e 10 mil dracmas de ouro, deixados por Davi e seus oficiais para a construção da casa do Senhor; o que, sem contar os últimos empregados de Salomão, chega em valores atuais ao montante de 19 062 milhões aproximadamente. Nunca a idolatria foi tão bem recompensada. Sei que essa conta é exagerada, que houve provavelmente erro de copista; mas reduzi a soma à metade, a um quarto, mesmo a um oitavo, e ela ainda será assombrosa. Não ficamos menos surpresos com as riquezas que Heródoto diz ter visto no templo em Éfeso. Em suma, os tesouros não são nada aos olhos de Deus, e o nome de seu servidor, dado a Nabucodonosor, é o verdadeiro tesouro inestimável.

Deus não favorece menos o *Kir, Koresh* ou *Kosroès* que nós chamamos Ciro,[163] ele o chama de *Seu Cristo, Seu ungido,* ainda que não tenha sido ungido, na significação comum dessa palavra, e ainda que siga a religião de Zoroastro; Ele o chama de *Seu pastor,* conquanto tenha sido usurpador aos olhos dos homens: não há marca maior de predileção em toda a Escritura Sagrada.

Em Malaquias, vedes que "do levante ao poente o nome de Deus é grande nas nações, e se lhe oferecem oblações puras por toda parte".[164] Deus olha pelos ninivitas idólatras como pelos judeus; Ele os ameaça e os perdoa. Melquisedec, que não era judeu, era sacrificante de Deus. Balaão, idólatra, era profeta. A Escritura nos ensina, portanto, que Deus não somente tolerava todos os outros povos, mas que tinha um cuidado paternal por eles; e nós ousamos ser intolerantes!

13
Extrema tolerância dos judeus

Assim, portanto, vede sempre exemplos de tolerância, sob Moisés, sob os juízes, sob os reis. Há ainda muito mais: Moisés diz diversas vezes que "Deus pune os pais nos filhos até a quarta geração";[165] tal ameaça era necessária a um povo ao qual Deus não havia revelado a imortalidade da alma nem as penas e as recompensas noutra vida. Tais verdades não lhe foram anunciadas nem no Decálogo nem em lei alguma do Levítico ou do Deuteronômio. Elas eram dogmas dos persas, babilônios, egípcios, gregos, cretenses; mas não constituíam de modo algum a religião dos judeus. Moisés não diz: "Honra teu pai e tua mãe, se queres ir para o céu", mas: "Honra teu pai e tua mãe a fim de viver muito tempo na terra".[166] Ele só os ameaça com males físicos:[167] sarna seca, sarna purulenta, úlceras malignas nos joelhos e na panturrilha; que serão expostos às infidelidades de suas mulheres; que terão de tomar empréstimo a usurários estrangeiros e não poderão emprestar em usura; que morrerão de fome e serão obrigados a comer os próprios filhos;[168] em nenhum lugar, porém, ele lhes diz que suas almas imortais sofrerão tormentos depois da morte, ou desfrutarão de felicidades. Deus, que conduzia Ele mesmo o seu povo, o punia ou recompensava imediatamente, após suas boas ou más ações. Tudo era temporal, e essa é uma verdade de que Warburton[169] abusa para provar que a lei dos judeus era divina:[170] porque, sendo o rei deles, fazendo justiça imediatamente após a transgressão ou a obediência, Deus mesmo não tinha necessidade de lhes revelar uma doutrina que reservava para o tempo em que não mais governaria seu povo. Aqueles que, por ignorância, sustentam que Moisés ensinava a imortalidade da alma tiram uma das grandes vantagens que o Novo Testamento tem sobre o Velho. É certo que a lei de Moisés não anunciava senão castigos temporais até a quarta geração. Entretanto, apesar do enunciado preciso dessa lei, apesar dessa declaração expressa de Deus de que Ele puniria até a quarta geração, Ezequiel anuncia o exato contrário aos judeus, dizendo-lhes que o filho não trará a iniquidade de seu pai;[171] chega mesmo a fazer Deus dizer que ele lhes tinha dado[172] "preceitos que não eram bons".[173]

O livro de Ezequiel não foi por isso menos inserido no

cânone dos autores inspirados por Deus: é verdade que a sinagoga não permitia a leitura dele antes dos trinta anos de idade, como nos informa são Jerônimo; mas era por medo de que a juventude abusasse das pinturas demasiadamente ingênuas que encontramos nos capítulos 16 e 23 da libertinagem das duas irmãs Oola e Ooliba. Numa palavra, seu livro foi aceito, malgrado sua contradição formal com Moisés.[174]

Por fim,[175] quando a imortalidade da alma se tornou dogma aceito, o que havia provavelmente começado desde os tempos do cativeiro na Babilônia, a seita dos saduceus persistiu em acreditar que não havia nem penas nem recompensas após a morte, e que a faculdade de sentir e de pensar perecia conosco, como a força ativa, o poder de caminhar e de digerir. Eles negavam a existência dos anjos. Diferiam muito mais dos outros judeus que os protestantes diferem dos católicos; eles não permaneceram menos em comunhão com seus irmãos: conheceram-se mesmo grandes sacerdotes de sua seita.

Os fariseus acreditavam na fatalidade[176] e na metempsicose.[177] Os essênios pensavam que as almas dos justos iam para as ilhas afortunadas,[178] e as dos maus, para uma espécie de Tártaro. Não faziam sacrifícios; reuniam-se entre si, numa sinagoga à parte. Numa palavra, se quisermos examinar o judaísmo de perto, ficaremos espantados em descobrir a maior tolerância em meio aos horrores mais bárbaros. Trata-se, é verdade, de uma contradição; quase todos os povos são governados por contradições. Feliz aquele que traz costumes brandos quando se tem leis de sangue!

14
Se a intolerância foi ensinada por Jesus Cristo

Vejamos agora se Jesus Cristo estabeleceu leis sanguinárias, se ordenou a intolerância, se mandou construir as masmorras da Inquisição, ou se instituiu algozes de *autos da fé*.

Poucas são, se não me engano, as passagens dos Evangelhos em que o espírito de perseguição pôde inferir que a intolerância e a coação sejam legítimas. Uma delas é a parábola em que o reino dos céus é comparado a um rei que convida seus convivas para as núpcias de seu filho; esse monarca faz seus serviçais lhes dizer:[179] "Matei meus bois e minhas aves; tudo está pronto; vinde para as núpcias". Uns, sem se preocupar com o convite, vão para suas casas de campo, outros vão a seus negócios; outros ainda ultrajam os domésticos do rei e os matam. O rei faz marchar seus exércitos contra esses assassinos e destrói suas cidades; manda convidar para o festim todos aqueles que se encontrem pelas grandes estradas: um desses, tendo se sentado à mesa sem ter vestido roupa de casamento, é posto em grilhões e jogado nas trevas exteriores.

É claro que, como essa alegoria se refere apenas ao reino dos céus, ninguém seguramente deve ter o direito de garrotear ou lançar às masmorras o vizinho que vier jantar em sua casa sem estar vestindo um traje de matrimônio adequado, e não conheço na história príncipe algum que tenha mandado enforcar um cortesão por semelhante motivo; quando o imperador, tendo matado suas aves, envia seus pajens aos príncipes do império e os convida a jantar, tampouco se deve temer que os príncipes matem esses pajens. O convite ao festim significa pregar a salvação; o assassínio dos enviados do príncipe figura a perseguição àqueles que pregam a sabedoria e a virtude.

A outra parábola[180] é aquela do indivíduo que convida seus amigos para um grande jantar e, quando está prestes a se sentar à mesa, envia seu criado para avisá-los. Um se desculpa dizendo que vai visitar as terras que comprou: a desculpa não parece válida, pois não é durante a noite que se vai ver suas terras; outro diz que comprou cinco parelhas de bois, e que deve examiná-los: ele comete o mesmo erro que o primeiro, pois não se avaliam bois na hora de jantar; um terceiro responde que acaba de se casar, e sua desculpa é certamente bem aceitável. O pai de família, encolerizado, faz vir ao festim os cegos e aleijados e, vendo que ainda restam lugares vazios, diz a seu lacaio: "Ide pelas grandes estradas e junto às sebes, e obrigai as pessoas a entrar".[181]

É certo que não está expressamente dito que essa parábola é uma figura do reino dos céus. Apenas se abusou demais dessas palavras: *obrigai-as a entrar*; mas é visível que um único lacaio não pode constranger todas as pessoas que encontra a vir jantar à força na casa de seu senhor; e, aliás, com convivas assim constrangidos, a refeição não seria muito agradável. Segundo os comentadores mais acreditados, *obrigai-as a entrar* não quer dizer outra coisa que: rogai, conjurai, instigai, obtende. Que relação há, pergunto-vos, entre essa prece, o jantar e a perseguição?

Se tomamos as coisas ao pé da letra, ser cego, aleijado e conduzido à força seria a condição para estar no seio da Igreja? Jesus diz, na mesma parábola: "Não ofereçais jantar nem a vossos amigos, nem a vossos parentes ricos";[182] alguma vez, com efeito, se inferiu daí que não se deve jantar com os parentes e amigos, caso tenham um pouco de fortuna?

Depois da parábola do banquete, Jesus diz:[183] "Se alguém vem a mim, e não odeia seu pai, sua mãe, seus irmãos, suas irmãs, e mesmo sua própria alma, ele não pode ser meu discípulo etc. Pois quem é aquele dentre vós que, desejando construir uma torre, não calcula antes as despesas?". Há alguém no mundo tão desnaturado para concluir que é preciso odiar pai e mãe? E não se compreende facilmente que essas palavras significam: não hesiteis entre mim e seus mais caros afetos?

Cita-se a passagem de são Mateus:[184] "Quem não escuta a Igreja será como um pagão ou como um cobrador de impostos"; isso não quer dizer absolutamente que os pagãos e o inspetor dos direitos do rei devem ser perseguidos: eles são malditos, é verdade, mas não estão entregues ao braço secular. Longe de retirar alguma prerrogativa de cidadão desses inspetores, os maiores privilégios lhes foram concedidos; é a única profissão condenada pela Escritura e a mais favorecida pelos governos. Por que não teríamos por nossos irmãos errantes tanta indulgência quanto a consideração que prodigamos a nossos irmãos cobradores de impostos?

Outra passagem da qual se faz abuso grosseiro é a de são Mateus[185] e de são Marcos,[186] na qual se diz que Jesus, tendo fome de manhã, se aproximou de uma figueira que não tinha senão folhas, pois não era época de figos: ele maldisse a figueira, que secou imediatamente.

Muitas explicações diferentes são dadas para esse milagre; mas há uma só pessoa que possa autorizar a perseguição? A figueira não pôde dar figos por volta do início de março; secaram-na: é uma razão para fazer secar nossos irmãos de dor em todas as épocas do ano? Respeitemos na Escritura tudo o que pode fazer surgir dificuldades em nossos espíritos curiosos e vãos, mas não abusemos deles para sermos duros e implacáveis.

O espírito de perseguição, que abusa de tudo, busca ainda sua justificação na expulsão dos mercadores do templo e na legião de demônios enviada do corpo de um possuído para o corpo de 2 mil animais imundos. Mas quem não vê que esses dois exemplos são apenas a justiça que Deus se dignou Ele mesmo a fazer em casos de contravenção à lei? Era falta de respeito à casa do Senhor transformar o seu adro numa loja de mercadores. Em vão o sinédrio e os sacerdotes permitiam tal negócio para a comodidade dos sacrifícios: o Deus a quem se sacrificava podia, sem dúvida, conquanto oculto sob figura humana, destruir essa profanação; Ele podia igualmente punir aqueles que introduzissem no país rebanhos inteiros proibidos por uma lei que Ele mesmo se dignava a respeitar. Esses exemplos não têm a menor relação com as perseguições em virtude do dogma. O espírito de intolerância deve estar apoiado em razões muito ruins para buscar em toda parte os pretextos mais fúteis.

Quase todo o resto das palavras e das ações de Jesus Cristo prega doçura, paciência, indulgência. Ele é o pai de família que recebe o filho pródigo;[187] o trabalhador que vem na última hora,[188] e é pago como os outros; é o samaritano caritativo;[189] ele mesmo justifica seus discípulos por não jejuarem;[190] perdoa a pecadora;[191] contenta-se em recomendar a fidelidade à mulher adúltera;[192] digna-se até a condescender com a alegria inocente dos convivas de Caná,[193] que, estando já inebriados, pedem ainda mais vinho; ele quer fazer um milagre em favor deles, mudando para eles água em vinho.

Ele não explodiu nem mesmo contra Judas, que deve traí-lo; ordena a Pedro que jamais use a espada;[194] faz uma reprimenda aos filhos de Zebedeu, que, a exemplo de Elias, queriam que o fogo do céu descesse sobre uma cidade que não quis abrigá-lo.[195]

Ele morre, por fim, vítima da inveja. Se ousamos comparar o sagrado com o profano, e Deus com um homem, Sua morte, humanamente falando, tem muita relação com a de Sócrates. O filósofo grego morreu pelo ódio dos sofistas, dos sacerdotes e dos maiorais do povo; o legislador dos cristãos sucumbiu ao ódio dos escribas, dos fariseus e dos sacerdotes. Sócrates podia evitar a morte, e não quis; Jesus Cristo se ofereceu voluntariamente. O filósofo grego perdoou seus caluniadores e seus juízes iníquos, mas lhes rogou que tratassem um dia seus filhos como o trataram, se fossem bastante felizes para merecer seu ódio como ele; o legislador dos cristãos, infinitamente superior, pediu a seu pai que perdoasse seus inimigos.[196]

Se Jesus Cristo pareceu temer a morte, se a angústia que sentiu foi tão extrema que seu suor veio misturado com sangue,[197] que é o sintoma mais violento e mais raro, é porque condescendeu em se abaixar a toda fraqueza do corpo humano com que havia se vestido. Seu corpo tremia, e sua alma era inabalável; ele nos ensinou que a verdadeira força e a verdadeira grandeza consistem em suportar os males aos quais a nossa natureza sucumbe. É coragem extrema correr para a morte temendo-a.

Sócrates tinha chamado os sofistas de ignorantes, e provado que agiam de má-fé; Jesus, usando de seus direitos divinos, chamou os escribas[198] e os fariseus de hipócritas, insensatos, cegos, perversos, serpentes, raça de víboras.

Sócrates não foi acusado de querer fundar uma nova seita; não acusaram Jesus Cristo de ter querido introduzir uma.[199] Diz-se que os príncipes dos sacerdotes e todo o conselho procuravam um falso testemunho contra Jesus para fazê-lo morrer.

Ora, se procuravam um falso testemunho, é porque não o acusavam de ter pregado publicamente contra a lei. Ele esteve, com efeito, submetido à lei de Moisés, da infância à morte. Foi circuncidado no oitavo dia, como todas as outras crianças. Se depois foi batizado no Jordão, esta era uma cerimônia consagrada entre os judeus, assim como entre todos os povos do Oriente. Todas as impurezas em relação à lei eram limpas pelo batismo; era assim que se consagravam os sacerdotes; mergulhava-se na água durante a festa da expiação solene, e os prosélitos eram batizados.

Jesus observou todos os pontos da lei; celebrou todos os dias de sabá; absteve-se das carnes proibidas; comemorou todas as festas, tendo inclusive celebrado a Páscoa antes de sua morte; não o acusaram de ter uma nova opinião, nem de ter observado algum rito estrangeiro. Nascido israelita, viveu constantemente como israelita.

Duas testemunhas que se apresentaram o acusaram de ter dito "que ele poderia destruir o templo e reconstruí-lo em três dias".[200] Tal discurso era incompreensível para os judeus carnais; mas não era uma acusação de que ele queria fundar uma nova seita.

O grande sacerdote o interrogou, e lhe disse: "Eu ordeno que nos diga, pelo Deus vivo, se sois o Cristo, filho de Deus".[201] Não nos informam o que o grande sacerdote entendia por filho de Deus. Essa expressão era por vezes usada para significar um justo,[202] como se empregavam as palavras *"filho de Belial"* para significar um homem perverso.[203] Os judeus grosseiros não tinham ideia do mistério sagrado de um filho de Deus, do próprio Deus vindo à Terra.

Jesus lhe respondeu: "Vós o dissestes; mas eu vos digo que vereis o filho do homem sentado à direita da virtude de Deus, vindo das nuvens do céu".[204]

Essa resposta foi vista pelo sinédrio irritado como uma blasfêmia. O sinédrio já não tinha o direito do gládio; levaram Jesus perante o governador romano da província e o acusaram caluniosamente de ser um perturbador do sossego público, que dizia não ser necessário pagar tributo a César, e que se dizia, além disso, rei dos judeus. É, pois, da maior evidência que foi acusado de um crime de Estado.

O governador Pilatos, tendo sabido que ele era galileu, o enviou primeiro a Herodes, tetrarca da Galileia. Herodes não acreditou que Jesus pudesse aspirar a se tornar chefe de partido e ter pretensões à realeza; ele o tratou com desprezo e o mandou de volta a Pilatos, que teve a indigna fraqueza de o condenar a fim de acalmar o tumulto estimulado contra ele próprio, ainda mais por ele já ter passado por uma revolta dos judeus, segundo nos ensina Flávio Josefo.[205] Pilatos não teve a mesma generosidade mostrada depois pelo governador Festo.[206]

Pergunto agora o que é de direito divino, a tolerância ou a intolerância? Se quereis vos assemelhar a Jesus Cristo, sede mártires, não algozes.

15

Testemunhos contra a intolerância[207]

É uma impiedade tirar, em matéria de religião, a liberdade dos homens, impedir que escolham uma divindade: homem algum, deus algum desejaria um culto forçado. (*Apologético*, cap. 24.)
Se se usasse de violência para defender a fé, os bispos se oporiam. (Santo Hilário, livro I.)
A religião forçada não é religião; é preciso persuadir, não constranger. A religião não pode ser imposta. (Lactâncio, livro III.)
É heresia execrável querer atrair pela força, pelos golpes, pelas prisões, aqueles que não puderam ser convencidos pela razão. (Santo Atanásio, livro I.)
Nada mais contrário à religião que a coação. (São Justino, mártir, livro V.)
"Perseguiremos aqueles que Deus tolera?", diz Santo Agostinho, antes que sua querela com os donatistas o tornasse severo demais.
Que não se faça violência aos judeus. (Quarto Concílio de Toledo, cânone 57.)
Aconselhai, e não forceis. (Cartas de são Bernardo.)
Não pretendemos destruir os erros pela violência. (*Discurso do clérigo da França a Luís XIII.*)
Sempre desaprovamos as vias do rigor. (Assembleia do Clérigo, 11 de agosto de 1560.)
Sabemos que a fé se deixa persuadir, mas não obrigar. (Fléchier, bispo de Nîmes, Carta 19.)
Não se deve nem mesmo usar termos ofensivos. (Bispo Du Bellay, numa carta pastoral.)
Lembrai que as enfermidades da alma não se curam pela coação e pela violência. (Cardeal Le Camus, *Instrução pastoral*, 1688.)
Concedei a tolerância civil a todos. (Fénelon, arcebispo de Cambrai, ao duque de Borgonha.)

A imposição forçada de uma religião é prova evidente de que o espírito que a conduz é um espírito inimigo da verdade. (Dirois, doutor da Sorbonne, livro VI, cap. 4.)

A violência pode fazer hipócritas: não se persuade quando se faz retinir ameaças por toda parte. (Tillemont, *História eclesiástica*, tomo VI.)

Pareceu-nos conforme à equidade e à reta razão caminhar sobre os traços da Igreja antiga, que não usou de violência para estabelecer e espalhar a religião. (*Admoestação do Parlamento de Paris a Henrique II.*)

A experiência nos ensina que a violência é mais capaz de irritar que de curar um mal que tem sua raiz no espírito etc. (De Thou, *Epístola dedicatória a Henrique IV.*)

Não se inspira fé a golpes de espada. (Cérisiers, *Sobre os reinados de Henrique IV e de Luís XIII.*)

É um zelo bárbaro aquele que pretende plantar a religião nos corações como se a persuasão pudesse ser o efeito da coação. (Boulainvilliers, *Estado da França.*)

Sucede com a religião o mesmo que com o amor: o mando não pode nada, a coação menos ainda; nada mais independente que amar e crer. (Amelot de La Houssaye, sobre as *Cartas do cardeal de Ossat.*)

Se o céu vos amou o bastante para fazer-vos ver a verdade, ele vos fez uma grande graça; mas cabe aos filhos que têm a herança de seu pai odiar aqueles que não a tiveram? (Montesquieu, *Espírito das leis*, livro XXV.)[208]

Poderíamos fazer um livro enorme, inteiramente composto de passagens como essas. Nossas histórias, nossos discursos, nossos sermões, nossas obras de moral, nossos catecismos, todos eles respiram, todos eles ensinam hoje esse dever sagrado da indulgência. Por que fatalidade, por que inconsequência desmentiríamos na prática uma teoria que anunciamos todos os dias? Quando nossas ações desmentem nossa moral, é que cremos haver uma vantagem para nós em fazer o contrário do que ensinamos; mas não há certamente nenhuma vantagem em perseguir aqueles

que não são de nossa opinião, e em fazê-los nos odiar.
Uma vez mais, portanto, há absurdidade na intolerância.
Mas, dir-se-á, aqueles que têm interesse em importunar as
consciências não são absurdos. É a eles que se endereça o
próximo capítulo.

16
Diálogo entre um moribundo e um homem de boa saúde

Um cidadão estava agonizante numa cidade da província;
um homem de boa saúde vem insultar seus momentos der-
radeiros e lhe diz:

Miserável! Pensa imediatamente como eu: assina este
escrito, confessa que cinco proposições estão num livro
que nem tu nem eu nunca lemos:[209] sê agora da opinião
de Lanfranc contra Berengário,[210] de São Tomás contra são
Bonventura;[211] abraça o Segundo Concílio de Niceia contra
o Concílio de Frankfurt;[212] explica-me neste instante como
estas palavras "Meu Pai é maior do que eu"[213] significam
expressamente: "Sou tão grande quanto ele".

Diz-me como o Pai comunica tudo ao Filho, exceto a
paternidade, ou farei jogar teu corpo na via pública; teus
filhos não serão teus herdeiros, tua mulher será privada do
teu dote, e tua família mendigará o pão, que gente como
eu não lhe dará.

O MORIBUNDO: Mal entendo o que me dizeis; as ameaças que me fazeis chegam confusamente a meus ouvidos,
confundem minha alma, tornam minha morte medonha.
Em nome de Deus, tende piedade de mim.

O BÁRBARO: Piedade! Eu não posso tê-la, se não és da
minha opinião em tudo.

O MORIBUNDO: Ai! Percebeis que nestes momentos der-
radeiros todos os meus sentidos estão ressequidos, todas as
portas do meu entendimento estão fechadas, minhas ideias

fogem, meu pensamento se extingue. Estou em condições de discutir?

O BÁRBARO: Está bem, se não podes crer naquilo que quero, diz que acreditas, e isso me basta.

O MORIBUNDO: Como posso cometer perjúrio para vos agradar? Vou aparecer num instante diante de Deus, que pune o perjúrio.

O BÁRBARO: Não importa; terás o prazer de ser enterrado num cemitério, e tua mulher, teus filhos terão de que viver. Morre como hipócrita; a hipocrisia é uma coisa boa; é, como se diz, uma homenagem que o vício rende à virtude.[214] Um pouco de hipocrisia, meu amigo, o que isso te custa?

O MORIBUNDO: Ai! Ou desprezais Deus, ou não O reconheceis, pois que me pedis uma mentira no artigo referente à morte, vós que deveis em breve receber o vosso julgamento Dele, e que respondereis por essa mentira.

O BÁRBARO: Como, insolente! Eu não reconheço Deus!

O MORIBUNDO: Perdão, meu irmão, temo que não O conheceis. Aquele a quem adoro reanima minhas forças neste instante para vos dizer, com voz moribunda, que, se credes em Deus, então deveis usar de caridade comigo. Ele me deu minha mulher e meus filhos, não os façais morrer de miséria. Quanto a meu corpo, fazei dele o que quiserdes: eu o abandono a vós; mas crede em Deus, eu vos conjuro.

O BÁRBARO: Faz, sem refletir, o que eu te digo; eu quero, eu te ordeno.

O MORIBUNDO: E qual é o vosso interesse em me atormentar tanto?

O BÁRBARO: Como? Que interesse? Se eu tiver a tua assinatura, ela me valerá um bom canonicato.

O MORIBUNDO: Ah, meu irmão! Eis meu derradeiro momento; estou morrendo, vou rezar a Deus para que Ele vos sensibilize e converta.

O BÁRBARO: Que o diabo carregue esse impertinente que não assinou! Vou assinar por ele e falsificar sua letra.

A carta a seguir é uma confirmação da mesma moral.

17
*Carta escrita ao jesuíta Le Tellier,
por um beneficiado, em 6 de maio de 1714*[215]

Meu Reverendo Pai,

Obedeço às ordens dadas por Vossa Reverência de lhe apresentar os meios mais próprios de libertar Jesus e sua Companhia dos seus inimigos. Creio que não restam mais que 500 mil huguenotes no reino, alguns dizem 1 milhão, outros 150 mil; mas, qualquer que seja o número deles, eis minha opinião, que submeto mui humildemente à Vossa, como é meu dever.

1. É fácil capturar num dia todos os predicantes e os enforcar a todos eles juntos numa mesma praça, não somente para a edificação pública, mas para a beleza do espetáculo.

2. Eu mandaria assassinar nos seus leitos todos os pais e mães, porque se fossem mortos nas ruas, isso poderia causar algum tumulto; muitos poderiam mesmo se salvar, o que é preciso evitar ao máximo. Essa execução é um corolário necessário de nossos princípios: pois, se é necessário matar um herético, como tantos grandes teólogos o provam, é evidente que se deve matar a todos.

3. Eu faria se casarem, no dia seguinte, todas as jovens com bons católicos, tendo em vista que não se deve despovoar demais o estado depois da última guerra;[216] mas, em relação aos meninos de quatorze e quinze anos, já imbuídos de maus princípios que não podemos nos vangloriar de destruir, minha opinião é a de que devem ser castrados, a fim de que essa canalha jamais se reproduza.

Quanto aos meninos pequenos, serão educados nos vossos colégios, e se deverá açoitá-los até que saibam de cor as obras de Sánchez e de Molina.

4. Penso, salvo erro, que se deve fazer o mesmo com todos os luteranos da Alsácia, considerando que no ano de 1704 percebi duas velhas daquela região rindo no dia da Batalha de Hochstädt.

5. O item relativo aos jansenistas parecerá talvez um pouco mais embaraçoso: creio que sejam em número de 6 milhões, pelo menos; mas um espírito tal como o Vosso não deve se amedrontar. Incluo entre os jansenistas todos os parlamentos que sustentam tão indignamente as liberdades da Igreja galicana. Vossa Reverência deve ponderar, com Vossa habitual prudência, os meios de subjugar todos esses espíritos ariscos. A Conspiração da Pólvora[217] não teve o êxito desejado, porque um dos conjurados teve a indiscrição de querer salvar a vida de seu amigo; mas, como Vós não tendes amigos, não há por que temer esse inconveniente: será muito fácil para Vós fazer saltar pelos ares todos esses parlamentos do reino usando aquela invenção do monge Schwartz chamada *pulvis pyrius*.[218] Calculo que, um detonando o outro, serão necessários 36 barris de pólvora para cada parlamento e, assim, multiplicando doze parlamentos[219] por 36, isso dá 432 barris, os quais, ao preço de cem escudos cada, perfazem a soma de 129 600 mil libras: uma bagatela para o Reverendo Pai geral.

Uma vez postos os parlamentos pelos ares, dareis os seus postos aos Vossos congreganistas, que estão perfeitamente instruídos sobre as leis do reino.

6. Será fácil envenenar o senhor cardeal de Noailles,[220] que é um homem simples e não desconfia de nada.

Vossa Reverência empregará os mesmos meios de conversão junto a alguns bispos renitentes; as dioceses serão colocadas nas mãos dos jesuítas, graças a uma breve do papa: como então todos os bispos serão do partido da boa causa, e todos os curas habilmente escolhidos pelos bispos, eis o que aconselho, sob o beneplácito de Vossa Reverência.

7. Como dizem que os jansenistas comungam ao menos na Páscoa, não seria mal salpicar nas hóstias a droga usada para justiçar o imperador Henrique VII.[221] Algum crítico me dirá talvez que arriscaríamos, nessa operação, de dar também raticida aos molinistas:[222] a objeção é forte, mas não há projeto que não tenha inconvenientes, nem sistema que não ameace ruir em alguma parte. Se nos detivéssemos por essas pequenas dificuldades, jamais chegaríamos ao fim de coisa alguma; e, de resto, como se trata de obter o maior bem possível, não precisamos nos escandalizar se esse grande bem traga algumas más consequências consigo, que não devem ser minimamente levadas em consideração.

Não temos de nos censurar em nada: está demonstrado que todos os pretensos reformados e todos os jansenistas estão entregues ao Inferno; assim, não fazemos mais que apressar o momento em que devem tomar posse dele.

Não é menos claro que o Paraíso pertence de direito aos molinistas: logo, ao fazê-los morrer por inadvertência e sem nenhuma má intenção, lhes aceleramos a alegria; somos, num e noutro caso, os ministros da Providência.

Quanto àqueles que poderiam se assustar um pouco com a quantidade, Vossa Paternidade poderá lhes fazer ver que, dos dias florescentes da Igreja até 1707, isto é, de há 1400 anos aproximadamente, a teologia logrou o massacre de 50 milhões de homens; e eu não proponho estrangular, degolar ou envenenar senão cerca de 6,5 milhões.

Objetar-nos-ão talvez que minha conta não é justa e que violo a regra de três: pois, dirão, se em 1400 anos só morreram 50 milhões de homens pelas distinções, dilemas e contra-argumentos teológicos, isso não dá senão 35 714 pessoas e alguns quebrados por ano e que, assim, eu mato 6 464 285 pessoas e alguns quebrados a mais no presente ano.

Na verdade, porém, essa chicana é bem pueril; podemos até dizer que é ímpia, pois não se vê que, pelo meu proceder, eu salvo a vida de todos os católicos até o fim do mundo? Jamais o faríamos, se quiséssemos responder a todas as críticas. Persevero no profundo respeito que devo a Vossa Paternidade.

O mui humilde, mui devoto e mui obediente R.,[223] *natural de Angoulême, prefeito da Congregação.*

Esse projeto não pôde ser executado, porque o padre Le Tellier encontrou algumas dificuldades, e porque Sua Paternidade foi exilada no ano seguinte.[224] Como, no entanto, é preciso examinar o pró e o contra, parece bom investigar em que caso se poderia legitimamente seguir em parte as opiniões do correspondente do padre Le Tellier. Parece que seria difícil executar esse projeto em todos os seus pontos; mas é preciso ver em que ocasiões se deve fazer sacrificar na roda, enforcar ou mandar para as galeras as pessoas que não são de nossa opinião: é o objeto do tópico seguinte.

18
*Únicos casos em que a intolerância
é de direito humano*

Para que um governo não tenha o direito de punir os erros dos homens, é necessário que esses erros não sejam crimes; eles só são crimes quando perturbam a sociedade: eles perturbam a sociedade se inspiram o fanatismo; é preciso, pois, que os homens comecem a não ser fanáticos para merecer a tolerância.

Se, sabendo que a Igreja tem horror aos réprobos, que os jansenistas são condenados por uma bula e que, assim, os jansenistas são réprobos, alguns jovens jesuítas vão queimar uma casa dos padres do Oratório porque Quesnel,[225] o oratoriano, era jansenista, é claro que se terá a obrigação de punir esses jesuítas.

Da mesma maneira, se proclamam máximas culpáveis, se sua instituição é contrária às leis do reino, não se pode impedir a dissolução de sua companhia e abolição dos jesuítas para fazer deles cidadãos; o que no fundo é um mal imaginário e um bem real para eles, pois onde está o mal em usar um traje curto em vez de uma batina, e em ser livre em vez de escravo? Regimentos inteiros são reformados em tempos de paz e eles não se queixam; por que os jesuítas soltam gritos altos quando são reformados para obter a paz?

Se os franciscanos, transportados de zelo santo pela Virgem Maria, vão demolir a igreja dos dominicanos, que pensam que Maria nasceu no pecado original, a obrigação será então tratar os franciscanos mais ou menos como os jesuítas.

Diremos o mesmo tanto dos luteranos e dos calvinistas. Conquanto afirmem: "Seguimos os movimentos de nossa consciência, é melhor obedecer a Deus que aos homens;[226] somos o verdadeiro rebanho, devemos exterminar os lobos", é evidente, então, que eles mesmos são os lobos.

Um dos exemplos mais espantosos de fanatismo foi o de uma pequena seita na Dinamarca, que seguia o melhor princípio do mundo.[227] Aquelas pessoas queriam proporcionar salvação eterna a seus irmãos, mas as consequências desse princípio eram singulares. Eles sabiam que todas as crianças pequenas que morrem sem batismo estavam condenadas, e que aquelas que têm a felicidade de morrer imediatamente após receber o batismo gozam da glória eterna; eles saíam degolando meninos e meninas recém-batizados que podiam encontrar; era sem dúvida lhes fazer o maior bem que se lhes podia proporcionar: era preservá-los, de uma só vez, do pecado, das misérias desta vida e do inferno; eles eram infalivelmente enviados ao céu. Mas aquela gente caridosa não considerava que não é permitido fazer um pequeno mal por um grande bem; que não tinham direito sobre a vida daquelas crianças pequenas; que a maioria dos pais e mães é carnal demais, preferindo ter junto de si os seus filhos e filhas a vê-los degolados para que possam entrar no Paraíso, e que o magistrado deve punir o homicídio, ainda que executado com boa intenção.

Parece que os judeus teriam mais direito que ninguém de nos roubar e de nos matar, pois, embora haja centenas de exemplos de tolerância no Velho Testamento, também há, no entanto, alguns exemplos e leis severos. Algumas vezes, Deus lhes ordenou que matassem os idólatras e que não poupassem senão as jovens núbeis: eles nos veem como idólatras e, ainda que hoje os toleremos, eles bem poderiam, se fossem os senhores, não deixar no mundo senão nossas jovens.

Eles teriam sobretudo a obrigação indispensável de assassinar todos os turcos, o que se vê sem dificuldades, pois os turcos dominam as regiões de hititas, jebuseus, amoritas, girgaseus, heveus, arqueus, sineus, hamateus e zemareus: todos esses povos foram devotados ao anátema; seus países, de mais de 25 léguas de distância, foram dados aos judeus por vários pactos consecutivos; eles devem retomar os seus bens: os maometanos são os seus usurpadores há mais de mil anos.

Se os judeus raciocinassem assim hoje, é claro que não haveria outra resposta a suas ações que colocá-los nas galeras.

Estes são aproximadamente os únicos casos em que a intolerância parece razoável.

19
Relato de uma disputa sobre matéria controversa na China

Nos primeiros anos do reinado do grande imperador Kangxi,[228] um mandarim da cidade de Cantão ouviu de sua casa um grande barulho que faziam na casa vizinha: ele se informou se não estavam matando alguém; disseram-lhe que era o esmoler da companhia dinamarquesa, o capelão da Holanda e um jesuíta que estavam discutindo; ele os fez vir até ele, mandou lhes servir chá e geleias, e lhes perguntou por que discutiam.

O jesuíta lhe respondeu que era bem doloroso para ele, que estava sempre com a razão, ter de lidar com pessoas que sempre estavam erradas; que de início ele havia argumentado com a maior reserva, mas finalmente a paciência dele se foi.

O mandarim lhes advertiu, com toda a discrição possível, o quanto a polidez é necessária na disputa, dizendo-lhes que não se zangavam jamais na China, e lhe perguntou de que se tratava.

O jesuíta lhe respondeu: "Meu caro senhor, eu vos faço de juiz; esses dois senhores se recusam a se submeter às decisões do Concílio de Trento".

"Isso me espanta", diz-lhes o mandarim. Depois, voltando-se aos dois refratários: "Parece-me, senhores", diz-lhes, "que deveríeis respeitar as opiniões de uma grande assembleia; eu não sei o que é o Concílio de Trento, mas diversas pessoas são sempre mais instruídas que uma só. Ninguém deve crer que sabe mais que os outros, e que a razão não habita senão em sua cabeça; é o que ensina nosso grande Confúcio; e se acreditais em mim, fazeis muito bem em confiar no Concílio de Trento".

O dinamarquês tomou a palavra e disse: "Falais, meu caro senhor, com a maior sabedoria; respeitamos as grandes assembleias como devemos; é por isso que somos inteiramente da opinião de várias assembleias ocorridas antes do Concílio de Trento".

"Oh! Se é assim", diz o mandarim, "vos peço perdão, bem podeis ter razão. Este holandês e vós sois, portanto, da mesma opinião contra esse pobre jesuíta?"

"De modo algum", diz o holandês, "este homem aqui tem opiniões quase tão extravagantes quanto as deste jesuíta, que se faz de fingido com vós; não há como suportar."

"Eu não vos consigo entender", diz o mandarim, "não sois cristãos todos os três? Não viestes todos os três ensinar o cristianismo em nosso império? Não deveis ter, por consequência, os mesmos dogmas?"

"Vede, meu senhor", diz o jesuíta, "esses dois indivíduos aqui são inimigos mortais, e se debatem ambos contra mim: é, portanto, evidente que todos os dois estão errados, e que a razão só está do meu lado."

"Isso não é evidente", diz o mandarim, "poderia ocorrer, absolutamente, que todos os três estejais errados; estou curioso de ouvi-los, um depois do outro."

O jesuíta fez então um discurso bastante longo, durante o qual o dinamarquês e o holandês davam de ombros; o mandarim não compreendeu nada. O dinamarquês falou na sua vez; seus dois adversários o olharam com pena, e o mandarim tampouco o compreendeu. O holandês teve a mesma sorte. Por fim, todos os três falaram simultaneamente e disseram grandes injúrias uns aos outros. O honesto mandarim teve dificuldade em dar uma basta e lhes disse: "Se quereis que toleremos vossa doutrina aqui, deixai de ser intolerantes e intoleráveis".

Ao sair da audiência, o jesuíta encontrou um missionário dominicano; informou-lhe que havia ganhado a discussão, assegurando que a verdade sempre triunfa. O dominicano lhe disse: "Se eu tivesse estado lá, não teríeis vencido; eu os teria convencido da sua mentira e da sua idolatria". A querela esquentou; dominicano e jesuíta se pegaram pelos cabelos. O mandarim, informado do escândalo, mandou os dois para a prisão. Um mandarim subalterno diz ao juiz: "Quanto tempo Vossa Excelência quer que fiquem detidos?". "Até que estejam de acordo", diz o juiz. "Ah!", disse o mandarim subalterno, "então eles ficarão na prisão pelo resto da vida." "Muito bem!", diz o juiz, "até que eles se perdoem." "Eles nunca se perdoarão", diz o outro, "eu os conheço." "Muito bem!", diz o mandarim, "até fingirem que se perdoaram."

20
Se é útil manter o povo na superstição

A fraqueza do gênero humano é tal, e tal a sua perversidade, que sem dúvida é melhor para ele ser subjugado por todas as superstições possíveis, desde que elas não sejam mortíferas, do que viver sem religião.[229] O homem sempre teve necessidade de um freio e, conquanto seja ridículo fazer sacrifício aos faunos, aos silvanos, ou às náiades, é bem mais razoável e mais útil adorar essas imagens fantásticas da Divindade do que se entregar ao ateísmo. Um ateu que abusasse da argumentação, que fosse violento e poderoso, seria um flagelo tão funesto quanto um supersticioso sanguinário.

Quando os homens não têm noções sadias sobre a Divindade, as ideias falsas as suprem, como nos tempos infelizes trafica-se com moeda ruim pela falta de moeda boa. O pagão temia cometer um crime por medo de ser punido pelos falsos deuses; o malabar teme ser punido pelo seu pagode. Onde quer que haja sociedade estabelecida, a religião é necessária; as leis velam pelos crimes conhecidos, a religião, pelos crimes secretos.

Uma vez, porém, que os homens cheguem a abraçar uma religião pura e sã, a superstição não se torna apenas inútil, mas bem perigosa. Não se deve procurar alimentar com bolotas aqueles que Deus condescendeu em alimentar com pão.

A superstição está para a religião assim como a astrologia está para a astronomia, a filha muito louca de uma mãe muito sábia. Essas duas filhas subjugaram por muito tempo toda a Terra.

Quando, nos séculos de barbárie, mal havia dois senhores feudais que tivessem o Novo Testamento em casa, podia ser perdoável apresentar fábulas ao vulgo, isto é, àqueles senhores feudais, às suas mulheres imbecis e aos brutos seus vassalos; faziam-nos crer que são Cristóvão tinha levado o menino Jesus de uma margem do rio à outra, repassavam-lhes histórias de feiticeiros e possuídos; eles imaginavam facilmente que são Genou curava da gota e que santa Clara curava os olhos doentes. As crianças criam em lobisomem e os pais, no cordão de são Francisco. O número de relíquias era incontável.

A ferrugem de tantas superstições subsistiu ainda por algum tempo nesses povos, mesmo quando a religião havia sido enfim depurada. Sabe-se que quando o senhor de Noailles, bispo de Châlons,[230] mandou retirar e lançar ao fogo a pretensa relíquia do umbigo santo de Jesus Cristo, toda a cidade de Châlons o atacou; mas ele teve tanta coragem quanto piedade, e logo conseguiu fazer os champanheses acreditarem que se podia adorar Jesus Cristo, em espírito e em verdade, sem ter seu umbigo numa igreja.[231]

Não foi pouca a contribuição dos chamados *jansenistas* para desarraigar insensivelmente do espírito da nação a maioria das falsas ideias que desonravam a religião cristã. Não mais se acreditou que bastava recitar por trinta dias a prece à Virgem Maria para obter tudo o que se queria e para pecar impunemente.

Enfim, a burguesia começou a suspeitar que não era santa Genoveva que dava ou suspendia a chuva, mas era Deus mesmo que dispunha dos elementos. Os monges se espantaram de que seus santos já não fizessem milagres; e se os escritores da *Vida de são Francisco Xavier* voltassem ao mundo, eles não ousariam escrever que esse santo ressuscitou nove mortos, que esteve ao mesmo tempo no mar e na terra, e que um caranguejo veio lhe trazer de volta o seu crucifixo quando este caiu no mar.

O mesmo ocorreu com as excomunhões. Nossos historiadores nos dizem que, quando o rei Roberto foi excomungado pelo papa Gregório V por ter desposado a princesa Berta sua madrinha, os domésticos jogaram pelas janelas os alimentos que haviam servido ao rei, e que a rainha Berta pariu um ganso como punição do casamento incestuoso. Hoje duvidamos que os serviçais de um rei de França excomungado tenham jogado seu jantar pela janela, e que rainha tenha em tal caso posto um ganso no mundo.

Se há alguns convulsionários[232] nalgum canto de subúrbio, isso é uma doença pedicular que só ataca o populacho mais vil. A cada dia, a razão penetra na França, tanto nas lojas dos mercadores como nos palácios dos senhores. É preciso, pois, cultivar os frutos dessa razão, ainda mais porque é impossível impedir que eclodam. Não se pode governar a França, depois que foi esclarecida por pessoas como Pascal, Nicole, Arnauld, Bossuet, Descartes, Gassendi, Bayle, Fontenelle etc., como a governavam nos tempos de Garasse e Menot.[233]

Se os mestres dos erros, digo, os grandes mestres, pagos e honrados por tanto tempo para embrutecer a espécie humana, ordenassem hoje que se acreditasse que o grão deve apodrecer para poder germinar;[234] que a Terra é imóvel em seus fundamentos, que ela não gira em torno do Sol, que as marés não são efeito natural da gravitação, que o arco-íris não é formado pela refração e reflexão dos raios de luz etc., e se eles se apoiassem em passagens mal-entendidas da Escritura Sagrada para apoiar suas ordens, como seriam vistos por todos os homens instruídos? O termo "bestas" seria forte demais? E se esses sábios mestres se servissem da força e da perseguição para fazer reinar a sua ignorância insolente, o termo "bestas selvagens" seria deslocado?

Quanto mais as superstições dos monges são desprezadas, mais os bispos são respeitados, e os curas, considerados: eles não fazem senão o bem, e as superstições monacais ultramontanas fariam muito mal. Mas a mais perigosa de todas essas superstições não seria odiar seu próximo por suas opiniões? E não é evidente que seria ainda mais razoável adorar o santo umbigo, o santo prepúcio, o leite e o vestido da Virgem Maria, que detestar e perseguir seu irmão?

21
Virtude vale mais que ciência

Quanto menos dogmas, menos disputas; e quanto menos disputas, menos infortúnios; se isso não é verdadeiro, estou errado.

A religião é instituída para nos tornar felizes nesta e na outra vida. O que é necessário para ser feliz na vida futura? Ser justo.

O que é necessário para ser feliz nesta vida, tanto quanto o permite a miséria de nossa natureza? Ser indulgente.

Seria o cúmulo da loucura pretender levar todos os homens a pensar de maneira uniforme sobre a metafísica. Seria muito mais fácil subjugar o universo inteiro pelas armas do que subjugar todos os espíritos de uma só cidade.

Euclides conseguiu facilmente persuadir todos os homens das verdades da geometria: por quê? Porque não há uma única que não seja corolário evidente deste pequeno axioma: *dois e dois são quatro*. Não ocorre de maneira alguma a mesma coisa na mistura de metafísica e teologia.

Quando o bispo Alexandre e o padre Ário, ou Areio, começaram a disputar sobre como o *Logos* emanava do Pai, o imperador Constantino lhes escreveu de início estas palavras, reportadas por Eusébio e por Sócrates:[235] "Sois uns grandes loucos de disputar sobre coisas que não podeis entender".

Se os dois partidos tivessem sido sábios o bastante para admitir que o imperador tinha razão, o mundo cristão não teria sido banhado de sangue durante três séculos.

Há, com efeito, algo mais louco e mais horrível que dizer aos homens: "Meus amigos, não basta ser súditos fiéis, filhos obedientes, pais ternos, vizinhos equânimes, não basta praticar todas as virtudes, cultivar a amizade, fugir da ingratidão, adorar Jesus Cristo em paz; é preciso ainda saber como se é engendrado de toda a eternidade; e se não souberdes distinguir o *homoousion*[236] na hipóstase, nós vos denunciaremos para que sejais queimados para todo o sempre, e, enquanto isso, vamos começar a vos degolar"?

Se tivessem apresentado uma decisão como essa a um Arquimedes, a um Posidônio, a um Varrão, a um Catão, a um Cícero, que teriam respondido?

Constantino não perseverou em sua resolução de impor silêncio aos dois partidos: ele podia mandar trazer os chefes do ergotismo a seu palácio; ele podia lhes perguntar por que autoridade eles perturbavam o mundo: "Tendes os títulos da família divina? Que vos importa que o *Logos* seja feito ou engendrado, desde que lhe sejamos fiéis, desde que preguemos uma boa moral, e a pratiquemos, se pudermos? Cometi muitas faltas em minha vida, e vós também; sois ambiciosos, e eu também; o império me custou traições e crueldades; assassinei quase todos os meus próximos; eu me arrependo disso; quero expiar meus crimes tornando o Império romano tranquilo, e não me impeçais de fazer o único bem que possa fazer esquecer minhas velhas barbáries; ajudai-me a acabar meus dias em paz".

Talvez ele não tivesse obtido nada dos litigantes; talvez estivesse envaidecido de presidir a um concílio num longo traje vermelho, a cabeça carregada de pedrarias.

Eis, porém, o que abriu a porta a todos os flagelos que vieram da Ásia para inundar o Ocidente. De cada versículo contestado saiu a fúria armada de um sofisma e de um punhal, que tornou todos os homens insensatos e cruéis.

Os hunos, os hérulos, os godos e os vândalos, que vieram depois, fizeram infinitamente menos mal, e o maior mal que fizeram foi o de se prestarem a pôr fim eles mesmos a essas disputas fatais.

22
Da tolerância universal

Não é preciso grande arte, nem eloquência muito requintada para provar que os cristãos devem se tolerar uns aos outros. Vou mais longe: eu vos digo que é preciso olhar todos os homens como nossos irmãos. O quê? Meu irmão o turco? Meu irmão o chinês? O judeu? O siamês? Sim, sem dúvida; não somos todos filhos do mesmo Pai, e criaturas do mesmo Deus?

Mas esses povos nos desprezam; eles nos tratam como idólatras! Muito bem! Eu lhes direi que eles cometem um grande erro. Parece-me que eu poderia espantar ao menos a orgulhosa teimosia de um imã, ou de um talapão, se lhes falasse mais ou menos assim:

Este pequeno globo, que não passa de um ponto, gira no espaço como tantos outros globos; estamos perdidos nessa imensidão. O homem, cuja altura é mais ou menos de cinco pés, é certamente pouca coisa na criação. Um desses seres imperceptíveis diz a alguns de seus vizinhos, na Arábia ou na Cafraria: "Escutai-me, pois o Deus de todos esses mundos me esclareceu: há 900 milhões de pequenas formigas como nós na Terra, mas só o meu formigueiro é caro a Deus; todos os outros lhe são um horror desde toda a eternidade; só ele será feliz, e todos os outros serão eternamente desafortunados".

Eles me deteriam então e me perguntariam qual era o louco que disse aquela tolice. Eu seria obrigado a lhes responder: "Vós mesmos". Eu trataria então de acalmá-los, mas isso seria bem difícil.

Eu falaria agora aos cristãos, e ousaria dizer, por exemplo, a um dominicano inquisidor da fé: "Meu irmão, sabeis que cada província da Itália fala seu próprio jargão, e que não se fala em Veneza e em Bergamo como em Florença. A Academia da Crusca fixou a língua; seu dicionário é uma regra da qual não se pode desviar,[237] e a *Gramática* de Buonmattei[238] é um guia infalível a ser seguido; mas credes que o cônsul da Academia e, em sua ausência, Buonmattei teriam podido em boa consciência ter mandado cortar a língua de todos os venezianos e todos os bergamascos que persistissem no seu patoá?".

O inquisidor me responde: "Há certamente uma diferença; trata-se aqui da salvação da vossa alma: é para o vosso bem que o diretório da Inquisição ordena que vos prendam baseado no depoimento de uma única pessoa, seja ela infame ou acusada na justiça; que não tenhais advogado para vos defender; que não saibais o nome do vosso acusador; que o inquisidor vos prometa graça e em seguida vos condene; que vos aplique cinco torturas diferentes e que em seguida sejais açoitado, colocado nas galeras ou queimado em cerimônia.[239] O padre Ivonet, o doutor Cuchalon, Zanchinus, Campegius, Roias, Felynus, Gomarus, Diabarus, Gemelinus[240] são estritos nesse ponto, e essa prática piedosa não pode admitir contradição".

Eu tomaria a liberdade de lhe responder: "Meu irmão, talvez tenhais razão; estou convencido do bem que quereis fazer; mas não poderia eu ser salvo sem tudo isso?".

É verdade que esses horrores não sujam todos os dias a face da Terra; mas eles foram frequentes, e poderiam compor facilmente um volume bem mais grosso que os Evangelhos que os condenam. Não só é bem cruel perseguir nesta vida breve os que não pensam como nós, como não sei se não seria bem audacioso pronunciar a danação eterna deles. Parece-me que não cabe de maneira alguma a átomos de um instante, como nós, antecipar-se assim aos decretos do Criador. Bem longe de mim combater esta sentença: "Fora da Igreja não há salvação";[241] eu a respeito, assim como tudo o que ela ensina, mas, na verdade, conhecemos nós todos os caminhos de Deus e toda a extensão de suas misericórdias? Não é permitido que se espere dele o mesmo tanto que se deve temê-lo? Não é o bastante sermos fiéis à Igreja? Será preciso que cada um usurpe os direitos da Divindade e decida antes Dela a sorte eterna de todos os homens?

Quando pomos luto por um rei da Suécia, da Dinamarca, da Inglaterra ou da Prússia, dizemos que pomos luto por um réprobo que queima eternamente no Inferno? Há 40 milhões de habitantes na Europa que não são da Igreja de Roma; diremos nós a cada um deles: "Senhor, uma vez que estais infalivelmente condenado, não quero nem comer, nem celebrar contrato, nem conversar convosco"?

Qual é o embaixador da França que, apresentado em audiência ao Grão Senhor,[242] dirá a si mesmo no fundo de seu coração: "Sua Alteza queimará infalivelmente por toda a eternidade porque foi submetida à circuncisão"? Se acreditasse realmente que o Grão Senhor é o inimigo mortal de Deus e objeto de sua vingança, o embaixador poderia conversar com ele? Deveria ter sido enviado a ele? Com que homem poderíamos fazer comércio, que dever da vida civil poderíamos cumprir, se com efeito estivéssemos convencidos da ideia de que não se conversa com réprobos?

Ó sectários de um Deus clemente! Se tivésseis um coração cruel; se, adorando Aquele cuja lei toda consistia nestas palavras: "Amai a Deus e a vosso próximo",[243] tivésseis sobrecarregado essa lei pura e santa de sofismas e disputas incompreensíveis; se tivésseis acendido a discórdia, tanto por uma palavra nova, quanto por uma só letra do alfabeto;[244] se tivésseis ligado penas eternas à omissão de algumas palavras,[245] de algumas cerimônias que outros povos não podiam conhecer, eu vos diria, vertendo lágrimas sobre o gênero humano: "Transportai-vos comigo ao dia em que todos os homens serão julgados e em que Deus dará a cada um segundo suas obras.

"Vejo todos os mortos dos séculos passados e do nosso comparecerem em sua presença. Estais bem seguros de que nosso Criador e nosso Pai dirá ao sábio e virtuoso Confúcio, ao legislador Sólon, a Pitágoras, a Zaleuco, a Sócrates, a Platão, aos divinos Antoninos, ao bom Trajano, a Tito, estas delícias do gênero humano, a Epiteto, a tantos outros homens, modelos dos homens: 'Ide, monstros, ide sofrer castigos infinitos em intensidade e duração; que vosso suplício seja eterno como eu! E vós, meus bem-amados Jean Châtel, Ravaillac, Damiens, Cartouche[246] etc., que sois mortais com as fórmulas prescritas, partilhai para sempre, à minha direita, do meu império e da minha felicidade!'."

Recuais de horror a essas palavras; e, depois que elas me escaparam, nada mais tenho a vos dizer.

23
Prece a Deus

Não é mais, portanto, aos homens que me dirijo; é a Ti, Deus de todos os seres, de todos os mundos e de todos os tempos: se é permitido a frágeis criaturas perdidas na imensidão, e imperceptíveis ao resto do universo, ousar Te pedir alguma coisa, a Ti que deste tudo, a Ti cujos decretos são imutáveis assim como eternos, que Te dignas a olhar com piedade os erros inerentes a nossa natureza; que esses erros não causem de maneira alguma as nossas calamidades. Tu não nos deste um coração para que nos odiemos, nem mãos para que nos degolemos; faz com que nos ajudemos mutuamente a suportar o fardo de uma vida penosa e passageira; que as pequenas diferenças entre as roupas que cobrem nossos corpos débeis, entre todas as nossas linguagens insuficientes, entre todos os nossos costumes ridículos, entre todas as nossas leis imperfeitas, entre todas as nossas opiniões insensatas, entre todas as nossas condições tão desproporcionais a nossos olhos, e tão iguais perante Ti; que todas essas nuances que distinguem os *átomos* denominados homens não sejam sinais de ódio e de perseguição; que aqueles que acendem círios para Te celebrar em pleno meio-dia suportem aqueles que se contentam com a luz do Teu sol; que aqueles que cobrem seus trajes com um tecido branco para dizer que é preciso amar-Te não detestem aqueles que dizem a mesma coisa sob um manto de lã preta; que seja o mesmo adorar-Te num linguajar formado de uma língua antiga ou num linguajar mais recente; que aqueles cujo hábito é tingido de vermelho, ou violeta, que dominam uma pequena parcela do pequeno monte de lama deste mundo, e que possuem alguns fragmentos arredondados de certo metal, gozem sem orgulho daquilo que chamam de *grandeza* e *riqueza*, e que os outros os olhem sem inveja: pois sabes que não há o que invejar nem de que se orgulhar nessas vaidades.

Possam todos os homens se lembrar que são irmãos! Que tenham horror à tirania exercida sobre as almas, como execram a pilhagem que rouba à força o fruto do trabalho e da indústria pacífica! Se os flagelos da guerra são inevitáveis, não nos odiemos, não nos dilaceremos uns aos outros no seio da paz, e empreguemos o instante de nossa existência a abençoar igualmente em mil linguagens diversas, do Sião à Califórnia, a Tua bondade que nos deu este instante.

24
Postscriptum

Enquanto trabalhávamos nesta obra, com o único propósito de tornar os homens mais compassivos e mais indulgentes, outro homem escrevia com um propósito inteiramente contrário, pois cada qual tem sua opinião. Esse homem mandava imprimir um pequeno código de perseguição, intitulado *Acordo da religião e da humanidade*²⁴⁷ (trata-se de um erro do impressor: leia-se *da inumanidade*).

O autor do santo libelo se apoia em Santo Agostinho, que, depois de ter pregado a indulgência, pregou, por fim, a perseguição, tendo em vista que ele era então o mais forte e que mudava com frequência de opinião. Ele cita também o bispo de Meaux, Bossuet, que perseguiu o célebre Fénelon, arcebispo de Cambrai, culpado de ter escrito que vale a pena amar Deus por ele mesmo.

Bossuet, confesso, era eloquente; confesso ainda que o bispo de Hipona,²⁴⁸ por vezes inconsequente, era mais bem-falante que todos os africanos; mas tomarei a liberdade de dizer ao autor desse santo libelo, com Armando, das *Mulheres instruídas*:

> *Quand sur une personne on prétend se régler,*
> *C'est par les beaux côtés qu'il lui faut ressembler.*
> (Ato I, Cena I)²⁴⁹

Eu direi ao bispo de Hipona: Monsenhor, vós mudastes de parecer, permiti que me conserve na vossa primeira opinião; na verdade, considero que é a melhor.

Eu direi ao bispo de Meaux: Monsenhor, sois um grande homem: eu vos considero ao menos tão instruído quanto Santo Agostinho, e muito mais eloquente; mas por que atormentar tanto o vosso confrade, que é tão eloquente quanto vós em outro gênero, e que era mais amável?

O autor do santo libelo sobre a inumanidade não é nem um Bossuet nem um Santo Agostinho; ele me parece muito apto a se tornar um excelente inquisidor: gostaria que estivesse em Goa à frente daquele belo tribunal. Ele é, além disso, homem de Estado, e ostenta grandes princípios de política. "Se há entre vós", diz ele, "muitos heterodoxos, manejai-os, persuadi-os; se são em pequeno número, colocai em uso a força e as galeras, e vos dareis muito bem"; é o que ele aconselha às páginas 89 e 90.

Graças a Deus, sou bom católico, e não tenho a temer o que os huguenotes chamam *o martírio*; mas, se um dia esse homem se tornar primeiro-ministro, como ele parece se vangloriar, eu o advirto de que parto para a Inglaterra no dia em que ele receber suas cartas régias.

Até lá, só posso agradecer a Providência por permitir que pessoas da sua espécie sejam sempre maus argumentadores. Ele chega a citar Bayle entre os partidários da intolerância:[250] isso é razoável e hábil; e porque Bayle concorda que é preciso punir os facciosos e os velhacos, nosso homem conclui que é preciso perseguir a ferro e sangue as pessoas de boa-fé que são pacíficas.

Quase todo o seu livro é uma imitação da *Apologia da noite de São Bartolomeu*.[251] Ele é esse apologista ou seu eco. Num caso e noutro, é preciso esperar que nem o mestre nem o discípulo governem o Estado.

Mas, caso venham a dominá-lo, apresentar-lhes-ei de longe esta petição referente a duas linhas da página 93 do santo libelo:

"Convém sacrificar à felicidade de um vigésimo da nação a felicidade da nação inteira?"

Supondo, com efeito, que haja na França vinte católicos romanos para cada huguenote, não pretendo de modo algum que o huguenote coma os vinte católicos; mas também por que esses vinte católicos comeriam o huguenote, e por que impedir esse huguenote de se casar? Não há bispos, abades, monges que têm terras em Dauphiné, no Gévaudan, dos lados de Agde, de Carcassonne? Esses bispos, esses abades, esses monges não têm arrendatários que têm a infelicidade de não acreditar na transubstanciação? Não é do interesse dos bispos, dos abades, dos monges e do público que esses arrendatários tenham famílias numerosas? A permissão de ter filhos só deve ser dada àqueles que fazem parte de um só tipo de comunhão? Na verdade, isso não é justo nem honesto.

"A revogação do Édito de Nantes não produziu absolutamente os inconvenientes que se lhe atribuem", diz o autor.

Exagera-se, com efeito, caso se lhe atribua mais do que ele produziu, e o erro de quase todos os historiadores é exagerar; mas é também o erro de todas as controvérsias reduzir a nada o mal que se lhe censura. Não creiamos nem nos doutores de Paris nem nos predicadores de Amsterdã.

Tomemos por juiz o senhor conde d'Avaux, embaixador na Holanda de 1685 a 1688. Ele diz, página 181, volume v,[252] que um único homem havia se oferecido para encontrar os mais de 20 milhões que os perseguidos tinham feito sair da França. Luís XIV responde ao senhor d'Avaux: "As informações que recebo todos os dias acerca do número infinito de conversões não me deixam dúvidas de que os mais obstinados seguirão o exemplo dos outros".

Vemos por essa carta de Luís XIV que ele confiava na extensão de seu poder. Todas as manhãs lhe diziam: "Sire, sois o maior rei do universo; todo o universo se vangloriará de pensar como vós, assim que tiverdes usado da palavra". Pellisson, que se enriquecera no posto de primeiro funcionário das finanças; Pellisson, que estivera três anos na Bastilha como cúmplice de Fouquet; Pellisson, que de calvinista havia se tornado diácono e beneficiário, que mandava imprimir preces para a missa e buquês a Íris, que tinha obtido o posto de ecônomo e de conversor; Pellisson, digo, trazia a cada três meses uma grande lista de abjurações, a sete ou oito escudos cada, e fazia o rei crer que, quando quisesse, ele converteria todos os turcos pelo mesmo preço.[253] Faziam revezamento para enganá-lo; como podia ele resistir à sedução?

No entanto, o mesmo senhor d'Avaux manda avisar o rei que alguém de nome Vincent mantém mais de 150 trabalhadores próximo de Angoulême, e que sua partida causará prejuízo: volume v, página 194.

O mesmo senhor d'Avaux fala de dois regimentos que o

príncipe de Orange já conseguiu recrutar com oficiais franceses refugiados; fala de marinheiros que desertaram de três navios para servir nos navios do príncipe de Orange. Além desses dois regimentos, o príncipe de Orange forma ainda uma companhia de cadetes refugiados, comandados por dois capitães, página 240. O embaixador escreve ainda, em 9 de maio de 1686, ao senhor de Seignelay, "que não pode lhe dissimular a pena que lhe causa ver as manufaturas da França se estabelecerem na Holanda, de onde não sairão jamais".

Juntai a esses testemunhos os de todos os intendentes de província do reino em 1699, e julgai se a revogação do Édito de Nantes não produziu mais mal do que bem, apesar da opinião do respeitável autor do *Acordo da religião e da humanidade*.

Um marechal francês, conhecido por seu espírito superior, dizia há alguns anos: "Não sei se as dragonadas[254] foram necessárias; mas é necessário deixar de fazê-las".

Confesso que acreditei ter ido um pouco longe demais ao tornar pública a carta do correspondente do padre Le Tellier, na qual o congreganista propõe a solução dos barris de pólvora. Eu dizia a mim mesmo: não acreditarão em mim, essa carta será considerada uma peça imaginada. Meus escrúpulos felizmente cessaram quando li no *Acordo da religião e da humanidade*, página 149, as palavras amenas.

"A extinção total dos protestantes na França não enfraqueceria mais a França que uma sangria enfraquece um doente de boa compleição."

Esse cristão compassivo, que acabou de dizer que os protestantes compõem um vinte avos da nação, quer, pois, verter o sangue dessa vigésima parte, e não vê essa operação senão como a sangria de uma vasilha! Deus nos poupe, com ele, dos três vigésimos![255]

Se esse homem honesto propõe, portanto, matar a vigésima parte da nação, por que o amigo do padre Le Tellier não teria proposto fazer saltar pelos ares, degolar ou envenenar um terço dela? É, portanto, bem verossímil que a carta ao padre Le Tellier tenha sido realmente escrita.

O santo autor acaba, enfim, por concluir que a intolerância é uma coisa excelente, "porque ela não foi", diz, "expressamente condenada por Jesus Cristo". Mas Jesus Cristo tampouco condenou aqueles que atearam fogo aos quatro cantos de Paris; seria isso uma razão para canonizar os incendiários?

Assim, pois, enquanto a natureza faz ouvir sua voz doce e benfazeja, o fanatismo, esse inimigo da natureza, solta seus uivos; e enquanto a paz se apresenta aos homens, a intolerância forja suas armas. Ó árbitros das nações, que destes a paz à Europa, decidi entre o espírito pacífico e o espírito assassino!

25
Sequência e conclusão

Aprendemos que, em 7 de março de 1763, todo o Conselho de Estado reunido em Versalhes, com a presença dos ministros do Estado e a presidência do senhor de Crosne,[256] chefe dos recursos, fez o relato do caso Calas com a imparcialidade de um juiz, a exatidão de um homem perfeitamente instruído, a eloquência simples e verdadeira de um orador homem de Estado, a única que convém a uma tal assembleia. Uma prodigiosa multidão de pessoas de todas as posições aguardava a decisão do Conselho na galeria do palácio. Anunciaram logo depois ao rei que todos os votos, sem exceção, tinham ordenado que o parlamento de Toulouse enviasse as peças do processo ao Conselho e os motivos do decreto que fez Jean Calas expirar no sacrifício da roda. Sua Majestade aprovou o julgamento do Conselho.

Há, portanto, humanidade e justiça entre os homens, e principalmente no Conselho de um rei amado e digno de sê-lo. O caso de uma desafortunada família de cidadãos obscuros ocupou Sua Majestade, seus ministros, o chanceler e todo o Conselho, e foi discutido com um exame tão refletido quanto o podem ser os grandes assuntos da guerra e da paz. O amor à equidade e o interesse do gênero humano guiaram todos os juízes. Rendamos graças ao Deus de clemência, o único que inspira a equidade e todas as virtudes!

Atestamos que não conhecíamos nem aquele infortunado Calas nem os oitos juízes de Toulouse que o fizeram morrer com base nos indícios mais fracos, contra as ordens de nossos reis e contra as leis de todas as nações; tampouco conheci seu filho Marc-Antoine, cuja morte estranha induziu os juízes ao erro; nem a mãe, tão respeitável quanto infeliz; nem as filhas inocentes, que percorreram duzentas léguas com ela para depositar seu desastre e sua virtude ao pé do trono.

Deus sabe que não fomos animados senão por um espírito de justiça, de verdade e de paz ao escrevermos o que pensamos sobre a tolerância, por ocasião do caso Calas, morto pelo espírito da intolerância.

Não cremos ter ofendido os oito juízes de Toulouse dizendo que erraram, assim como todo o Conselho o presumiu: ao contrário, abrimos-lhes uma via para se justificarem perante a Europa inteira. Tal via consiste em confessar que os indícios equívocos e os gritos de uma multidão insensata surpreenderam a sua justiça; em pedir perdão à viúva e reparar, tanto quanto sejam capazes, a inteira ruína de uma família inocente, juntando-se àqueles que a socorreram em sua aflição. Eles fizeram o pai morrer injustamente, cabe-lhes fazer as vezes de pai aos filhos, supondo-se que os órfãos queiram receber deles um frágil sinal de um arrependimento muito justo. Seria belo que os juízes o oferecessem, belo se a família o recusasse.

Cabe sobretudo ao senhor David, magistrado de Toulouse, uma vez que foi o primeiro perseguidor da inocência, dar o exemplo do arrependimento. Ele insulta um pai de família que morre sobre o cadafalso. Tal crueldade é bem inaudita; mas, visto que Deus perdoa, os homens também devem perdoar a quem repara suas injustiças.

Escreveram-me do Languedoc esta carta de 20 de fevereiro de 1763.

"Vossa obra sobre a tolerância me parece plena de humanidade e de verdade; mas temo que faça mais mal do que bem à família dos Calas. Ela pode ulcerar os oito juízes que opinaram pelo sacrifício da roda; eles pedirão ao parlamento que queime vosso livro, e os fanáticos (pois sempre os há) responderão com gritos de furor à voz da razão etc."

Eis minha resposta:

Os oito juízes de Toulouse podem mandar queimar meu livro, se for bom; nada mais fácil: queimaram as *Cartas provinciais*,[257] que valiam sem dúvida muito mais; cada um pode queimar em sua casa os livros e papéis que lhe desagradam.

Minha obra não pode fazer nem bem nem mal, aos Calas, os quais não conheço. O Conselho do rei, imparcial e firme, julga segundo as leis, segundo a equidade, baseando-se nos autos, nos procedimentos, e não num escrito que não é jurídico, e cujo fundo é absolutamente estranho à questão que ele julga.

Mesmo que imprimamos in-fólios a favor ou contra os oito juízes de Toulouse, e a favor ou contra a tolerância,[258] nem o Conselho nem tribunal algum verá esses livros como peças do processo.

Este escrito sobre a tolerância é uma petição que a humanidade apresenta muito humildemente ao poder e à prudência. Semeio um grão que poderá um dia produzir uma colheita. Depositemos todas as nossas esperanças no tempo, na bondade do rei, na sabedoria de seus ministros e no espírito da razão, que começa a espalhar sua luz por toda parte.

A natureza diz a todos os homens: "Fiz todos vós nascerdes fracos e ignorantes, para vegetar alguns minutos sobre a Terra e adubá-las com vossos cadáveres. Pois que sois fracos, ajudai-vos; pois que sois ignorantes, esclarecei-vos e suportai-vos uns aos outros. Mesmo que todos vós fôsseis da mesma opinião, o que certamente não ocorrerá jamais, mesmo que haja um único ser humano com uma opinião contrária, deveis perdoá-lo: pois sou eu que o faz pensar como ele pensa. Dei-vos braços para cultivar a terra, e um pequeno vislumbre de razão para vos conduzir; coloquei em vossos corações um germe de compaixão para que vos ajudeis uns aos outros a suportar a vida. Não sufoqueis esse germe, não o corrompais, aprendei que ele é divino, e não substituais a voz da natureza pelos miseráveis furores da escola.

"Sou eu apenas que vos uno ainda, malgrado vós mesmos, pelos vossos desejos naturais, em meio a vossas guerras empreendidas tão levianamente, teatro eterno dos erros, dos acasos e das desgraças. Sou eu apenas quem, numa nação, detém as consequências funestas da divisão interminável entre a nobreza e a magistratura, entre esses dois corpos e o clero, entre o burguês e o agricultor. Todos eles ignoram os limites de seus direitos; mas escutam todos, malgrado eles mesmos, minha voz que lhes fala ao coração. Só eu conservo a equidade nos tribunais, onde sem mim tudo estaria entregue à indecisão e aos caprichos, em meio a um monte confuso de leis feitas frequentemente ao acaso e para uma necessidade passageira, diferentes entre si de uma província a outra, de uma cidade a outra, e quase sempre contraditórias entre si no mesmo lugar. Somente eu posso inspirar a justiça, quando as leis não inspiram senão a chicana. Aquele que me escuta julga sempre bem; e aquele que não procura senão conciliar as opiniões que se contradizem é quem se extravia.

"Há um edifício imenso cujos fundamentos foram postos por minhas mãos: ele era sólido e simples, todos os homens podiam nele entrar com segurança; quiseram lhe acrescentar os ornamentos mais bizarros, mais grosseiros e mais inúteis; o prédio desaba em ruínas por todos os lados; os homens pegam as pedras dele e as atiram na cabeça uns dos outros; eu lhes grito: Cessai, afastai esses escombros funestos que são obra vossa e permanecei comigo em paz no meu edifício inabalável."

Artigo recentemente acrescentado, no qual se presta conta da última sentença favorável à família Calas[259]

Do dia 7 de março de 1763 até o julgamento definitivo, passaram-se ainda dois anos:[260] eis como é fácil ao fanatismo arrancar a vida à inocência, e como é difícil à razão fazer-lhe justiça. Foi preciso vencer as inevitáveis lonjuras, necessariamente ligadas às formalidades. Quanto menos tivessem sido observadas na condenação de Calas, mais essas formalidades deviam ser rigorosamente seguidas pelo Conselho de Estado. Um ano inteiro não foi suficiente para forçar o parlamento de Toulouse a fazer chegar todo o processo ao Conselho, para que este o examinasse e o relatasse. O senhor de Crosne foi ainda encarregado desse trabalho penoso. Uma assembleia de quase oitenta juízes cassou a condenação de Toulouse, e ordenou a revisão inteira do processo.

Outros assuntos importantes ocupavam então quase todos os tribunais do reino. Os jesuítas estavam sendo expulsos; a sua sociedade era abolida na França: eles tinham sido intolerantes e perseguidores; era a sua vez de serem perseguidos.

A extravagância dos bilhetes de confissão, dos quais se cria serem eles os autores secretos, e de que eram publicamente partidários, já dera alento ao ódio da nação contra eles. A imensa bancarrota de um de seus missionários, a qual se acreditou em parte fraudulenta, acabou por perdê-los. Essas duas palavras, "missionários" e "bancarroteiros", tão pouco feitas para estar juntas, levaram a todos os espíritos a sentença de sua condenação. Por fim, as ruínas de Port-Royal e as ossadas de tantos homens célebres, insultados por eles em suas sepulturas e exumados no início do século por ordens que só os jesuítas haviam ditado, ergueram-se todas contra o crédito expirante que ainda tinham. Pode-se ver a história de sua proscrição no excelente livro intitulado *Sobre a destruição dos jesuítas na França*,[261] obra imparcial, por ser de um filósofo, escrita com a fineza e eloquência de um Pascal, e sobretudo com uma superioridade de luzes que não é ofuscada, como em Pascal, pelos preconceitos que por vezes seduziram os grandes homens.

Esse grande affaire, no qual alguns partidários dos jesuítas diziam que a religião estava sendo ultrajada, e no qual a grande maioria se sentia vingada, fez o público perder de vista, durante alguns meses, o processo dos Calas; porém, como o rei atribuiu o julgamento definitivo ao tribunal designado como *petições do paço*,[262] o mesmo público, que ama passar de uma cena a outra, esqueceu os jesuítas, e os Calas prenderam toda a sua atenção.

A câmara de petições do paço é uma corte soberana, composta dos chefes de petições, encarregada de julgar os processos entre os oficiais da corte e as causas que o rei lhes envia. Não se podia escolher tribunal mais instruído para o caso: eram precisamente os mesmos magistrados que tinham julgado duas vezes as preliminares da revisão, e que estavam perfeitamente instruídos tanto do fundo quanto da forma. A viúva de Jean Calas, seu filho e o senhor de Lavaisse tinham sido colocados de novo na prisão; fizeram vir do fundo do Languedoc a velha criada católica, que não tinha deixado um momento sequer seu patrão e sua patroa durante o tempo em que se supunha, contra toda a verossimilhança, que eles estrangularam seu filho e seu irmão. Deliberou-se, enfim, sobre os mesmos autos que haviam servido para condenar Jean Calas ao suplício da roda, e seu filho Pierre ao banimento.

Foi então que apareceu uma nova memória do eloquente senhor de Beaumont, e uma outra do jovem senhor de Lavaisse, tão injustamente implicado no processo criminal pelos juízes de Toulouse, o qual, por cúmulo da contradição, não o havia declarado absolvido. Esse jovem redigiu ele mesmo um memorial que foi julgado digno de figurar ao lado daquele do senhor de Beaumont. Ele tinha a dupla vantagem de falar por si mesmo e pela família com a qual havia partilhado os grilhões. Para quebrar os seus e sair da prisão de Toulouse, teria bastado que dissesse que tinha se afastado por um momento dos Calas no instante em que se pretendia que o pai e a mãe haviam assassinado o filho. Tinham-no ameaçado com o suplício: a questão e a morte tinham se apresentado a seus olhos; uma palavra podia ter-lhe rendido a liberdade: ele preferia se expor ao suplício a pronunciar aquela palavra, que teria sido uma mentira. Ele expôs todos esses detalhes em seu memorial, com uma candura tão nobre, tão simples, tão distante de toda ostentação, que tocou todos aqueles que ele não queria senão convencer, e se fez admirar sem pretender obter reputação.

O pai dele, advogado famoso, não teve participação alguma nessa obra; ele se viu subitamente igualado ao filho, que jamais tinha seguido a carreira de advogado.

Nesse ínterim, pessoas da mais alta consideração iam em massa à prisão da senhora Calas, onde suas filhas estavam presas com ela. O enternecimento chegava às lágrimas. A humanidade e a generosidade eram pródigas em ampará-las. Aquilo que se chama de caridade não lhes era de nenhuma ajuda. Aliás, frequentemente mesquinha e insultante, a caridade é o quinhão dos devotos, e os devotos ainda se mantinham contra os Calas.

Chegou o dia (9 de março de 1765) em que a inocência triunfou plenamente. Depois que o senhor de Bacquencourt relatou todo o processo e instruiu o caso nas suas menores circunstâncias, todos os juízes, por unanimidade, declararam inocente a família que o parlamento de Toulouse havia julgado tão injusta e abusivamente. Eles reabilitaram a memória do pai. Permitiram que a família recorresse a quem fosse para se dirigir aos juízes e obter as despesas, as perdas e os juros que os magistrados toulousenses deveriam se oferecer para pagar por iniciativa própria.

Foi um júbilo universal em Paris: houve aglomerações nas praças públicas, nos passeios; corriam para ver aquela família tão infeliz e tão bem defendida; batiam palmas vendo os juízes passar, cumulando-os de bênçãos. O que tornava o espetáculo ainda mais tocante era que aquele dia, 9 de março, era o mesmo dia em que Calas havia sido morto no mais cruel dos suplícios (três anos antes).

Os senhores encarregados das petições tinham feito completa justiça à família Calas, e nisso não fizeram mais que seu dever. Há outro dever, o da beneficência, mais raramente cumprido pelos tribunais, que parecem crer que existem apenas para serem equitativos. Os chefes das petições decidiram que escreveriam em conjunto a Sua Majestade para suplicar que reparasse com suas dádivas a ruína da família. A carta foi escrita. O rei respondeu mandando entregar 30 mil libras à mãe e às crianças; e, dessas 30 mil libras, 3 mil foram para a criada virtuosa que havia constantemente defendido a verdade, ao defender seus patrões.

Como por tantas outras ações, o rei, por essa bondade, fez jus ao epíteto que lhe foi dado pelo amor da nação. Que esse exemplo possa servir para inspirar a tolerância aos homens, sem a qual o fanatismo desolará a Terra ou, ao menos, a entristecerá sempre! Sabemos que não se trata aqui senão de uma única família, e que a fúria das seitas mata milhares; mas hoje, que uma sombra de paz faz repousar todas as sociedades cristãs, depois de séculos de matança, é neste tempo de tranquilidade que o infortúnio dos Calas deve causar uma impressão ainda maior, mais ou menos como o trovão que cai na serenidade de um belo dia. Tais casos são raros, mas acontecem, e são efeito dessa superstição sombria que leva as almas fracas a imputar crimes a quem quer que não pense como elas.

Notas

1. Na verdade, Jean Calas tinha 64 anos àquela altura. (N. T.)
2. Jean Calas e sua esposa Anne-Rose Cabidel tinham quatro filhos e duas filhas. Louis, o terceiro, tinha se convertido ao catolicismo e já não vivia em casa havia tempos. O filho Donat estava trabalhando em Nîmes, e as filhas Rosine e Nanette também estavam fora na noite de 13 de outubro de 1761. (N. T.)
3. Jeanne Viguière. (N. T.)
4. Gaubert Lavaisse. (N. T.)
5. 12 de outubro de 1761. (N. A.)
6. Depois de transportarem o cadáver à prefeitura, encontraram um pequeno arranhão na ponta do nariz e uma pequena mancha nas costas, causados por alguma inadvertência no transporte do corpo. (N. A.)
7. Henrique III (1551-89) foi assassinado por Jacques Clément em 1589 durante o cerco de Paris no decorrer das chamadas guerras de religião na França, que se estenderam de 1562 a 1598. Henrique IV (1553-1610), que foi rei de Navarra e membro da Igreja reformada, assumiu a Coroa francesa como seu sucessor, convertendo-se depois ao catolicismo. Também foi assassinado, em 1610, por François Ravaillac. (N. T.)
8. Em 17 de maio de 1562, um grupo de 3 mil a 5 mil protestantes se refugiou na prefeitura de Toulouse. Eles aceitaram depor as armas em troca de um salvo-conduto. Após sua rendição, foram massacrados pelos seus oponentes católicos. (N. T.)
9. Haveria algum fundamento nessa suposição na discus-

são que Calvino faz do dever de obediência que a criança tem para com os pais: "O Senhor ordena que todos aqueles que desobedecem aos pais devem ser mortos". Calvino, *Instituição da religião cristã*, livro II, cap. 8, seção 36. (N. T.)

10. François-Raymond David de Beaudrigue foi posteriormente demitido do cargo (em 12 de fevereiro de 1765) em virtude de irregularidades procedurais na execução de seus deveres. (N. A.)

11. Intimação pública por um bispo ou vigário geral conclamando todo aquele que tenha alguma informação sobre determinado acontecimento que a revele às autoridades civis sob pena de excomunhão da Igreja. (N. T.)

12. René Pomeau, citando Moland, afirma que o cura da igreja de Saint-Étienne não chegou a protestar, mas até disputou o direito de inumar o corpo na prefeitura (Hôtel de Ville) de Toulouse, que se encontrava sob a circunscrição do cura de Taur. (N. T.)

13. Charles, duque de Fizt-James, se tornou governador da região do Languedoc em 1761. (N. T.)

14. Por dois séculos do massacre dos huguenotes ou pela vitória dos católicos em 1552. (N. T.)

15. Uma sentença de morte requeria maioria de dois terços. Assim, enquanto a votação estava provisoriamente sete a seis (antes de um juiz mudar de lado), o juiz que deveria se declarar suspeito, ao votar, conferiu maioria em favor da culpa. Os números dados por Voltaire não batem, inclusive porque o juiz favorável a Calas permaneceu sob suspeição. (N. T.)

16. Só conheço na história dois exemplos de pais acusados de ter assassinado os filhos pela religião:
O primeiro é o pai de santa Bárbara, que nós chamamos de santa Barbe.* Ele havia mandado fazer duas janelas no banheiro; Bárbara, na ausência dele, fez uma terceira em louvor à Santíssima Trindade; ela fez, *com a ponta do dedo*, o sinal da cruz nas colunas de mármore, e esse sinal se gravou profundamente nelas. Seu pai, encolerizado, correu-lhe atrás com a espada na mão, mas ela fugiu através de uma montanha, que se abriu para

ela. O pai contornou a montanha e conseguiu alcançar a filha; açoitaram-na, ela totalmente nua, mas Deus a cobriu com uma nuvem branca; por fim, seu pai lhe cortou a cabeça. É o que a *Flor dos santos* relata.**
O segundo exemplo é o do príncipe Hermenegildo.*** Ele se revoltou contra o rei — seu pai —, travou batalha contra ele em 584, na qual foi vencido e morto por um oficial; fizeram dele um mártir, porque seu pai era ariano. (N. A.)
[* Santa Bárbara foi morta pelo pai por volta de 235 porque resistia a renunciar ao cristianismo. ** A *Flor dos santos* foi escrita pelo jesuíta espanhol Pedro de Ribadeneira (1527-1611) e traduzida para o francês nos séculos XVII e XVIII. *** São Hermenegildo (c. 564-85) foi filho de Leovigildo, rei visigodo. (N. T.)]

17. Em 18 de março de 1762. (N. T.)
18. "Um dominicano veio a meu cárcere e me ameaçou com o mesmo gênero de morte se eu não abjurasse: é o que atesto perante Deus. 23 de julho de 1762. Pierre Calas." (N. A.)
19. Pierre Calas fugiu do convento em 4 de julho de 1762 e foi para Genebra, onde conversou com Voltaire. (N. T.)
20. Os parlamentos regionais da França, na época, não eram corpos legislativos, mas principalmente instituições judiciais que registravam os decretos reais para implementação local e o aplicavam em suas próprias regiões. Agiam, portanto, como cortes de apelação das decisões tomadas pelas magistraturas locais. (N. T.)
21. Elas foram reproduzidas fraudulentamente, e a senhora Calas perdeu o fruto daquela generosidade. (N. A.)
22. O termo "devoto" vem do latim *devotus*. Os *devoti* da antiga Roma eram aqueles que se devotavam à saúde da república: eram os Curtius, os Décios. (N. A.)
23. O abade Claude-François Houtteville (1686-1742) descreve a tolerância como "monstruosa" no prefácio de sua obra apologética *A religião cristã provada pelos fatos* (Paris, 1740). (N. T.)
24. Assim eram chamados os conselheiros do parlamento. (N. T.)

25. Provável referência a Henri-François d'Aguesseau (1668- -1751), descrito em termos semelhantes por Voltaire em *O século de Luís XIV*. (N. T.)
26. Liga Católica, fundada por Henrique I, duque de Guise (1550-88), em 1576, para apoiar os católicos contra os huguenotes. (N. T.)
27. Os dois termos dizem respeito à função do papado na indicação dos principais cargos e benefícios eclesiásticos. A Santa Sé se reservava o direito de fazer todas as nomeações (por exemplo, de bispados) por toda a Igreja católica, e os que recebiam a nomeação reembolsavam Roma com o ganho do primeiro ano de seu benefício (o qual era chamado uma "anata"). (N. T.)
28. Eles renovavam a opinião de Berengário* sobre a Eucaristia; negavam que um corpo possa estar em 100 mil lugares diferentes, mesmo pela onipotência divina; negavam que os atributos possam existir sem sujeito; acreditavam que era absolutamente impossível que aquilo que é pão e vinho aos olhos, ao paladar e ao estômago fosse aniquilado no momento mesmo em que existe; sustentavam todos esses erros, outrora condenados no caso de Berengário. Eles se apoiavam em diversas passagens dos primeiros Padres da Igreja, sobretudo em são Justino, que diz expressamente em seu diálogo contra Trifão:** "A oblação da farinha fina... é a figura da Eucaristia que Jesus Cristo nos ordena fazer em memória de sua paixão — *Kaì ē tēs semidáleōs... túpos ēv toû ártou tēs eucharistías, hón eís anámnesin toû páthous... Iēsoûs Christòs ho aúrios hēmōn paredōke poieîn* (p. 119, edição Londinensis, 1719, in-oitavo).

Eles recordavam tudo aquilo que havia sido dito nos primeiros séculos contra o culto das relíquias; citavam estas palavras de Vigilâncio: "É necessário que respeiteis ou mesmo adoreis o pó vil? As almas dos mártires ainda amam as suas cinzas? Os costumes dos idólatras se introduziram na Igreja: começa-se a acender tochas em pleno meio-dia. Podemos rezar uns pelos outros durante nossa vida; mas, depois da morte, para que servem essas preces?"

Eles não diziam, porém, o quanto são Jerônimo tinha se erguido contra essas palavras de Vigilâncio. Enfim, eles queriam que tudo fosse como nos tempos apostólicos, mas não queriam convir que, como a Igreja havia se ampliado e fortificado, era preciso necessariamente ampliar e fortificar a sua disciplina: eles condenavam as riquezas, que pareciam, no entanto, necessárias para sustentar a majestade do culto. (N. A.)

[* Berengário de Tour (c. 999-1088) foi considerado herético por rejeitar a transubstanciação. ** São Justino Mártir (c. 100-c. 165): cristão apologista, cujo *Diálogo com Trifão* tenta mostrar a compatibilidade do cristianismo e do judaísmo. (N. T.)]

29. Duas localidades situadas na Vaucluse, departamento no sudeste da França. (N. T.)

30. Pedro Waldo (c. 1140-c. 1205), comerciante lionês, iniciou um movimento reformista em Lyon em 1173, recomendando os cristãos a retornar à vida simples dos tempos apostólicos. Seus seguidores eram conhecidos como valdenses e posteriormente se associaram aos reformistas do século XVI. Em 1545, o rei Francisco I (1494-1547) forneceu tropas que mataram grande número de valdenses. (N. T.)

31. O verídico e respeitável presidente de Thou fala assim desses homens tão inocentes e tão desafortunados: "*Homines esse qui trecentis circiter abhinc annis asperum et incultum solum vectigale a dominis acceperint, quod improbo labore et assiduo cultu frugum ferax et aptum pecori reddiderint; patientissimos eos laboris et inediae, a litibus abhorrentes, erga egenos munificos, tributa principi et sua jura dominis sedulo et summa fide pendere; Dei cultum assiduis precibus et morum innocentia prae se ferre, caeterum raro divorum templa adire, nisi si quando ad vicina suis finibus oppida mercandi aut negotiorum causa divertant; quo si quandoque pedem inferant, non Dei divorumque statuis advolvi, nec oereos eis aut donoria ulla ponere; non sacerdotes ab eis rogari ut pro se aut propinquorum manibus rem divinam faciant: non cruce frontem insignire uti aliorum moris est;*

cum coelum intonat, non se lustrali aqua aspergere, sed sublatis in coelum oculis Dei opem implorare; non religionis ergo peregre proficisci, non per vias ante crucium simulacra caput aperire; sacra alio ritu et populari lingua celebrare; non denique pontifici aut episcopis honorem deferre, sed quosdam e suo numero delectos pro antistitibus et doctoribus habere. Haec uti ad Franciscum relata vi *id. feb., anni, etc.*" (Thuani, *Hist.*, lib. vi.)*

A senhora de Cental, a quem pertencia uma parte das terras devastadas e sobre as quais não se via mais que os cadáveres de seus habitantes, clamou justiça ao rei Henrique ii, que a encaminhou ao parlamento. O advogado geral da Provence, de nome Guérin, principal autor dos massacres, foi o único condenado a perder a cabeça. De Thou diz que ele cumpriu sozinho a pena dos outros culpados, *quod aulicorum favore destitueretur*, porque não tinha amigos na corte. (N. A.)

[* Em latim no original: "Eles eram pessoas que, cerca de trezentos anos antes, haviam aceitado de seus príncipes terrenos pedregosos, incultos, e com um trabalho extraordinário e cultivo incessante os converteram em terras férteis e próprias para o gado. Eram extremamente pacientes e dedicados ao trabalho; abominavam disputas jurídicas, eram generosos com os necessitados, e saldavam escrupulosa e honestamente os tributos aos seus príncipes e os pagamentos devidos a seus senhores. Dedicavam-se ao culto de Deus com preces constantes e a inocência de sua conduta. Raramente visitavam lugares de adoração de outras pessoas, a não ser que estivessem visitando suas vizinhanças para vender mercadorias ou por razões comerciais semelhantes. Sempre que lá iam, eles não visitavam as estátuas de Deus ou dos santos, nem acendiam velas diante de estátuas ou doavam dinheiro como oferenda. Não pediam aos padres que realizassem ritos sagrados para eles próprios ou seus parentes. Não faziam sinal da cruz, como é habitual; quando oravam, não se aspergiam com água benta, mas elevavam os olhos ao céu e pediam ajuda a Deus. Não saíam em peregrinação, nem tiravam o chapéu diante da cruz em vias públicas. Celebravam um rito alternativo em língua vernácula; não honravam bispos ou pontífices, mas escolhiam um de seus membros para presidir seus encontros e para instruí-los. Isso foi relatado a Francisco I em fevereiro etc." Jacques-Auguste de Thou (1553-1617), *Dezoito livros sobre a história de sua época* (Paris, 1604). O livro foi colocado no Index, porque nele o autor defende a tolerância. De Thou ajudou posteriormente a esboçar o Édito de Nantes. (N. T.)]

32. Anne du Bourg (1521-59), que se converteu publicamente ao calvinismo, foi executado em dezembro de 1559. (N. T.)

33. Passando por Vassy, na região do Alto Marne, Francisco, segundo duque de Guise (1519-63), foi informado de que um grupo de huguenotes estava celebrando um serviço religioso num celeiro ali perto. Como seus esforços para evitar a assembleia foram em vão, suas tropas atearam fogo ao celeiro e mataram mais de sessenta huguenotes. O acontecido é frequentemente identificado como o começo das guerras religiosas na França. (N. T.)

34. É considerado o massacre mais infame dos huguenotes ocorrido durante as guerras religiosas. Catarina de Médici (1519-89) era a regente durante a minoridade de seu filho Carlos IX (que reinou de 1560 a 1574). Ela autorizou o massacre de Gaspard II de Coligny (1519-72) e de seus companheiros em Paris em 24 de agosto de 1572. O massacre continuou por algumas semanas e se espalhou por diversas províncias da França; estima-se que 2 mil pessoas foram mortas em Paris e pelo menos 10 mil no resto da França, embora os números exatos possam ser bem maiores. (N. T.)

35. As batalhas de Jarnac e Moncontour foram travadas em 1569, a de Coutras em 1587, a de Dreux em 1562 e a de Saint-Denis em 1567. Três delas foram vencidas pelos católicos e duas pelos huguenotes. (N. T.)

36. A Virgem de Orléans é Joana d'Arc (c. 1412-31). O pedido para que o seu processo fosse levado à Inquisição foi feito pela Sorbonne em 1430. A mesma universidade anunciou a deposição de Henrique IV em 1588. (N. T.)

37. Em 1588 (e não em 1585), em decorrência do assassinato do cardeal de Guise, o papa Sisto v excomungou Henrique III e desobrigou seus súditos do dever de obedecê-lo. (N. T.)

38. Francisco Gomar foi um teólogo protestante: sustentava, contra Armínio seu colega, que Deus destinou desde todo o sempre a grande maioria dos homens a ser eternamente consumida pelo fogo: esse dogma infernal foi alimentado, como era de esperar, pela perseguição. O grande pensionário Barneveldt,* que era do partido contrário a Gomar, teve a cabeça cortada aos 72 anos de idade, no dia 13 de maio de 1619, "por ter contristado o mais possível a Igreja de Deus". (N. A.)

    [* Francisco Gomar (Franciscus Gomarus, 1563- -1641), teólogo calvinista, foi professor na Universidade de Leiden. Jacó Armínio (1560-1609) foi o fundador do "armianismo", doutrina seguida pelos remonstrantes e que divergia do calvinismo no que diz respeito à predestinação. Johan van Oldenbarnevelt (1547-1619), grande pensionário dos Estados holandeses, foi um dos políticos mais importantes de sua época e apoiou os arminianos mais tolerantes na controvérsia que culminou no Sínodo de Dort (1618-9). Grande pensionário: nome dado ao chefe do poder executivo da província de Holanda, que tinha de fato mais poder que os outros pensionários (*raadpensionaris* em holandês) das demais Províncias Unidas dos Países Baixos. (N. T.)]

39. Falando da Inglaterra, um declamador disse na apologia da revogação do Édito de Nantes: "Uma falsa religião deveria necessariamente produzir tais frutos; faltava um para amadurecer, e esses insulares o colheram; é o desprezo das nações".* É preciso confessar que o autor utiliza muito mal seu tempo dizendo que os ingleses são desprezíveis e desprezados por toda a terra. Não me parece ter boa acolhida dizer que uma nação é desprezível e desprezada quando ela faz notar sua bravura e generosidade, quando é vitoriosa nos quatro cantos do mundo. É num capítulo sobre a intolerância que encontramos essa passagem singular; os que pregam a intolerância merecem es-

crever assim. Esse livro abominável, que parece feito pelo louco de Verberie,** provém de um homem sem missão: pois, que pastor escreveria assim? Nesse livro, incita-se o furor para justificar a noite de São Bartolomeu. Uma tal obra, repleta de paradoxos tão horríveis, deveria estar nas mãos de todo o mundo, ao menos pela sua singularidade; no entanto, ela mal é conhecida. (N. A.)

[* O declamador de que fala Voltaire é o abade Jean Novi de Caveirac (1713-82) e a frase citada se encontra na página 362 de sua *Apologia de Luís XIV pela revogação do Édito de Nantes, com uma dissertação sobre a jornada de São Bartolomeu* (1758).** O "louco de Verberie" a que o autor se refere é Jacques Ringuet, que numa ceia oferecida por monjas "havia proferido palavras insensatas e foi enforcado, em vez de purgado e submetido à sangria", conforme se lê no verbete "Suplícios" do *Dicionário filosófico* de Voltaire. (N. T.)]

40. Paul de Rapin de Thoyras (1661-1713) foi um calvinista francês que emigrou depois da revogação do Édito de Nantes e se juntou ao exército de Guilherme de Orange (1650-1702). Combateu na Irlanda, no cerco de Limerick e na batalha de Boyne (1690). Escreveu uma *História da Inglaterra* em dez volumes (Haia, 1724-7), que foi traduzida para o inglês. O sumário dos acontecimentos que se seguiram à rebelião irlandesa de 1641 feito por Voltaire foi tirado de panfletos que haviam sido impressos em Londres e davam a ideia de que as atrocidades cometidas na rebelião de Ulster foram perpetradas unicamente pelos católicos. (N. T.)

41. Segundo René Pomeau, a província da Alsácia foi unida ao reino da França após a publicação do Édito de Nantes. O Édito não se aplicava à região e, portanto, ali não foi revogado. Já segundo Desmond M. Clarke, a liberdade religiosa dos protestantes na Alsácia foi garantida pela Suécia no Tratado de Vestefália, ao fim da Guerra dos Trinta Anos (1618-48), e não tanto pela tolerância praticada por Luís XIV no que diz respeito à região. (N. T.)

42. Charles Edward Stuart, o Jovem Pretendente (1720-88), neto de James II (1633-1701). (N. T.)

43. O Ato de Juramento de 1673 (intitulado "Ato para Prevenir Perigos que Possam Vir de Dissidentes Papistas") impedia a nomeação de católicos e de outros dissidentes para exercer funções públicas. (N. T.)
44. Também conhecida como Ermelândia, a região fica no noroeste da Polônia, entre a Pomerânia e a Masúria (N. T.)
45. Ver Ricaut. (N. A.) [Paul Ricaut (1628-1700) foi um explorador e historiador inglês, autor de *O estado presente do Império Otomano* (1668) e *O estado presente das Igrejas grega e armênia* (1679). (N. T.)]
46. Nome chinês de Buda. (N. T.)
47. *Cartas edificantes e curiosas escritas das missões estrangeiras*: periódico publicado entre 1703 e 1776 que reportava notícias dos missionários jesuítas no Oriente. (N. T.)
48. Sobre a Liga Católica, ver nota 26. A Conspiração da Pólvora foi uma tentativa de católicos ingleses, inspirados por jesuítas locais e comandados por Robert Catesby e Guy Fawkes, entre outros, de assassinar o rei James I no Parlamento britânico em 5 de novembro de 1605. O dispositivo, de 36 barris de pólvora, foi descoberto antes do atentado e os líderes do grupo, executados. (N. T.)
49. Ver Kempfer e todos os relatos do Japão. (N. A.) [Engelbert Kämpfer (1651-1716) foi um cirurgião e explorador alemão que escreveu extensamente sobre o Japão, incluindo uma *História do Japão*, publicada postumamente em 1727. (N. T.)]
50. São Francisco Xavier (1506-52), um dos fundadores da companhia, engajou-se em trabalho missionário no Japão entre 1549 e 1551. (N. T.)
51. Jean Baptiste Colbert (1619-83) foi ministro das finanças e do comércio de Luís XIV. (N. T.)
52. Locke fez o esboço da Constituição da Carolina (1669). O artigo 97 dessa constituição afirma que "quaisquer sete pessoas ou mais concordes em alguma religião podem constituir uma igreja ou confissão, para a qual podem dar algum nome a fim de distingui-la das outras". Segundo Desmond M. Clarke, o comentário de Voltaire rejeitando a proposição de Locke como modelo para a França repercute as críticas que o filósofo francês recebeu por ter pago

entusiástico tributo a Locke nas suas *Cartas inglesas* (carta 13), publicadas em 1734. (N. T.)

53. A palavra *quaker* tem ligação com *shaker* (aquele que sacode, treme ou agita), e a designação de escárnio da seita decorre provavelmente da diretriz dada por George Fox, considerado o fundador da seita, de "tremer ao nome do Senhor" ou dos acessos provocados pelo Espírito Santo. Voltaire dedica as quatro primeiras *Cartas inglesas* à discussão dos quacres. (N. T.)

54. Formada pelas palavras de origem grega *phílos* e *adelphós*, Filadélfia significa literalmente "amor ao irmão" ou "amor fraternal". (N. T.)

55. Alusão ao julgamento de Salomão, quando duas mulheres reclamaram serem mães do mesmo filho (1º Reis; 3º Reis 3,16-27). Salomão identifica a mãe verdadeira naquela que prefere entregar a criança a vê-la partida em duas e dividida igualmente entre as duas mulheres. (N. T.)

56. O sr. de la Bourdonnaie, intendente de Rouen, diz que a manufatura de chapéus diminuiu em Caudebec e em Neuchâtel pela evasão dos refugiados. O sr. Foucault, intendente de Caen, diz que o comércio caiu pela metade na sua circunscrição. O sr. de Maupeou, intendente de Poitiers, diz que a manufatura de droguete desapareceu. O sr. de Bezons, intendente de Bordeaux, queixa-se de que o comércio de Clérac e de Nérac já quase não existe. O sr. de Miroménil, intendente de Touraine, diz que o comércio de Tours diminuiu em 10 milhões por ano; e tudo isso pela perseguição (vide as *Memórias dos intendentes*, de 1698). Contai sobretudo o número de oficiais de terra e de mar, e os marinheiros que foram obrigados a ir servir contra a França, frequentemente com funesta vantagem, e vereis se a intolerância não causou algum mal ao Estado.

    Não se tem aqui a temeridade de propor sugestões a ministros de que se conhecem o gênio e os grandes sentimentos, e cujo coração é tão nobre quanto o nascimento: eles verão muito bem que o restabelecimento da marinha requer alguma indulgência para com os habitantes dos nossos litorais. (N. A.)

57. Voltaire retoma um argumento apresentado por ele na carta 6 das *Cartas inglesas*: "Se só houvesse uma religião na Inglaterra, seria de temer o seu despotismo; se só houvesse duas, elas se cortariam a garganta; mas há trinta, e elas vivem em paz e felizes". (N. T.)

58. Um dos "artigos secretos" do Édito de Nantes (de abril de 1598) concedia aos huguenotes o direito de viver em "lugares fortificados, cidades e castelos mantidos por eles até o final de agosto, onde haverá guarnição militar" por um período de oito anos. As cidades em questão eram predominantemente calvinistas, como La Rochelle, Montauban, Nîmes etc. (N. T.)

59. Voltaire se endereça aqui especificamente ao duque de Choiseul (1719-85), que era o primeiro-ministro da França, a quem enviou uma cópia do seu *Tratado* em 1763. (N. T.)

60. François de Pâris (1690-1727) foi diácono e partidário do jansenismo. Depois de sua morte, centenas de pessoas visitavam seu túmulo em Paris e alegavam ter sido curadas de doenças ou testemunhado outros milagres, enquanto passavam ali por convulsões místicas. Elas eram conhecidas como os *convulsionários* de são Medardo. Enquanto elas eram toleradas na França, a campanha para erradicar o calvinismo continuou sem interrupção contra os pastores huguenotes, identificados como "profetas" ou como empenhados em missões divinas extremas. Voltaire discute a questão no verbete "Convulsões" do seu *Dicionário filosófico*. (N. T.)

61. Essa prática havia sido examinada por Barthélemy de Chasseneuz no seu *Consilium primum, de excommunicatione animalium insectorum* (Conselho primeiro sobre a excomunhão dos insetos), Lyon, 1531. Ver E. P. Evans, *The Criminal Prosecution and Capital Punishment of Animals* (Londres: Heinemann, 1906). (N. T.)

62. Carpocrático: seguidor de Carpócrates, gnóstico cristão do século II; eutiquiano: seguidor do heresiarca Eutiques (século V); monotelita, seguidor de Eutiques, admite uma única natureza, a humana sendo absorvida na divina; nestoriano: seguidor de Nestório, patriarca de

Constantinopla (428-31); maniqueísta: seguidor da doutrina dualista do filósofo Maniqueu (século III). (N. T.)
63. Michel Le Tellier (1643-1719) e Louis Doucin (1652- -1726) foram considerados os autores do esboço da bula papal *Unigenitus* (1713) na qual o papa Clemente XI confirma a condenação do jansenismo. (N. T.)
64. Alusão à prece de Hécuba à deusa Atena (*Ilíada*, VI, 294). (N. T.)
65. Jean Novi de Caveirac, na sua *Apologia* (ver nota 39). (N. T.)
66. Plínio, *História natural*, II, 4. (N. T.)
67. Cícero, *Da natureza dos deuses*, II, 2. (N. T.)
68. Numa Pompílio: segundo rei de Roma, que a governou por volta do ano 700 a.C. (N. T.)
69. "dos povos principais". Em latim no original. (N. T.)
70. Leis das Doze Tábuas: leis do período republicano que ficavam expostas no Fórum romano. *Deos peregrinos ne colunto*: Deuses estrangeiros não devem ser cultuados. Em latim no original. (N. T.)
71. Flávio Josefo, historiador do século I, em suas *Antiguidades judaicas*, 18.3. (N. T.)
72. Capítulos 21 e 22. (N. A.)
73. Na tradução de João Ferreira de Almeida, a passagem dos Atos dos Apóstolos (21,24) diz: "Toma-os, purifica-te com eles e faze a despesa necessária para que raspem a cabeça; e saberão todos que não é verdade o que se diz a teu respeito; e que, pelo contrário, andas também, tu mesmo, guardando a lei". (N. T.)
74. Ibid. 26,24. (N. A.) ["Tanto estudo te levou à insânia". Em latim no original. (N. T.)]
75. Ainda que os judeus não dispusessem do direito do gládio depois que Arquelau havia sido desterrado entre os alóbrogos e depois que a Judeia foi governada como província do Império, os romanos, de qualquer modo, fechavam frequentemente os olhos quando os judeus exerciam o julgamento de devoção, isto é, quando, num motim inesperado, eles apedrejavam por devoção aqueles que acreditavam ter blasfemado. (N. A.)
76. Atos dos Apóstolos 7,58. (N. A.)

77. "Ele expulsou os judeus de Roma porque causavam assiduamente tumultos impelidos por Cristo". Em latim no original. (N. T.)
78. Funcionário e historiador romano, autor da *História de Roma* (N. T.)
79. Ulpiano, *Digestae*, I, i, tit. II: *"Eis qui judaïcam superstitionem sequuntur honores adipisci permiserunt etc."* (N. A.) ["Eles permitiam aos que seguiam a superstição judaica obter honrarias." Em latim no original. (N. T.)]
80. Tácito diz (*Anais*, XV, 44): *"Quos per flagitia invisos vulgus christianos appellabat"* ["O vulgo chamava de cristãos àqueles que odiava por suas ações vis"].

É bem difícil que o nome "cristão" fosse já conhecido em Roma: Tácito escreveu sob Vespasiano e sob Domiciano. Ele falava dos cristãos como era comum falar deles em sua época. Eu ousaria dizer que as palavras *odio humani generis convicti* tanto poderiam significar, no estilo de Tácito, *convencidos de serem odiados pelo gênero humano*, quanto *convencidos de odiar o gênero humano*.

Com efeito, que faziam em Roma esses primeiros missionários? Eles procuravam conquistar algumas almas, lhes ensinar a mais pura moral; eles não se erguiam contra nenhuma potência; a humildade de seu coração era extrema, como a de seu estado e de sua situação; eles mal eram conhecidos; mal se separavam dos outros judeus: como o gênero humano, que os ignorava, podia odiá-los? E como podiam ser convencidos de detestar o gênero humano?

Quando Londres ardeu em chamas, acusaram os católicos; mas foi depois das guerras de religião, foi depois da Conspiração da Pólvora, para a qual muitos católicos, indignos de sê-lo, haviam sido convencidos.

Os primeiros cristãos dos tempos de Nero certamente não se encontravam na mesma situação. É muito difícil de penetrar nas trevas da história; Tácito não fornece nenhuma razão para a suspeita de que o próprio Nero quisesse pôr Roma em cinzas. A suspeita de que Carlos II teria incendiado Londres seria muito mais bem fundada: o sangue do rei seu pai, executado sobre um cadafalso diante dos olhos do povo que pedia sua morte, podia ao menos servir de desculpa a Carlos II; mas Nero não tinha nem desculpa, nem pretexto, nem interesse. Em todos os países, esses rumores insensatos podem ser disseminados pelo povo: em nossos dias, ouvimos outros tantos igualmente malucos e igualmente injustos.

Tácito, que conhecia tão bem o natural dos príncipes, devia conhecer o do povo, sempre vão, sempre exagerado em suas opiniões violentas e passageiras, incapaz de ver alguma coisa e capaz de dizer tudo, de acreditar em tudo e de tudo esquecer.

Filo (*De Virtutibus, et Legatione ad Caium*) diz que "Sejano os perseguiu sob Tibério, mas depois da morte dele o imperador lhes restituiu todos os direitos". Eles tinham o direito de ser cidadãos romanos, por mais desprezados que fossem pelos cidadãos romanos; tinham seu quinhão na distribuição do trigo; e, mesmo quando a distribuição caía num dia de sabá, a deles era transferida para outro dia; isso se fazia provavelmente em consideração às somas de dinheiro que haviam dado ao Estado, pois em todo o país eles compraram a tolerância, e foram muito rapidamente indenizados pelo que ela tinha custado.

Essa passagem de Filo explica perfeitamente a de Tácito, que diz que 4 mil judeus ou egípcios foram enviados à Sardenha, e que se a intempérie do clima os fizesse morrer, seria uma perda leve, *vile damnum* (*Anais*, II, 85).

Eu acrescentaria a essa observação que Filo vê Tibério como príncipe sábio e justo. Creio que o era na medida em que essa justiça se coadunava com seus interesses; mas o que Filo diz de bom dele me faz duvidar um pouco dos horrores de que Tácito e Suetônio o censuram. Não me parece de modo algum verossímil que um velho enfermo, de setenta anos de idade, tenha se retirado à ilha de Capri para ali se entregar a orgias requintadas, que estão longe de ser naturais, e que eram desconhecidas mesmo da juventude mais desenfreada de Roma; nem Tácito nem Suetônio conheceram esse imperador; eles recolheram com prazer rumores populares. Otávio, Tibério e seus sucessores tinham sido odiosos porque governaram um povo que devia ser livre: os historiadores se comprazem em difamá-los, e se acreditava neles porque então faltavam memórias, jornais de época, documentos; os historiadores também não citam ninguém; não se podia contradizê-los; eles difamavam quem queriam, e decidiam como bem entendiam sobre o julgamento da posteridade. Cabe ao leitor sábio ver até que ponto se deve desconfiar da veracidade dos historiadores, que credibilidade se deve dar a fatos públicos atestados por autores sérios, nascidos numa nação esclarecida, e que limites se deve colocar à sua credulidade em anedotas que esses mesmos autores reportam sem nenhuma prova. (N. A.)

[Vespasiano (9-79) e Domiciano (51-96): imperadores romanos. O grande incêndio de Londres ocorreu em 1666. Filo de Alexandria (15 a.C.-45 d.C): filósofo e historiador judeu. Sejano (Lucius Aelius Seianus, 20 a.C.-31 d.C.) foi prefeito da guarda pretoriana durante o reinado de Tibério. (N. T.)]

81. Respeitamos certamente tudo o que a Igreja torna respeitável; invocamos os santos mártires, mas reverenciando são Lourenço, não podemos duvidar que são Sisto lhe tenha dito: "Haveis de me seguir em três dias"? Que nesse curto intervalo o prefeito de Roma lhe tenha pedido o dinheiro dos cristãos; que o diácono Lourenço tenha tido tempo de reunir todos os pobres da cidade; que tenha caminhado diante do prefeito para levá-lo ao lugar onde estavam esses pobres; que tenham feito um processo contra ele; que lhe tenha sido colocada a questão; que o prefeito tenha encomendado a um ferreiro uma grelha bastante grande para assar um homem; que o primeiro magistrado de Roma tenha ele mesmo assistido a esse estranho suplício; que são Lourenço tenha dito sobre a grelha: "Estou bem cozido de um lado, vira-me do outro se queres comer-me"? Essa grelha não quadra com o gênio dos romanos; e como é possível que nenhum autor pagão não tenha dito nada sobre essas aventuras? (N. A.)

82. Referido por Lactâncio (*De mortibus persecutorum*, XIII, 2) e em outro martirológio, um cristão de nome Evécio (Evethius) teria supostamente rasgado um aviso público contendo ordens de Diocleciano para que os cristãos obedecessem às leis do império. (N. T.)
83. Sacramentário é o nome dado pelos luteranos aos calvinistas e demais dissidentes que não aceitam a presença real de Cristo na Eucaristia. (N. T.)
84. Guillaume Farel (1489-1565): reformista francês crítico do uso de imagens como forma de adoração religiosa; emigrou para Genebra, para onde encorajou Calvino também a se mudar. (N. T.)
85. Famoso por sua beleza, o jovem Antínoo morreu afogado no rio Nilo. O imperador Adriano, de quem era o favorito, o alçou à condição divina e fez erguer um templo em sua honra. (N. T.)
86. Basta abrir Virgílio para ver que os romanos reconheciam um Deus supremo, soberano de todos os seres celestes:

> *O! qui res hominumque deumque*
> *Aeternis regis imperiis, et fulmine terres.*
> [Ó tu que reinas sobre homens e deuses
> com leis eternas e os ameaças com teus raios.]
> (*Eneida*, I, 233-4.)

> *O pater, o hominum divumque aeterna potestas etc.*
> [Ó pai, o poder eterno dos homens e dos deuses]
> (*Eneida*, X, 18.)

Horácio se exprime bem mais fortemente:

> *Unde nil majus generatur ipso,*
> *Nec viget quidquam simile, aut secundum.*
> [Nada maior que ele mesmo dele se origina,
> Coisa alguma lhe é símile, ou sequer próxima.]
> (*Odes*, Livro I, XII, 17-8.)

Não se cantava outra coisa que a unidade de Deus

nos mistérios em que quase todos os romanos eram iniciados. Vede o belo hino de Orfeu; lede a carta de Máximo de Madaura a Santo Agostinho na qual ele diz "que somente os imbecis podem não reconhecer um Deus soberano". Longiniano, sendo pagão, escreve ao mesmo Santo Agostinho que Deus "é único, incompreensível, inefável"; o próprio Lactâncio, que não se pode acusar de ser demasiado indulgente, confessa no seu livro v (*De divinis institutionibus.*, cap. 3) que "os romanos submetem todos os deuses ao Deus supremo; *illos subjicit et mancipat Deo*". Tertuliano mesmo, no seu *Apologético* (cap. 24), confessa que o Império reconhecia um Deus, senhor do mundo, cuja potência e majestade são infinitas; *principem mundi, perfectoe potentioe et majestatis.* Abri sobretudo Platão, mestre de Cícero em filosofia, e ali vereis que "só há um Deus; que é preciso adorá-lo, amá-lo, trabalhar para se assemelhar a ele pela santidade e pela justiça". Epiteto em seus ferros e Marco Antônio no trono dizem a mesma coisa numa centena de passagens. (N. A.)

87. Capítulo 39. (N. A.)
88. Capítulo 35. (N. A.)
89. "Ele facilmente recuou do que havia iniciado, reintegrando aqueles que havia banido". Em latim no original. (N. T.)
90. Capítulo 3. (N. A.) [A obra aqui referida é *Da morte dos perseguidores*, de Lúcio Célio Firmiano Lactâncio (*c.* 245--*c.* 325). (N. T.)]
91. Henry Dodwell (1641-1711), professor de história em Oxford, afirmou nas *Dissertações ciprianicas* (1682) que o número total de mártires teria sido bem menor do que se acreditava. Foi contestado por Thierry Ruinart (1657--1709) em *Atos sinceros e seletos dos primeiros mártires* (1689). (N. T.)
92. Sobre Telésforo, encontram-se referências na *História eclesiástica* de Eusébio (v, 26). (N. T.)
93. Orígenes, *Contra Celso*, III, 8. (N. T.)
94. Essa asserção precisa ser provada. É preciso convir que, desde que a história sucedeu à fábula, os egípcios são

vistos apenas como um povo covarde, tanto quanto supersticioso; Cambises toma o Egito numa batalha só; Alexandre dá as leis ali sem passar por um combate, sem que cidade alguma ouse esperar um cerco; os Ptolomeus o dominam sem dificuldade; César e Augusto o subjugam com a mesma facilidade; Omar toma todo o Egito numa só campanha; os mamelucos, povo da Cólquida e do entorno do monte Cáucaso, o dominam depois de Omar; são eles, e não os egípcios, que derrotam o exército de são Luís e fazem o rei prisioneiro. Por fim, os mamelucos, tendo se tornado egípcios, isto é, moles, covardes, folgados, volúveis, como os habitantes naturais daquele clima, passam em três meses ao jugo de Selim I, que enforcou o sultão deles, e anexou essa província ao império dos turcos até que outros bárbaros a dominassem um dia.

Heródoto relata que, nos tempos fabulosos, um rei egípcio chamado Sesóstris saiu de seu país com o claro propósito de conquistar o universo: é manifesto que esse propósito só é digno de Picrochole ou de dom Quixote; sem contar que o nome Sesóstris não é egípcio, devemos colocar esse acontecimento, assim como todos os fatos anteriores, na mesma classe das *Mil e uma noites*. Nada mais comum entre povos conquistados que debitar fábulas a sua antiga grandeza, como em alguns países certas famílias miseráveis querem passar por descendentes de soberanos antigos. Os sacerdotes do Egito contaram a Heródoto que o rei a quem ele chama Sesóstris teria ido subjugar a Cólquida: é como se disséssemos que um rei de França partisse de Touraine para ir subjugar a Noruega.

Mesmo que sejam repetidos em milhares de volumes, esses contos não serão por isso mais verossímeis; é bem mais natural que os robustos e ferozes habitantes do Cáucaso, os colcos, e os citas, que foram tantas vezes devastar a Ásia, tenham penetrado até o Egito; e se os sacerdotes da Cólquida relatam sobre a moda da circuncisão entre eles, isso não é prova de que tenham sido subjugados pelos egípcios. Diodoro da Sicília relata que todos os reis vencidos por Sesóstris vinham todos os anos do fundo de seus reinos lhe trazer os seus tributos, e que Sesóstris deles se servia como cavalos de carruagem, que ele fazia atrelar a seu carro para ir ao templo. Essas histórias de Gargântua são fielmente copiadas todos os dias. Seguramente, esses reis eram muito bons para vir de tão longe a fim de servir como cavalos.

Quanto às pirâmides e às outras antiguidades, elas nada mais provam que o orgulho e o mau gosto dos príncipes do Egito, bem como a escravidão de um povo imbecil empregando seus braços, que eram seu único bem, para satisfazer a ostentação grosseira de seus senhores. O governo desse povo, já naqueles tempos tão fortemente enaltecido, parece absurdo e tirânico; sustenta-se que todas as terras pertenciam a seus monarcas. Era com escravos como esses que se iria conquistar o mundo!

A ciência profunda dos sacerdotes egípcios é ainda uma das coisas mais enormemente ridículas da história antiga, isto é, da fábula. Gente que afirmava que no curso de 11 mil anos o sol havia se levantado duas vezes no poente, e havia se posto duas vezes no levante, recomeçando seu curso, estava sem dúvida bem abaixo do autor do *Almanaque de Liège*. A religião desses sacerdotes, que governavam o Estado, não era comparável à dos povos mais selvagens da América: sabe-se que adoravam crocodilos, macacos, gatos, cebolas; e talvez não exista hoje na terra outro culto tão absurdo, a não ser talvez o do Grande Lama.

As suas artes não valem mais do que sua religião; não há uma única estátua egípcia que seja suportável, e tudo aquilo que houve de bom havia sido feito em Alexandria, sob os Ptolomeus e sob os Césares, pelos artistas da Grécia: eles precisaram de um grego para aprender geometria.

O ilustre Bossuet se extasia com o mérito egípcio em seu *Discurso sobre a história universal*, dirigido ao filho de Luís XIV. Ele pode deslumbrar um jovem príncipe; mas contenta muito pouco os eruditos: é uma declamação muito eloquente, mas um historiador deve ser mais filósofo do que orador. De resto, esta reflexão sobre os egípcios não é apresentada senão como uma conjectura:

que outro nome se pode dar a tudo aquilo que se diz da Antiguidade? (N. A.)
95. Conjunto de fórmulas que resumem princípios da fé cristã. (N. T.)
96. Atual Niksar, na Turquia. (N. T.)
97. Não se coloca em dúvida a morte de santo Inácio; mas, lendo o relato de seu martírio, o homem de bom senso não sentirá algumas dúvidas surgir à sua mente? O autor incógnito desse relato diz que "Trajano acreditou que faltaria alguma coisa à sua glória se não submetesse o Deus dos cristãos a seu império". Que ideia! Teria sido Trajano homem que quisesse triunfar sobre os deuses? Quando Inácio apareceu diante do imperador, esse príncipe lhe disse: "Quem és tu, espírito impuro?". Não é nada verossímil que um imperador tenha falado a um prisioneiro, e que ele em pessoa o tenha condenado; não é este o costume dos soberanos. Se Trajano fez Inácio se apresentar diante dele, ele não lhe perguntou: *Quem es tu?*, pois o sabia muito bem. As palavras *espírito impuro* poderiam ter sido pronunciadas por um homem como Trajano? Não se vê que é uma expressão de exorcista, que um cristão coloca na boca de um imperador? É este, Deus bondoso, o estilo de Trajano?

Podemos imaginar que Inácio tenha respondido que se chamava Teóforo, porque trazia Jesus em seu coração, e que Trajano tenha dissertado com ele sobre Jesus Cristo? Fazem Trajano dizer, ao fim da conversa: "Ordenamos que Inácio, que se glorifica de trazer em si o crucificado, seja preso etc.". Um sofista inimigo dos cristãos poderia chamar Jesus Cristo de *o crucificado*; mas não é nada provável que esse termo tenha sido usado numa sentença. O suplício da cruz era tão habitual entre os romanos que não se podia, no estilo das leis, designar como *o crucificado* aquele que era objeto de culto dos cristãos; e não é assim que as leis e os imperadores pronunciam seus julgamentos.

Em seguida, fazem santo Inácio escrever uma longa carta aos cristãos de Roma: "Eu vos escrevo", diz, "mesmo estando em ferros". Por certo, se lhe foi per-

mitido escrever aos cristãos de Roma, esses cristãos não eram perseguidos; Trajano, portanto, não tinha o propósito de submeter Deus a seu império; ou se esses cristãos estavam sob o flagelo da perseguição, Inácio cometia enorme imprudência escrevendo-lhes: isso significava expô-los, entregá-los, significava se tornar o delator deles.
Parece que os que escreveram esses autos deviam ter mais cuidado com a verossimilhança e com as conveniências. O martírio de são Policarpo faz nascer mais dúvidas. Diz-se que uma voz gritou do alto do céu: "*Coragem, Policarpo!*", voz que foi ouvida pelos cristãos, mas não pelos outros; diz-se que quando Policarpo foi atado à pilastra, e que a fogueira ficou em chamas, estas se afastaram dele e formaram um arco acima de sua cabeça; dali saiu uma pomba; o santo, respeitado pelo fogo, exalou um odor de erva aromática que perfumou toda a assembleia, mas aquele de quem o fogo não ousava se aproximar não pôde resistir ao fio do gládio. É preciso confessar que se deve perdoar àqueles que veem mais piedade do que verdade nessas histórias. (N. A.)

98. Atual Antáquia, no sul da Turquia. (N. T.)
99. Sapor II (309-79), imperador do Império Sassânida (Império Persa pré-islâmico). (N. T.)
100. *História eclesiástica*, I, 8. (N. A.)
101. Passo na cadeia de montanha dos Alpes, situado no cantão suíço de Valais. (N. T.)
102. "O escravo de Canopus". Em latim no original. Canopus, cidade do baixo Egito, designava também o Egito como um todo. (N. T.)
103. Sobre os *Atos sinceros e seletos dos primeiros mártires* de Thierry Ruinart ver nota 91. (N. T.)
104. Atual Ancara, capital da Turquia. João Bolando (Johannes Bollandus, Jean Bolland, 1596-1665): jesuíta e hagiógrafo de origem belga, que escreveu os *Atos dos santos coligidos por todo o orbe* (1643). (N. T.)
105. Confessor: aqui no sentido do cristão que professa heroicamente sua fé. (N. T.)
106. Daniel 3. (N. T.)

107. O martírio de são Romão (ocorrido em 303 ou 304) é narrado por Eusébio na sua *História dos mártires da Palestina*. (N. T.)
108. Ver 2º Macabeus 7. (N. T.)
109. Cadeia de montanhas no centro-sul da França, onde a população huguenote (chamada de *camisards*) se rebelou depois da revogação do Édito de Nantes e cometeu atrocidades durante as guerras de religião. Esses episódios duraram de 1702 a 1715. (N. T.)
110. A Guerra dos Sete Anos (1756-63), que aliou a França e a monarquia de Habsburgo de um lado, e, de outro, Inglaterra, Portugal, Prússia e Hanôver. (N. T.)
111. Por força do cartesianismo, as teorias de Newton só começaram a ser verdadeiramente aceitas na França em meados do século XVIII graças ao esforço do próprio Voltaire e de sua amante Madame du Châtelet, entre outros. Voltaire dedicou as cartas 14 a 17 das *Cartas inglesas* à física de Newton, e escreveu os *Elementos da física de Newton* (1738), com a ajuda de Émilie du Châtelet. Em 1742, foi publicada a tradução que ela fez dos *Principia mathematica* de Newton para o francês. (N. T.)
112. Voltaire contraiu varíola em 1723, num surto que matou 22 mil pessoas. A vacinação contra a doença foi introduzida na Inglaterra por Lady Mary Wortley Montagu (1689-1762), mas o conservadorismo das instituições médicas na França se recusava a seguir o exemplo inglês. O tema é discutido na carta 11 das *Cartas inglesas*. Apesar do que diz Voltaire, em 8 de junho de 1763 o parlamento de Paris publica um decreto contra a vacinação. (N. T.)
113. Giacomo (ou Jacopo) da Varazze (1228-98): frei dominicano que se tornou arcebispo de Gênova; compôs hagiografias incluídas nas *Lendas áureas* (*Legenda aurea*). Sobre Pedro de Ribadeneira e sua *Flor dos santos* (*Flos sanctorum*), ver nota 16. (N. T.)
114. Ver a excelente carta de Locke sobre a tolerância. (N. A.)
115. O jesuíta Busembaum, comentado pelo jesuíta Lacroix,* diz "que é permitido matar um príncipe excomungado pelo papa, em qualquer país em que esse príncipe se encontre, porque o universo pertence ao papa, e aque-

le que aceita esse encargo faz uma obra caridosa". Essa proposição, inventada nos manicômios do inferno, foi a que mais levantou a França contra os jesuítas. Esse dogma, tão frequentemente ensinado por eles, e tão frequentemente desautorizado, lhes custou então mais desaprovação do que nunca. Eles acreditaram se justificar mostrando que aproximadamente as mesmas decisões se encontram em São Tomás e nos dominicanos (vede, se podeis, a *Carta de um homem do mundo a um teólogo, sobre São Tomás*; é uma brochura de um jesuíta, de 1762). Com efeito, São Tomás de Aquino, doutor angélico, intérprete da vontade divina (estes são os seus títulos), propõe que o príncipe apóstata perca o seu direito à coroa e que não se lhe deva mais obedecer; que a Igreja pode puni-lo de morte (livro II, part. 2, quest. 12); que só se tolerou o imperador Juliano, porque não se era mais forte (Ibid.); que de direito se deve matar um herético (Ibid., quest. 11 e 12); que os que libertam o povo de um príncipe que governa tiranicamente são bem louváveis etc. etc. O anjo da escola é muito respeitável; mas se ele tivesse vindo sustentar tais proposições na França dos tempos de Jacques Clément, seu confrade, e do bernardo Ravaillac,** como teriam tratado o anjo da escola?

É preciso confessar que Jean Gerson, o chanceler da Universidade, foi ainda muito mais longe que São Tomás, e que o franciscano Jean Petit*** foi infinitamente mais longe que Gerson. Muitos franciscanos sustentaram as teses horríveis de Jean Petit. É preciso confessar que essa doutrina diabólica do regicídio vem unicamente da ideia maluca, compartilhada durante muito tempo por quase todos os monges, de que o papa é um Deus na terra que pode dispor como bem quiser do trono e da vida dos reis. Nisso estamos bem acima dos tártaros, que creem que o Grande Lama é imortal: ele lhes distribui seus excrementos, eles secam essas relíquias, guardam em relicários e as beijam devotamente. Quanto a mim, confesso que, pelo bem da paz, eu preferiria trazer em meu pescoço essas relíquias a acreditar que o papa tenha o menor direito sobre o caráter secular dos reis, e mesmo sobre o meu, em qualquer caso que seja. (N. A.)

[* Hermann Busembaum (1600-68): jesuíta, autor da *Medulla theologiae moralis facili ac perspicua methodo resolvens casus conscientiae* (Súmula de teologia moral com método fácil e perspícuo de resolver problemas de consciência), editada em Bruxelas, 1645. Claude Lacroix (1652-1714): jesuíta, publicou um comentário ao livro de Busembaum (Colônia, 1719), no qual se amplia a seção sobre o regicídio. ** Jacques Clément: monge que assassinou o rei Henrique III, em 1º de agosto de 1589. Cf. nota 7. François Ravaillac (1577-1610): assassino do rei Henrique IV. *** Jean Charlier de Gerson (1363-1429): chanceler da Universidade de Paris, teve papel importante na condenação de Jan Hus e de Jerônimo de Praga. Argumentou contra os escritos de Jean Petit (*c.* 1360-1411), que tentavam justificar o assassinato do duque de Orléans, irmão do rei. (N. T.)]

116. 2,14. (N. T.)
117. Evangelho de São João 14,28. (N. T.)
118. O Primeiro Concílio de Niceia (325) decidiu, contra Ário (e o arianismo), que Jesus Cristo era Deus; a doutrina foi condensada no "Credo de Niceia". Eusébio de Nicomédia tentou em seguida concretizar a condenação do arianismo, o que foi confirmado no Primeiro Concílio de Constantinopla, em 381. (N. T.)
119. Os nomes em questão se envolveram na disputa acerca da Eucaristia. Ratramnus, ou Ratramo (?-*c.* 870), abade de Corbie, no norte da França, defendeu uma interpretação espiritualista das palavras de Cristo ("Este é meu corpo") na obra *De corpore et sanguine Domini* (*Do corpo e sangue do Senhor*). Pascásio Radberto (785--865), também por algum tempo abade do mesmo monastério, defendeu uma interpretação realista das mesmas palavras no seu *De corpore et sanguine Domini*. Ao adotar a interpretação de Ratramo, Berengário de Tours (*c.* 999-1088) foi condenado pelo Concílio de Vercelli (1050) e assinou posteriormente uma renúncia oficial da doutrina condenada no Concílio de Roma (1079). Essa

disputa antecipou disputas semelhantes sobre a teologia da Eucaristia entre as Igrejas católica e reformadas na França na época de Voltaire. John Scotus Eriugena (c. 810-c. 877), filósofo irlandês, também propôs uma explicação da Eucaristia mais próxima daquela de Ratramo; ensinou que o corpo de Cristo está nela presente apenas simbólica ou espiritualmente. (N. T.)
120. O papa Honório I (?-638) ensinou que Jesus Cristo tinha apenas uma vontade, e não duas (uma humana e uma divina). Suas concepções foram oficialmente condenadas pelo Terceiro Concílio de Constantinopla em 680. (N. T.)
121. A crença de que a mãe de Deus nasceu sem pecado original surgiu na Igreja latina durante a Idade Média, e foi pregada oficialmente pelo papa Sisto IV em 1476 e pelo Concílio de Trento de 1546. Em 1854, o papa Pio IX a definiu como um dogma de fé. (N. T.)
122. 2,14. (N. T.)
123. Nome alternativo de são Pedro. (N. T.)
124. 1,17. (N. T.)
125. 3,23-31. (N. T.)
126. A divisão entre católicos e protestantes. (N. T.)
127. Êxodo 12,8. (N. T.)
128. Êxodo 2. (N. T.)
129. A Páscoa judaica, festa anual em comemoração da fuga do Egito. (N. T.)
130. Levítico, 8,23. (N. T.)
131. Levítico 16,21. (N. T.)
132. Deuteronômio 14. (N. A.)
133. Tendo tido a ideia de inserirmos algumas notas úteis nesta obra, observaremos aqui que se diz que Deus faz uma aliança com Noé e com todos os animais; e, no entanto, ele permite que Noé *coma de tudo o que tem vida e movimento*; ele excetua apenas o sangue, do qual não permite que se alimente. Deus acrescenta [Gênesis 9,5] que "ele se vingará de todos os animais que verterem o sangue do homem".

Dessas passagens e de várias outras podemos inferir o que toda a Antiguidade sempre pensou até nossos dias e o que todos os homens sensatos pensam, a saber, que os animais têm algum conhecimento. Deus não faz um pacto com as árvores nem com as pedras, que não têm sentimento; mas ele faz um pacto com os animais, que ele condescendeu em dotar de um sentimento muitas vezes mais refinado que o nosso, e de algumas ideias necessariamente ligadas a esse sentimento. Eis por que ele não quer para nós a barbárie de nos nutrirmos do sangue deles, porque, com efeito, o sangue é a fonte da vida e, por conseguinte, do sentimento. Privem um animal de todo o seu sangue, e todos os seus órgãos ficarão sem ação. É, pois, com grande razão que a Escritura diz em centenas de lugares que a alma, isto é, aquilo que chamamos *alma sensitiva*, está no sangue; e essa ideia tão natural foi a de todos os povos.

É sobre essa ideia que está fundada a comiseração que devemos ter pelos animais. Dos sete preceitos dos seguidores de Noé admitidos pelos judeus, há um que proíbe comer o membro de um animal vivo. Esse preceito prova que os homens tinham tido a crueldade de mutilar os animais para comer seus membros cortados, e que os deixavam viver para se nutrir sucessivamente das partes de seus corpos. Esse costume subsistiu, com efeito, entre alguns povos bárbaros, como se vê pelos sacrifícios da ilha de Quio a Baco Omadios, o comedor de carne crua. Deus, permitindo que os animais nos sirvam de alimento, recomenda, portanto, que tenhamos alguma humanidade para com eles. É preciso convir que há algo de bárbaro em fazê-los sofrer; somente o uso pode diminuir em nós o horror natural de degolar um animal que alimentamos com nossas mãos. Sempre houve povos que tiveram grande escrúpulo nisso: tal escrúpulo ainda dura na península da Índia; toda a seita de Pitágoras, na Itália e na Grécia, se absteve constantemente de comer carne. Porfírio, em seu livro sobre a *Abstinência*, censura seu discípulo de ter deixado sua seita unicamente para se entregar a seu apetite bárbaro.

É preciso, parece-me, ter renunciado à luz natural para ousar propor que os animais não são senão máquinas. Há contradição manifesta em convir que Deus deu todos os órgãos do sentimento aos animais e sustentar que não lhes deu sentimento.

Parece-me ainda que é preciso não ter jamais observado os animais para neles não distinguir as diferentes vozes da necessidade, do sofrimento, da alegria, do amor, da cólera e de todas as suas afecções; seria bem estranho que exprimissem tão bem aquilo que não sentem.

Essa observação pode fornecer muitas reflexões aos espíritos exercitados no poder e na bondade do Criador, que condescende em dotar de vida, sentimento, ideias e memórias seres que Ele mesmo organizou com Sua mão todo-poderosa. Não sabemos nem como esses órgãos se formaram, nem como se desenvolveram, nem como se recebe a vida, nem por que leis os sentimentos, as ideias, a memória e a vontade estão ligadas a essa vida: e nessa ignorância profunda e eterna, inerente a nossa natureza, disputamos sem cessar, perseguimos uns aos outros, como os touros que se batem com seus chifres sem saber por que e como têm chifres. (N. A.)

134. Amós 5,26. (N. A.)
135. Jeremias 7,22. (N. A.)
136. Atos dos Apóstolos 7,42-43. (N. A.)
137. Deuteronômio 12,8. (N. A.)
138. Diversos escritores concluíram temerariamente dessa passagem que o capítulo concernente ao bezerro de ouro (que não é outra coisa senão o deus Ápis) foi acrescentado aos livros de Moisés, assim como outros capítulos.

Abenezra foi o primeiro a crer ter provado que o Pentateuco havia sido redigido na época dos reis. Wollaston, Collins, Tindal, Shaftesbury, Bolingbroke e muitos outros alegaram que a arte de gravar seus pensamentos em pedra polida, em tijolo, em chumbo ou em madeira era então a única maneira de escrever: eles dizem que, nos tempos de Moisés, os caldeus e os egípcios não escreviam de outra forma; que então não se podia gravar a não ser de modo bem abreviado, e em hieróglifos, a substância das coisas que se queria transmitir à posteridade, e não histórias detalhadas; que não era possível gravar grandes livros num deserto onde se mudava frequentemente de morada, onde não havia ninguém que pudesse fornecer ou confeccionar roupas, e nem mesmo consertar sandálias, e onde Deus foi obrigado a fazer um milagre de quarenta anos [Deuteronômio 8,5] para conservar as roupas e os calçados de seu povo. Eles dizem não ser verossímil que houvesse tantos gravadores de caracteres, quando faltavam as artes mais necessárias, e que não se podia sequer fazer pão; e se lhes dizemos que as colunas do tabernáculo eram de bronze e os capitéis de prata maciça, respondem que a ordem pode ter sido dada no deserto, mas só foi executada em tempos mais prósperos.

Eles não podem conceber que esse povo pobre tenha solicitado um bezerro de ouro maciço [Êxodo 32,1] para adorar ao pé da mesma montanha em que Deus falou a Moisés, em meio aos raios e trovões que esse povo via e ao som da trombeta celeste que ouvia [Êxodo 19,18-19]. Eles se espantam de que, na véspera do próprio dia em que Moisés desceu da montanha, esse povo tenha se dirigido ao irmão de Moisés para ter esse bezerro de ouro maciço. Como Arão o fez fundir num único dia [Êxodo 32,4]? Como em seguida Moisés o reduziu a pó [Êxodo 32,20]? Eles dizem que é impossível para qualquer artista fazer uma estátua de ouro em menos de três meses, e que a arte da química mais hábil não é suficiente para reduzi-la a um pó tão fino que possa ser engolido: assim, a prevaricação de Arão e a operação de Moisés teriam sido dois milagres.

A humanidade, a bondade do coração, que os engana, impede-os de crer que Moisés tenha feito degolar 23 mil pessoas [Êxodo 32,28] para expiar esse pecado; eles não imaginam que 23 mil homens tenham se deixado massacrar pelos levitas, a não ser por um terceiro milagre. Enfim, acham estranho que Arão, o mais culpável de todos, tenha sido recompensado pelo crime pelo qual os outros tinham sido horrivelmente punidos [Êxodo 33,19; e Levítico 8,2], e que tenha se tornado grande sacerdote enquanto os cadáveres de 23 mil de seus irmãos ensanguentados estavam amontoados ao pé do altar em que ele ia sacrificar.

Eles levantam as mesmas dificuldades em relação aos 24 mil israelitas massacrados por ordem de Moisés [Números 25,9] a fim de expiar a falta de um único deles surpreendido com uma jovem madianita. Vemos tantos reis judeus, e sobretudo Salomão, desposar impunemente estrangeiras, que esses críticos só podem admitir que a aliança com uma madianita era um crime muito grave: Rute era moabita, conquanto sua família fosse originária de Belém; a Escritura Sagrada sempre a denomina Rute, a Moabita: no entanto, ela foi se pôr no leito de Booz a conselho da mãe; ela recebeu seis galões de cevada por isso, casando-se em seguida e tornando-se avó de Davi. Raab não era somente estrangeira, mas mulher pública; a Vulgata não lhe dá outro título senão o de *meretrix* [Josué 6,17]; ela se casou com Salmom, príncipe de Judá; e é ainda desse Salmom que Davi descende. Raab é vista, inclusive, como a figura da Igreja cristã: é a opinião de diversos Pais da Igreja e, sobretudo, de Orígenes, na sua sétima homilia sobre Josué.

Betsabeia, mulher de Urias, de quem Davi teve Salomão, era hitita. Se voltais mais atrás, o patriarca Judá desposou uma mulher cananeia; seus filhos tiveram por mulher Tamar, da raça de Aram; essa mulher, com quem Judá cometeu incesto sem saber, não era da raça de Israel.

Assim, nosso senhor Jesus Cristo condescendeu em se encarnar entre os judeus, numa família em que a linhagem tinha cinco estrangeiras, para fazer ver que as nações estrangeiras deixaram sua herança nele.

O rabino Abenezra foi, como dissemos, o primeiro que ousou sustentar que o Pentateuco havia sido redigido muito tempo depois de Moisés: ele se baseia em diversas passagens. "O cananeu se encontrava então naquele país [Gênesis 9,6]. O monte de Moriá [II, Paralip., III, I], chamado *montanha de Deus*. O leito de Ogue, rei de Basã, ainda se vê em Rabath, e toda essa região de Basã é por ele chamada de os povoados de Jair, até os dias de hoje. Nunca se viu profeta em Israel como Moisés. Ali estão os reis que reinaram em Edom [Gênesis 36,31] antes que algum rei tivesse reinado sobre Israel". Ele sustenta que as passagens em que se fala de coisas acontecidas depois de Moisés não podem ser de Moisés. A essas objeções respondemos que tais passagens são notas acrescentadas muito tempo depois pelos copistas.

Newton, de quem, aliás, não se deve pronunciar o nome senão com respeito, mas que pôde se enganar pois era homem, atribui em sua introdução a seus comentários sobre Daniel e sobre são João os livros de Moisés, de Josué e dos Juízes a autores sagrados bem posteriores: ele se baseia no capítulo 36 do Gênesis; em quatro capítulos dos Juízes, 17, 18, 19 e 21; em Samuel, capítulo 8; nas Crônicas, capítulo 2; no livro de Rute, capítulo 4; com efeito, se no capítulo 36 do Gênesis se fala de reis, se se faz menção a eles nos livros dos Juízes, se no livro de Rute se fala de Davi, parece que todos esses livros teriam sido redigidos no tempo dos reis. Este é também o parecer de alguns teólogos, à frente dos quais está o famoso Leclerc. Mas essa opinião tem somente um número pequeno de seguidores, cuja curiosidade sonda esses abismos. Tal curiosidade não se encontra, sem dúvida, no rol dos deveres humanos. Quando, após esta curta vida, sábios e ignorantes, príncipes e pastores aparecerão diante do Senhor da eternidade, cada um de nós quererá então ser justo, humano, compassivo, generoso; ninguém se vangloriará de ter sabido precisamente em que ano o Pentateuco foi escrito e de ter desemaranhado o texto com notas que eram de uso entre os escribas. Deus não nos perguntará se tomamos o partido dos massoretas contra o Talmude, se tomamos um *caph* por um *beth*, um *yod* por um *vaü*, um *daleth* por um *res*: por certo, ele nos julgará pelas nossas ações, e não pela compreensão da língua hebraica. Nós nos prendemos firmemente às decisões da Igreja, segundo o dever sensato de um fiel.

Concluamos esta nota com uma passagem importante do Levítico, livro composto depois da adoração do bezerro de ouro. Ela ordena aos judeus que não mais adorem os peludos (Levítico 17), "os bodes, com os quais eles cometeram abominações infames". Não se sabe se esse culto estranho veio do Egito, pátria da superstição e do sortilégio; mas se crê que o costume de nossos pretensos bruxos de ir ao sabá, de adorar um bode e de se deixar levar com ele a torpezas inconcebíveis, cuja ideia causa horror, tenha vindo dos judeus: com efeito, foram eles que ensinaram a bruxaria numa parte da Europa. Que povo! Tão estranha infâmia parecia merecer castigo semelhante àquele que o bezerro de ouro lhes trouxe; e, no entanto, o legislador se contenta em fazer uma simples defesa dela. Esse fato não é reportado aqui senão para fazer conhecer a nação judia: nela a bestialidade devia ser comum, pois que é a única nação conhecida em que as leis foram forçadas a proibir um crime de que nenhum legislador tinha suspeitado alhures.

Deve-se crer que, nas fadigas e nas penúrias por que os judeus passaram nos desertos de Parã, de Horebe e de Cades Barneia, a espécie feminina, mais fraca que a outra, tenha sucumbido. É preciso, com efeito, que os judeus tivessem falta de moças jovens, pois sempre, quando tomam um burgo ou um vilarejo, seja à esquerda, seja à direita do lago Asfaltite, a ordem é que se mate a todos, com exceção das jovens núbeis.

Os árabes que habitam ainda uma parte desses desertos estipulam sempre, nos tratados que firmam com as caravanas, que estas lhes darão jovens núbeis. É verossímil que os jovens, naquele país terrível, tenham levado a depravação da natureza ao ponto de se acasalar com cabras, como se diz de alguns pastores da Calábria.

Resta agora saber se esses acasalamentos teriam produzido monstros, e se há algum fundamento nos contos antigos dos sátiros, dos faunos, dos centauros e dos minotauros; a história o diz, a física ainda não nos esclareceu sobre esse artigo monstruoso. (N. A.)

139. Josué 24,15 e seguintes. (N. A.)
140. Números 21,9. (N. A.)
141. 2º Paralipomena (2º Crônicas) 4,3. (N. T.)

142. 1º Reis 12,28. (N. T.)
143. 2º Paralipomena (2º Crônicas) 11,17; 12,1-12. (N. T.)
144. 2º Paralipomena (2º Crônicas) 15,17. (N. T.)
145. 4º Reis 16,11. (N. A.)
146. 3º Reis 18,38; 4º Reis 2,24. (N. A.)
147. 4º Reis 2,24. (N. T.)
148. Números 31. (N. A.)
149. Madiã não pertencia à terra prometida: é um pequeno cantão da Idumeia, na Arábia Pétrea; começa ao norte próximo do rio Árnom e acaba no rio Zared, em meio a rochedos e sobre a margem oriental do lago Asfaltite. Essa região é hoje habitada por uma pequena horda de árabes; pode ter em torno de oito léguas de comprimento e um pouco menos de largura. (N. A.)
150. Números 31,32 e seguintes. (N. T.)
151. Números 31,40. (N. T.)
152. É certo pelo texto que Jefté imolou sua filha. "Deus não aprova essas oferendas", diz dom Calmet em sua *Dissertação sobre o voto de Jefté*; "mas uma vez feitas, ele quer que sejam executadas, nem que seja para punir aqueles que as fizeram, ou para reprimir a leviandade com que teriam sido feitas sem o temor de que deveriam ser executadas". Santo Agostinho e quase todos os Padres condenam a ação de Jefté; é verdade que a Escritura diz que *ele foi imbuído do espírito de Deus*; e são Paulo, em sua *Epístola aos hebreus*, cap. 11, faz o elogio a Jefté; ele o coloca junto a Samuel e Davi.

 São Jerônimo diz na sua Epístola a Juliano: "Jefté imolou sua filha ao Senhor, e é por isso que o apóstolo o inclui entre os santos". Eis, de uma parte e de outra, juízos sobre os quais não nos é permitido emitir o nosso; devemos mesmo recear ter uma opinião. (N. A.)
153. Podemos considerar a morte do rei Agag como um verdadeiro sacrifício. Saul havia feito esse rei dos amalequitas prisioneiro de guerra e o havia recebido por capitulação; entretanto, o sacerdote Samuel lhe havia ordenado não poupar nada; ele lhe havia dito com estas palavras: "Matai tudo, do homem à mulher, as crianças pequenas e as que ainda estão no peito da mãe.

Samuel cortou o rei Aguag em pedaços, diante do Senhor, em Galgal." [Samuel 15,32-34]
"O zelo de que esse profeta era animado", diz dom Calmet, "lhe colocou nessa ocasião a espada na mão para vingar a glória do Senhor e confundir Saul."
Veem-se, nessa aventura fatal, uma oferenda, um sacerdote, uma vítima: logo, foi um sacrifício.
Todos os povos de que temos a história sacrificaram homens à Divindade, exceto os chineses. Plutarco relata que mesmo os romanos fizeram imolações nos tempos da República. [*Questões romanas*, LXXXII]
Nos *Comentários de César* [*De Bello gallico*, I, XXIV] vemos que os germânicos iam imolar os reféns que haviam sido dados por César, quando ele libertou esses reféns com a sua vitória.
Observei noutro lugar que essa violação do direito das gentes, no caso dos reféns de César e dessas vítimas humanas imoladas, para cúmulo do horror, pela mão de mulheres, desmente um pouco o panegírico que Tácito faz dos germânicos em seu tratado *De moribus germanorum* [*Dos costumes germânicos*]. Parece que nesse tratado Tácito está mais preocupado em fazer uma sátira dos romanos do que o elogio dos germânicos, que ele não conhecia.
Digamos de passagem que Tácito amava ainda mais a sátira que a verdade. Ele queria tornar tudo odioso, inclusive as ações indiferentes, e sua malignidade nos agrada quase tanto quanto seu estilo, porque amamos a maledicência e a espirituosidade.
Voltemos às vítimas humanas. Nossos pais imolaram tanto quanto os germânicos: este é o último grau da estupidez de nossa natureza abandonada a si mesma, e um dos frutos da fraqueza de nosso juízo. Dissemos: é preciso oferecer a Deus o que temos de mais precioso e de mais belo; não temos nada de mais precioso que nossos filhos; é preciso, pois, escolher os mais belos e os mais jovens para sacrificá-los à Divindade.
Filo diz que, na terra de Canaã, os filhos eram às vezes imolados antes de Deus ordenar a Abraão que sacrificasse seu único filho Isaac para provar sua fé. Sanconíaton,

citado por Eusébio, relata que, nos grandes perigos, os fenícios sacrificavam o mais querido de seus filhos, e que Ilus imolou seu filho Jéhud aproximadamente na mesma época em que Deus colocou a fé de Abraão à prova. É difícil penetrar nas trevas de tal antiguidade; é mais que verdadeiro, no entanto, que esses sacrifícios horríveis foram praticados por quase toda parte; os povos só se desfizeram deles à medida que se civilizaram: a polidez conduz a humanidade. (N. A.)
154. Ezequiel 39,18. (N. A.)
155. Juízes 11,24. (N. A.)
156. Juízes 17,13. (N. A.)
157. 1º Samuel 5. (N. T.)
158. 1º Samuel 6. (N. T.)
159. 4º Reis 5,19. (N. A.)
160. Aqueles que são pouco familiarizados com os usos da Antiguidade e que só julgam a partir do que veem ao redor podem se espantar com essas singularidades; mas é preciso considerar que então, no Egito e em grande parte da Ásia, a maioria das coisas era expressa por figuras, hieróglifos, sinais e símbolos.

Os profetas, que se chamavam *videntes* entre os egípcios e entre os judeus, não somente se exprimiam em alegorias, mas figuravam por sinais os acontecimentos que anunciavam. Assim, Isaías, o primeiro dos quatro grandes profetas judeus, pega um rolo de pergaminho (cap. 8) e nele escreve: "Has-Baz, saqueai rápido"; depois ele se achega à profetisa. Ela concebe, e põe no mundo um filho a quem ele chama de Maer-Salal Has-Baz: é uma figura dos males que os povos do Egito e da Assíria farão aos judeus.

Esse profeta diz [Isaías 7,15-20]: "Antes que a criança esteja em idade de comer manteiga e mel, e saiba reprovar o mal e escolher o bem, a terra por vós detestada estará livre de dois reis; o Senhor assobiará às moscas do Egito e às abelhas da Assíria; o Senhor pegará uma navalha alugada e rapará a barba e os pelos dos pés do rei da Assíria".

Essa profecia das abelhas, da barba e do pelo dos pés

rapado só pode ser entendida por aqueles que sabem que era costume chamar os enxames ao som do pífaro ou de outro instrumento campestre; que a maior afronta que se podia fazer a um homem era lhe cortar a barba; que se chamava *pelo dos pés* o pelo do púbis; que não se rapava esse pelo a não ser nas doenças imundas, como a lepra. Todas essas figuras tão estranhas a nosso estilo não significam outra coisa senão que o Senhor, em alguns anos, libertará Seu povo da opressão.

O mesmo Isaías (cap. 20) caminha todo nu para assinalar que o rei da Assíria levará do Egito e da Etiópia uma multidão de cativos que não terá com que cobrir sua nudez.

Ezequiel (cap. 4 e seguinte) come o volume de pergaminho que lhe apresentam; em seguida cobre seu pão com excrementos e permanece deitado 390 dias sobre seu lado esquerdo, e quarenta dias sobre seu lado direito, para dar a entender que faltará pão aos judeus e para significar os anos que o cativeiro devia durar. As correntes com que prende a si mesmo figuram as correntes de seu povo; ele corta os cabelos e a barba e os divide em três partes: o primeiro terço designa aqueles que devem morrer na cidade; o segundo, aqueles que serão postos a morrer em torno das muralhas; o terceiro, aqueles que devem ser levados à Babilônia.

O profeta Oseias (cap. 3) se une a uma mulher adúltera, que ele compra por quinze peças de prata e um alqueire e meio de cevada. "Esperar-me-ás", diz ele, "alguns dias, e durante esse tempo homem algum se aproximará de ti. Porque os filhos de Israel ficarão por muito tempo sem reis, sem príncipes, sem sacrifício, sem altar, sem éfode." Numa palavra, os nabis, os videntes, os profetas quase nunca predizem sem figurar por um sinal a coisa predita.

Jeremias nada mais faz, portanto, do que se conformar ao uso, amarrando-se em cordas e colocando correntes e jugos nas costas, para significar a escravidão daqueles aos quais ele envia esses símbolos. Aqueles tempos, se prestarmos bem atenção, são como de um mundo antigo, que difere em tudo do novo: a vida civil, as leis, a maneira de fazer a guerra, as cerimônias da religião, tudo é absolutamente diferente. Basta abrir Homero e o primeiro livro de Heródoto para se convencer de que não temos semelhança alguma com os povos da alta Antiguidade, e que devemos desconfiar de nosso juízo quando procuramos comparar os costumes deles com os nossos.

A própria natureza não era o que é hoje. Os magos tinham sobre ela um poder que já não têm: encantavam as serpentes, evocavam os mortos etc. Deus enviava os sonhos, e os homens os explicavam. O dom da profecia era comum. Viam-se metamorfoses tais como aquelas de Nabucodonosor transformado em boi, da mulher de Ló em estátua de sal, de cinco cidades em um lago betuminoso.

Havia espécies de homens que não existem mais. A raça dos gigantes refains, enins, nefilins, enaquins desapareceu. Santo Agostinho, no livro v da *Cidade de Deus*, diz ter visto o dente de um antigo gigante do tamanho de cem molares nossos. Ezequiel [27,2] fala dos pigmeus gamadins, da altura de um côvado, que combateram no cerco de Tiro: e em quase tudo isso os autores sagrados estão de acordo com os profanos. As doenças e os remédios não eram os mesmos que os de nossos dias: os endemoninhados eram curados com a raiz chamada *barad*, engastada num anel que se colocava sob o nariz.

Enfim, todo esse mundo antigo era tão diferente do nosso que dele não se pode tirar nenhuma regra de conduta; e se nessa Antiguidade remota os homens se perseguiram e oprimiram alternadamente em razão de seu culto, não deveríamos imitar essa crueldade sob a lei da graça. (N. A.)

161. Jeremias 27,6. (N. A.)
162. Jeremias 27,12. (N. A.)
163. Isaías 44; 45. (N. A.)
164. Malaquias 1,2. (N. T.)
165. Êxodo 20,5. (N. A.)
166. Deuteronômio 5,16. (N. T.)
167. Êxodo 20,5. (N. T.)

168. Deuteronômio 28. (N. A.)
169. William Warburton (1698-1779), *The Divine Legation of Moses, Demonstrated on the Principles of a Religious Deist* [*A legação divina de Moisés, demonstrada pelos princípios de um deísta religioso*], Londres, 3. ed., 1742.
170. Há uma única passagem nas leis de Moisés da qual se poderia concluir que ele tinha conhecimento da opinião dominante entre os egípcios, de que a alma não morre com o corpo; essa passagem é muito importante e se encontra no capítulo 18 do Deuteronômio (v. 10-11): "Não consulteis adivinhos que predizem por inspeção das nuvens, que encantam serpentes, que consultam o espírito de Píton, os visionários, os conhecedores que interrogam os mortos e lhes perguntam a verdade".

Parece, por essa passagem, que, quando se evocavam as almas dos mortos, esse pretenso sortilégio supunha a permanência das almas. Também é possível que, não passando de enganadores grosseiros, os magos de que fala Moisés não tinham uma ideia distinta do sortilégio que acreditavam operar. Eles queriam fazer crer que forçavam os mortos a falar, que eles os remetiam, pela sua magia, ao estado que esses corpos tinham quando viviam, sem examinar sequer se era possível inferir ou não, de suas operações ridículas, o dogma da imortalidade da alma. Os feiticeiros jamais foram filósofos, eles sempre foram prestidigitadores que jogavam diante de imbecis.

Podemos observar ainda que é bem estranho que a palavra "Píton" se encontre no Deuteronômio, muito tempo antes que essa palavra grega pudesse ser conhecida dos hebreus: "Píton" também não existe em hebraico, portanto não temos uma tradução exata.*

Essa língua apresenta dificuldades insuperáveis: é uma mistura de fenício, egípcio, sírio e árabe; e essa mistura antiga está bastante alterada hoje. O hebraico nunca teve senão dois modos para os verbos, o presente e o futuro: é preciso adivinhar os outros modos pelo sentido. As vogais diferentes eram frequentemente expressas pelos mesmos caracteres; ou, antes, eles não

exprimiam as vogais, e os inventores de pontos não fizeram outra coisa que aumentar a dificuldade. Cada advérbio tem vinte significações diferentes. A mesma palavra é tomada em dois sentidos contrários.
Acrescentem a esse embaraço a secura e a pobreza da linguagem: os judeus, privados das artes, não podiam exprimir o que ignoravam. Numa palavra, o hebraico está para o grego assim como a linguagem de um camponês está para a de um acadêmico. (N. A.)
[* Trata-se provavelmente de um erro de Voltaire, pois não se faz menção a Píton no Deuteronômio na versão hebraica. A Vulgata usa o termo *pythones*, no plural, que traduz a palavra hebraica que significa, provavelmente, "espírito familiar" ou "médium". (N. T.)]

171. Ezequiel 18,20. (N. A.)
172. Ezequiel 20,25. (N. A.)
173. A concepção de Ezequiel prevaleceu por fim na sinagoga; mas houve judeus que, crendo nas penas eternas, também acreditavam que Deus perseguia nos filhos as iniquidades dos pais: hoje eles são perseguidos para além da quinquagésima geração, e ainda têm de temer as penas eternas. Pergunta-se como os descendentes dos judeus que não foram cúmplices da morte de Jesus Cristo, os que, estando em Jerusalém, não tomaram parte nela, e os que estavam dispersos pelo resto da Terra, podem ser temporalmente punidos em seus filhos, tão inocentes quanto seus pais. Essa punição temporal, ou melhor, essa maneira de existir diferente dos outros povos e de fazer comércio sem ter pátria pode não ser vista como um castigo em comparação com as penas eternas que resultam da incredulidade, e que podem ser evitadas por uma conversão sincera. (N. A.)
174. Voltaire discute essa passagem de Ezequiel e a proibição aos jovens leitores no verbete intitulado "Ezequiel" do *Dicionário filosófico*. (N. T.)
175. Aqueles que quiseram encontrar no Pentateuco a doutrina do Inferno e do Paraíso, tal como a concebemos, se enganaram de um modo estranho; o erro deles está fundado unicamente numa vã disputa de palavras: como

a Vulgata traduziu a palavra hebraica *sheol*, "fossa", por *infernum*, e como a palavra latina *infernum* foi traduzida em francês por *enfer*, utilizou-se esse equívoco para fazer crer que os antigos hebreus tinham a noção do Hades e do Tártaro dos gregos, que as outras nações haviam conhecido anteriormente sob outros nomes.

No capítulo 16 dos Números [31-33] se relata que a terra abriu sua boca sob as tendas de Coré, Datã e Abiram, que ela os devorou com suas tendas e o que tinham de substancial, e que eles foram precipitados vivos na sepultura, no subterrâneo: nessa passagem, não é certamente questão nem das almas desses três hebreus, nem dos tormentos do inferno, nem de uma punição eterna.

É estranho que, no *Dicionário enciclopédico*, verbete "Inferno", seja dito que os hebreus antigos *reconheceram a realidade dele*; se fosse assim, isso seria uma contradição insustentável no Pentateuco. Como seria possível que Moisés falasse das penas depois da morte numa passagem isolada e única, e não fale de modo algum delas nas suas leis? Cita-se o capítulo 32 do Deuteronômio [21-24], mas de modo truncado. Ei-lo aqui por inteiro: "Eles me provocaram naquilo que não é Deus, e me irritaram com sua vaidade; quanto a mim, eu os provocarei naquilo que não é povo, e os irritarei com a nação insensata. E um fogo se acendeu em meu furor, e ele queimará até o fundo da terra; devorará a terra até seu germe, e queimará os fundamentos das montanhas; e lhes cumularei de males, e exercitarei minhas flechas neles; eles serão consumidos pela fome, os pássaros os devorarão com bicadas amargas; soltarei sobre eles os dentes dos animais que se arrastam com furor sobre a terra, e serpentes".

Há a menor relação entre essas expressões e a ideia das punições infernais, tais como as concebemos? Parece mais que essas palavras só foram reportadas para fazer ver evidentemente que nosso Inferno era ignorado pelos antigos judeus.

O autor desse verbete cita ainda a passagem de Jó, no capítulo 24 [15-19]: "O olho do adúltero observa a escuridão, dizendo: O olho não me verá, e ele cobrirá seu rosto; ele penetra as casas nas trevas, como havia dito de dia, e eles ignoraram a luz; se a aurora subitamente aparece, eles creem ser a sombra da morte, e assim caminham nas trevas como na luz; ele é leve sobre a superfície da água; que sua parte seja maldita sobre a terra, que não caminhe pelo caminho da vinha, que passe das águas da neve ao calor em excesso; e eles pecaram até o túmulo"; ou então: "o túmulo dissipou aqueles que pecam", ou ainda (segundo a Septuaginta): "o pecado deles foi lembrado na memória".*

Cito essas passagens inteiras, e literalmente, sem o que é sempre impossível formar uma ideia verdadeira delas.

Há nelas, eu vos pergunto, a menor palavra da qual se possa concluir que Moisés teria ensinado aos judeus a doutrina clara e simples das penas e das recompensas depois da morte?

O livro de Jó não tem relação alguma com as leis de Moisés. Além disso, é bem verossímil que Jó não fosse judeu; é a opinião de são Jerônimo nas suas questões hebraicas sobre o Gênesis.** A palavra "Satã", que se encontra em Jó [1, 1,1-12], não era conhecida dos judeus, e não a encontreis jamais no Pentateuco. Os judeus aprenderam esse nome somente na Caldeia, assim como os nomes de Gabriel e de Rafael, desconhecidos antes da escravidão deles na Babilônia. Jó, portanto, é aqui citado muito fora de propósito.

Reporta-se ainda o último capítulo de Isaías [66,23--24]: "E de mês em mês, e de sabá em sabá, toda carne virá me adorar, disse o Senhor; e eles sairão, e verão na via pública os cadáveres daqueles que prevaricaram; o seu verme não morrerá; o seu fogo não se extinguirá, e eles serão expostos até a saciedade aos olhos de toda carne".

Se eles foram jogados na via pública, se foram expostos até a saciedade ao olhar dos passantes, se são comidos de vermes, isso não quer dizer, certamente, que Moisés ensinou aos judeus o dogma da imortalidade da alma; e estas palavras: "*O fogo não se extinguirá*" não significam que os cadáveres expostos aos olhos do povo sofressem as penas eternas do Inferno.

Como se pode citar uma passagem de Isaías para provar que os judeus da época de Moisés teriam conhecido o dogma da imortalidade da alma? Isaías profetizou, segundo o cômputo hebraico, no ano do mundo de 3380. Moisés viveu por volta do ano 2500; oito séculos se passaram entre um e outro. É insulto ao senso comum, ou pura brincadeira, abusar assim da permissão de citar e pretender provar que um autor teve tal opinião pela passagem de um autor vindo oitocentos anos depois, e que não falou dessa opinião. É indubitável que a imortalidade da alma, as penas e recompensas depois da morte são anunciadas, reconhecidas e constatadas no Novo Testamento, e é indubitável que não se encontram em parte alguma do Pentateuco; e é isso que o grande Arnauld diz inequivocamente e com força em sua apologia de Port-Royal.***

Acreditando posteriormente na imortalidade da alma, os judeus não foram esclarecidos sobre a sua espiritualidade; eles pensaram, como quase todas as outras nações, que a alma é algo de solto, de aéreo, uma substância leve, que retinha alguma aparência do corpo que ela havia animado; é o que se chama de *sombras*, os *manes dos corpos*. Essa foi a opinião de vários Padres da Igreja. Tertuliano, no capítulo 22 do seu *Da alma*, se exprime assim: "*Definimus animam Dei flatu natam, immortalem, corporalem, effigiatam, substantia simplicem*" — "Definimos a alma nascida do sopro de Deus como imortal, corpórea, figurada, simples em sua substância".

Santo Irineu diz, no livro II, capítulo 34: "*Incorporales sunt animae quantum ad comparationem mortalium corporum*" — "As almas são incorpóreas em comparação com os corpos mortais". Acrescenta ele que "Jesus Cristo ensinou que as almas conservam as imagens dos corpos" — "*caracterem corporum in quo adoptantur etc.*". Não se compreende que Jesus Cristo tenha alguma vez ensinado essa doutrina, e é difícil adivinhar o sentido dessas palavras de santo Irineu.

Santo Hilário é mais preciso e mais positivo em seu comentário sobre são Mateus: ele atribui claramente uma substância corpórea à alma: *"Corpoream naturae suae substantiam sortiuntur"*.

Santo Ambrósio, sobre Abrão, livro II, capítulo 8, sustenta que nada há de separado da matéria, com exceção da substância da Santíssima Trindade.

Esses homens respeitáveis poderiam ser censurados de ter uma má filosofia; mas é de acreditar que a teologia deles fosse no fundo bastante sã, porque, não conhecendo a natureza incompreensível da alma, asseguravam que era imortal, e sustentavam que era cristã.

Sabemos que a alma é espiritual, mas não sabemos de modo algum o que é o espírito. Conhecemos muito imperfeitamente a matéria, e nos é impossível ter uma ideia distinta daquilo que não é matéria. Muito pouco instruídos sobre aquilo que nos toca os sentidos, nada podemos conhecer por nós mesmos sobre aquilo que está além deles. Transportamos algumas palavras de nossa linguagem ordinária para os abismos da metafísica e da teologia, a fim de nos dar alguma leve ideia das coisas que não podemos conceber, nem exprimir; procuramos nos escorar nessas palavras a fim de sustentar, se isso é possível, nosso fraco entendimento naquelas regiões ignoradas.

Assim, servimo-nos da palavra *"espírito"*, que corresponde a *"sopro"* e *"vento"*, para exprimir algo que não é matéria; e como essa palavra *"sopro"*, *"vento"*, *"espírito"* nos remete, a despeito de nós mesmos, à ideia de uma substância solta e leve, nós ainda dela suprimimos o que podemos, para chegar a conceber a espiritualidade pura; mas jamais chegamos a uma noção distinta; não sabemos nem mesmo o que dizemos quando pronunciamos a palavra *"substância"*; ela quer dizer, ao pé da letra, o que está debaixo e, por isso mesmo, nos adverte que ela é incompreensível, pois, com efeito, o que é isso que é debaixo? O conhecimento dos segredos de Deus não é quinhão para esta vida. Mergulhados aqui nas trevas profundas, batemo-nos uns contra os outros e

golpeamos a esmo no meio da noite, sem saber precisamente por que combatemos.
Caso se queira refletir atentamente sobre tudo isso, não há homem sensato que não conclua que devemos ter indulgência com as opiniões dos outros e ser digno delas. Todas essas observações não são estranhas ao fundo da questão, que consiste em saber se os homens devem se tolerar: pois se provam o quanto houve de engano em todos os tempos, de um lado e de outro, elas também provarão que os homens deveriam ter se tratado, em todos os tempos, com indulgência. (N. A.)
[* Para entender o trecho aqui traduzido por Voltaire da Vulgata (Jó 24) é preciso ter em mente que a frase inicial é um símile ("o olho do adúltero") para exprimir o agir daqueles que conhecem Deus, mas não o veem todos os dias. ** São Jerônimo, *Hebraicae quaestiones in libro Geneseos* (*Questões hebraicas sobre o livro do Gênesis*).
*** Sobre Antoine Arnauld, ver nota 176. (N. T.)]

176. O dogma da fatalidade é antigo e universal: é encontrado sempre em Homero. Júpiter queria salvar a vida de seu filho Sarpedão; mas o destino o condenou à morte: Júpiter não pôde senão obedecer. O destino era entendido, entre os filósofos, ou como o encadeamento necessário de causas e efeitos necessariamente produzidos pela natureza, ou esse mesmo encadeamento ordenado pela Providência; o que é bem mais razoável. Todo o sistema da fatalidade está contido neste verso de Aneu Sêneca [epístola 108]: "*Ducunt volentem fata, nolentem trahunt*" — "Os fados conduzem aquele que quer, e arrastam aquele que não quer".
Sempre se admitiu que Deus governava o universo mediante leis eternas, universais, imutáveis: tal verdade foi a fonte de todas as disputas ininteligíveis sobre a liberdade, porque jamais se definiu a liberdade até a chegada do sábio Locke; ele provou que liberdade é o poder de agir. Deus dá esse poder; e o homem, agindo livremente segundo as ordens eternas de Deus, é uma das rodas da grande máquina do mundo. Toda a Antiguidade disputou sobre a liberdade; mas não houve persegui-

ção por causa dessa questão até nossos dias. Que horror absurdo ter emprisionado e banido por essa disputa um Arnauld, um Sacy, um Nicole e tantos outros, que foram a luz da França.* (N. A.)

[* Antoine Arnauld, Pierre Nicole e Louis-Isaac Le Maistre de Sacy, entre outros, foram banidos por terem escrito a *Apologia das religiosas de Port-Royal* (1664- -5). (N. T.)]

177. O romance teológico da metempsicose vem da Índia, que nos legou mais fábulas do que comumente se crê. Esse dogma é explicado no admirável 15º livro das *Metamorfoses* de Ovídio. Ele foi acolhido em quase toda a Terra; ele sempre foi combatido; mas não vemos que algum sacerdote da Antiguidade tenha jamais obtido que se expedisse um mandado de prisão contra um discípulo de Pitágoras. (N. A.)

178. Nem os antigos judeus, nem os egípcios, nem os gregos seus contemporâneos criam que a alma do homem fosse para o céu depois da morte. Os judeus pensavam que a lua e o sol eram lugares situados acima de nós, no mesmo círculo, e que o firmamento era uma abóbada espessa e sólida que sustentava o peso das águas, as quais escapavam por algumas aberturas. O palácio dos deuses, entre os gregos antigos, ficava no monte Olimpo. No tempo de Homero, a morada dos heróis, depois da morte, era uma ilha para além do Oceano, e esta era a opinião dos essênios.

Depois de Homero, atribuíram-se planetas aos deuses, mas não havia para os homens mais razão de colocar um deus na lua que para os habitantes da lua de colocar um deus no planeta da Terra. Juno e Iris não tinham outro palácio senão as nuvens; não havia, por isso, onde repousar os pés. Entre os sabeus, cada deus tinha sua estrela; mas uma estrela, sendo um sol, não há meio de habitá-la, a menos que se seja da natureza do fogo. É, portanto, questão bem inútil perguntar o que os antigos pensavam do céu: a melhor resposta é que eles não pensavam. (N. A.)

179. Mateus 22,4. (N. A.)

180. Lucas 14,16. (N. A.)
181. O tema dessa parábola é exaustivamente discutido por Pierre Bayle no seu *Comentário filosófico a estas palavras de Jesus Cristo: obrigai-os a entrar*, publicado em 1686, e uma das fontes importantes de Voltaire para a discussão da tolerância. Há tradução para o português a cargo de Marcelo Primo (Seropédica: PPGFIL-UFRRJ, 2019). (N. T.)
182. Lucas 14,12. (N. T.)
183. Lucas 14,26 e seguintes. (N. A.)
184. Mateus 18,17. (N. A.)
185. Mateus 11,19. (N. T.)
186. Mateus 11,13. (N. T.)
187. Lucas 15. (N. T.)
188. Mateus 20. (N. T.)
189. Lucas 10. (N. T.)
190. Mateus 9,15. (N. T.)
191. Lucas 7,48. (N. T.)
192. João 8,2. (N. T.)
193. João 2,9. (N. T.)
194. Mateus 26,52; João 18,2. (N. T.)
195. Lucas 9,55. (N. T.)
196. Lucas 9,55. (N. T.)
197. Lucas 22,44. (N. T.)
198. Mateus 23. (N. A.)
199. Mateus 26,59. (N. A.)
200. Mateus 26,61. (N. A.)
201. Mateus 26,63. (N. T.)
202. Era, com efeito, muito difícil — para não dizer impossível — aos judeus compreender, sem uma revelação particular, esse mistério inefável da encarnação do filho de Deus, da encarnação do próprio Deus. O Gênesis (capítulo 6) chama *"filhos de Deus"* aos filhos dos homens poderosos; do mesmo modo, os grandes cedros, nos Salmos (79,11), são chamados *"cedros de Deus"*; a melancolia de Saul é chamada *"melancolia de Deus"*. No entanto, parece que os judeus entenderam ao pé da letra que Jesus disse ser filho de Deus, no sentido próprio; mas, se entenderam essas palavras como uma blasfêmia, talvez seja uma prova da ignorância em que se encontravam sobre o mistério

da encarnação e de Deus, filho de Deus, enviado à Terra para a salvação dos homens. (N. A.)
203. 1º Samuel (1º Reis) 25:16. (N. T.)
204. Mateus 26,64. (N. T.)
205. *Antiguidades judaicas*, XVIII, 3. (N. T.)
206. Atos dos Apóstolos 25,16. (N. T.)
207. Seguindo Anne-Marie Mercier-Faivre ("Le Traité sur la tolérance, tolérance et réecriture", em *Études sur le Traité sur la tolérance de Voltaire*, Oxford: Voltaire Foundation, 2000, pp. 34-55), Desmond M. Clarke adverte que todas as citações deste capítulo foram tiradas de Antoine Court, *Le Patriote français et impartial* (Lausanne, 1751) e do Chevalier de Beaumont, *L'accord parfait de la nature, de la raison, de la révélation et de la politique* (Colônia, 1753). (N. T.)
208. Trata-se do capítulo 8 do livro de Montesquieu: "Admoestação muito humilde aos Inquisidores da Espanha e de Portugal". (N. T.)
209. Alusão ao formulário que os adeptos do jansenismo eram forçados a assinar no século XVII, identificando cinco proposições supostamente contidas no *Augustinus*, de Cornelius Otto Jansenius. Roma condenou essas proposições, mas os jansenistas negavam que estivessem no livro. (N. T.)
210. Lanfranc (1005-89), arcebispo de Canterbury, defendia a doutrina tradicional da transubstanciação contra a presença meramente espiritual ou simbólica defendida por Berengário (sobre este, cf. nota 28). (N. T.)
211. Menção provável às diferenças entre os dominicanos (ordem a que pertencia São Tomás) e os franciscanos (como são Boaventura). (N. T.)
212. O Segundo Concílio de Niceia (787) e o Concílio de Frankfurt (794) promulgaram decretos opostos sobre o uso das imagens nas celebrações religiosas. Voltaire discute a questão no verbete "Concílios" do *Dicionário filosófico*. (N. T.)
213. João 14,28. (N. T.)
214. La Rochefoucauld (1613-80), máxima 218. (N. T.)
215. Quando assim escrevíamos, em 1762, a ordem dos jesuí-

tas não tinha sido abolida na França. Se tivessem sido infelizes, o autor os teria seguramente respeitado. Mas que se recorde para sempre que não foram perseguidos senão porque haviam sido perseguidores; e que o exemplo deles faça tremer os que, sendo mais intolerantes que os jesuítas, queiram um dia oprimir seus concidadãos que não abraçaram suas opiniões duras e absurdas. (N. A.) [Esta nota foi acrescentada na edição de 1771. Michel Le Tellier (1642--1719) atuou como confessor de Luís XIV. A política intolerante do rei teria sido inspirada pelo padre jesuíta. (N. T.)]
216. Guerra da Sucessão Espanhola (1701-13). (N. T.)
217. Cf. nota 19. (N. T.)
218. No século XVIII, acreditava-se que a pólvora havia sido inventada pelo franciscano e alquimista Berthold Schwartz no século XIV. (N. T.)
219. Era o número de parlamentos da França em 1714, data em que a carta é redigida. (N. T.)
220. Louis Antoine de Noailles (1651-1729), nomeado arcebispo de Paris em 1700, foi defensor da independência da Igreja francesa; recusou-se a referendar a bula *Unigenitus*, que condenava o jansenismo. (N. T.)
221. Henrique VII (1275-1313), imperador do Sacro Império Romano, teria sido assassinado com veneno no vinho usado na Eucaristia (N. T.)
222. Seguidores de Luís de Molina (1535-1600), jesuíta espanhol. (N. T.)
223. A inicial se refere a François Ravaillac (1577-1610), assassino do rei Henrique IV, identidade revelada pelo próprio Voltaire no seu escrito *Advertência ao público sobre os assassinatos imputados aos Calas e aos Sirven* (Genebra: Cramer, 1766). (N. T.)
224. O exílio de Le Tellier ocorreu em 1715. (N. T.)
225. Oratório: congregação religiosa introduzida na França em 1611 por Pierre de Bérulle (1575-1629), era simpática ao jansenismo. Pasquier Quesnel (1634-1719) foi um dos mais proeminentes defensores da doutrina jansenista. (N. T.)
226. Atos dos Apóstolos 5,29. (N. T.)
227. Voltaire também fala dessa seita na adição ao artigo

"Batismo", do *Dicionário filosófico*, e no capítulo 42 de *Deus e os homens* (1769). (N. T.)
228. Terceiro imperador da dinastia Quing. Nasceu em 1654 e morreu em 1722. Subiu ao trono aos sete anos, em 1662. (N. T.)
229. A ideia de que qualquer religião, por mais supersticiosa que seja, é melhor do que nenhuma, já que ela restringe a conduta humana, é defendida em várias obras de Jean Bodin (c. 1530-96), como o *Colóquio sobre os segredos ocultos das coisas sublimes* (1593). (N. T.)
230. Châlons-en-Champagne, cidade no nordeste da França, atual capital do distrito de Marne. Gaston-Jean-Baptiste-Louis de Noailles, irmão do cardeal de Noailles. Ver nota 220. (N. T.)
231. O episódio também é referido por Voltaire no capítulo 35 de sua obra *O século de Luís XIV*. (N. T.)
232. Sobre os convulsionários, ver nota 60. Voltaire também trata do assunto no verbete "Convulsões" do *Dicionário filosófico*. (N. T.)
233. François Garrase (1585-1631), jesuíta, publicou defesas extremamente partidárias da religião católica, como a *Doutrina curiosa dos belos espíritos deste tempo, ou pretensamente tais* (1623); Michel Menot (?-c. 1518), frade franciscano famoso por suas prédicas. (N. T.)
234. Iª Coríntios 15,36. (N. T.)
235. Trata-se do Sócrates historiador da Igreja antiga, que viveu entre os séculos IV e V, que relata o episódio na sua *História eclesiástica*. Eusébio de Cesareia (c. 260-c. 340) também o reporta no livro II, cap. 69, da sua *Vida de Constantino*. (N. T.)
236. Sobre essa discussão, ver nota 9 da Introdução. (N. T.)
237. Voltaire era membro eleito da Accademia della Crusca, que existe até hoje. O primeiro dicionário da instituição dedicada à língua italiana foi publicado em 1612. (N. T.)
238. Benedetto Buonmattei (1581-1647) foi membro da Accademia della Crusca e publicou uma edição da gramática da língua toscana em dois volumes (*Della língua toscana*), em 1760. (N. T.)
239. Ver o excelente livro intitulado *Manual da Inquisição*.

(N. A.) [Trata-se do livro *Manual dos inquisidores para uso das Inquisições da Espanha e de Portugal, ou Súmula da obra intitulada Directorium inquisitorum*, composto por volta de 1358 por Nicolas Eymeric. O editor do Manual é o abade Morellet. (N. T.)]

240. A lista é extraída do manual de Morellet. (N. T.)

241. Defendida ao longo dos séculos pela Igreja católica apostólica romana, essa doutrina foi efetivamente anunciada, por exemplo, na Profissão de Fé do papa Pio IV (1564), após o Concílio de Trento. Na época de Voltaire, o papa Bento XIV repetiu o mesmo ensinamento ao identificar a Igreja romana como a única igreja verdadeira "*extra quam nemo salvus esse potest*" (fora da qual ninguém pode ser salvo). (N. T.)

242. Em francês, *Grand Seigneur*: fórmula utilizada para designar o imperador ou sultão da Turquia. (N. T.)

243. Lucas 10,27. (N. T.)

244. Cf. Introdução, nota 9. (N. T.)

245. Alusão à crença de que usar algumas palavras na cerimônia de batismo e verter água benta sobre a cabeça daquele que é batizado salva a pessoa da danação eterna. (N. T.)

246. Jean Châtel (1575-94) foi executado aos dezenove anos de idade por ter tentado assassinar Henrique IV. Um de seus professores, padre Guignard (que ensinou no colégio jesuíta Clermont, onde Voltaire estudou), também foi executado por cumplicidade no crime. Sobre Ravaillac, ver notas 7, 115 e 223. Robert-François Damiens (1715--57) foi executado por ter tentado matar Luís XV. Louis--Dominique Cartouche (1693-1721) também foi estudante do colégio jesuíta em Paris e executado por roubo. (N. T.)

247. O autor é Pierre-Claude Malvaux. O livro foi publicado em Paris pela editora Desprez em 1762, um ano, portanto, antes da publicação do tratado de Voltaire. (N. T.)

248. Santo Agostinho. (N. T.)

249. "Quando de alguém a lição se quer seguir,/ São seus lados bons que se deve imitar." A comédia em cinco atos de Molière foi representada pela primeira vez em 11 de março de 1672 no Palais Royal. (N. T.)

250. Sobre Bayle, ver a Introdução e a nota 181. (N. T.)

251. Obra do abade de Caveirac. (N. T.)
252. A obra a que Voltaire se refere tem por título *Negócios do senhor conde d'Avaux na Holanda*, obra em seis volumes publicada postumamente em 1752-3. Jean-Antoine de Mesmes, conde de Avaux (1640-1709), foi embaixador francês nas Províncias Unidas dos Países Baixos. (N. T.)
253. Paul Pellisson-Fontanier (1624-93) foi subordinado a Nicolas Fouquet (1615-80), superintendente de finanças da França até ser demitido por Luís XIV. Fouquet morreu preso na Bastilha, enquanto Pellisson se converteu ao catolicismo, ganhou novamente o favor do rei e publicou vários opúsculos religiosos, além de uma história da Academia francesa. (N. T.)
254. Assim eram conhecidas as perseguições aos protestantes na França sob Luís XIV que lançavam mão do regimento dos dragões. O marechal francês é Louis-François-Armand de Vignerot du Plessis de Richelieu (1696--1788). (N. T.)
255. No século XVIII, se fazia normalmente a sangria com auxílio de uma ou mais vasilhas (*palette*, em francês) para colocar o sangue. Voltaire provavelmente não se engana na soma. Ao que parece, ele quer dizer, a seguir a lógica do fanatismo, a sangria poderia chegar a três vasilhas. (N. T.)
256. Louis Thiroux de Crosne (1736-94), que se tornou tenente geral de polícia em 1785 e foi guilhotinado durante a Revolução Francesa. (N. T.)
257. Antes de serem reunidas e publicadas num volume em Paris em 1657, as *Cartas provinciais* de Pascal foram publicadas separadamente, de janeiro de 1656 a março de 1657. (N. T.)
258. Voltaire suprimiu aqui nove pequenos parágrafos nos quais comentava o uso pela polícia criminal francesa de regras para produzir evidências não suficientemente comprobatórias e incapazes de formar convicção. (N. T.)
259. Esse apêndice foi acrescentado em 1765 para figurar na edição dos *Nouveaux mélanges* de Voltaire. (N. T.)
260. O julgamento final ocorreu em 9 de março de 1765. (N. T.)

261. Escrito por D'Alembert e publicado em 1765. (N. T.)
262. O palácio (*hôtel*) do rei abrigava diversas divisões do serviço público, incluindo essa câmara de requerimentos, comentada no parágrafo seguinte. (N. T.)